证券公司风险管理丛书

证券公司信用风险管理实务解析与操作指引

合规小兵 著

中国财经出版传媒集团
中国财政经济出版社
北京

图书在版编目（CIP）数据

证券公司信用风险管理实务解析与操作指引／合规小兵著. ——北京：中国财政经济出版社，2024.3

（证券公司风险管理丛书）

ISBN 978 – 7 – 5223 – 2840 – 9

Ⅰ.①证… Ⅱ.①合… Ⅲ.①证券公司 – 企业信用 – 风险管理 – 研究 – 中国 Ⅳ.①F832.39

中国国家版本馆 CIP 数据核字（2024）第 046100 号

责任编辑：翁晓红　　　　责任校对：胡永立
封面设计：孙俪铭　　　　责任印制：党　辉

证券公司信用风险管理实务解析与操作指引
ZHENGQUAN GONGSI XINYONG FENGXIAN GUANLI SHIWU
JIEXI YU CAOZUO ZHIYIN

中国财政经济出版社 出版

URL：http://www.cfeph.cn

E – mail：cfeph@cfeph.cn

（版权所有　翻印必究）

社址：北京市海淀区阜成路甲 28 号　邮政编码：100142
营销中心电话：010 – 88191522　编辑部电话：010 – 88190957
天猫网店：中国财政经济出版社旗舰店
网址：https://zgczjjcbs.tmall.com
北京中兴印刷有限公司印刷　各地新华书店经销
成品尺寸：170mm×240mm　16 开　18.25 印张　253 000 字
2024 年 3 月第 1 版　2024 年 3 月北京第 1 次印刷
定价：68.00 元
ISBN 978 – 7 – 5223 – 2840 – 9
（图书出现印装问题，本社负责调换，电话：010 – 88190548）
本社质量投诉电话：010 – 88190744
打击盗版举报热线：010 – 88191661　QQ：2242791300

撰稿人

周卫青　李　滨　李亚辰　吴梦薇　张　悦　王　博
梁　健　张　云　邢　颖　胡　翠　贡　勇　裴国军
刘　健　鲍　旭　陈潇彤　戴天成　胡祥兵　黄仲恺
鹿　坦　欧阳怡欣　田　珊　王爱婕　王必雄　韦曼淘
魏柳玥　叶　丹

前　言

党的二十大对以中国式现代化全面推进中华民族伟大复兴作出战略部署，对全面建成社会主义现代化强国"两步走"战略安排进行了宏观展望，提出了前进道路上必须牢牢把握的重大原则，构建了中国式现代化的理论和政策框架。要深刻领会党的二十大关于坚持以经济建设为中心，发展是党执政兴国的第一要务的重要论述，坚持社会主义市场经济改革方向，完整、准确、全面贯彻新发展理念，加快构建新发展格局，着力推动高质量发展，深入落实"两个毫不动摇"，进一步坚定对中国经济长期向好发展的信心。

资本市场要服从和服务于这个大局，坚持金融服务实体经济的宗旨，全面深化改革，完善多层次市场体系。党的二十大要求"健全资本市场功能，提高直接融资比重"，为未来资本市场改革发展指明了基本方向，对于推进资本市场制度完善和结构优化，更好服务实体经济高质量发展具有重要意义。

金融是国民经济的血脉，是国家核心竞争力的重要组成部分，关系中国式现代化建设全局。2023 年 10 月 30 日至 31 日召开的中央金融工作会议强调，要加快建设金融强国，全面加强金融监管，完善金融体制，优化金融服务，防范化解风险，坚定不移走中国特色金融发展之路，推动我国金融高质量发展，为以中国式现代化全面推进强国建设、民族复兴伟业提供有力支撑。中央金融工作会议不仅明确了金融强国建设目标，而且科学阐明了金融强国与中国式现代化之间的内在逻辑，赋予了金融系统以金融强国建设全面推进中国式现代化的重大历史使命。防范化解金融风险，特别是防止发生系统性金融风险，是金融工作的根本性任务。为了更好地防范化解金融风险，对风险早识别、早预警、早暴露、早处置，合规小兵组织撰写了《证券公司信用风险管理实务解析与操作指引》，这是合规小兵"证券公司风险管理丛书"的第一本。全书围绕证券公司信用风险管理实务，从论述与剖析信用风险管理背景开始，围绕信用风险管理过程的核心、重点、难点，穿插国内外重大风险案例，实现了理论与实操的结合，由浅入深介绍了信用风险管理的历史、信用风险管理的现状，并展望了新技术、新环境对信用风险管理带来的机遇与挑战。

本书涵盖信用风险管理的全生命周期——事前管理、事中管理、事后管理，包括尽职调查、风险计量、风险评估、风险监测、风险报告、风险应对、风险处置等多项管理环节，结合证券公司的核心业务，介绍这些管理过程在各个业务中如何体现其风险管控的价值。

本书从介绍2008年全球次贷危机开始，沿时间线逐一介绍国内外重要市场事件对信用风险管理发展历程的影响，分析当前管理现状的背景；进而依照业务线、管理实践两条主线，介绍信用风险管理工具是如何产生并发挥作用的；最后，通过分析人工智能、数字化管理带来的机遇与挑战，展望了信用风险管理未来可能的发展方向。

本书既涵盖业务流程管理，又囊括模型方案管理，读者受众面广。包括融资类业务、债券交易业务、非标债权投资业务、场外衍生品业务、资产管理业务、债券承销业务等,并针对证券公司自有资金类业务,结合事前、事中、事后管理环节的特点,逐一介绍各项业务的管理重点;还介绍了内部评级、预期损失、非预期损失、统一授信管理、压力测试等重要管理工具与模型应用,内容非常全面。

本书借鉴国内外优秀管理经验,工具延展性佳。以国内外监管以及同业经验为出发点,结合证券公司实际情况,着重介绍了内部评级、经济资本管理、压力测试等模型工具在信用风险管理过程中的重要作用。

本书侧重案例与实操的融合,综合考虑不同读者的需要。在介绍工具应用以及业务管理的过程中,注重理论与实践相结合,通过穿插剖析国内外知名风险案例的形式,力求帮助读者达到知行合一的目的,使读者回归业务实操时能够更好地识别、监测与应对信用风险。

作者
2024 年 1 月

目 录

第一章　证券公司全面风险管理体系 ……………………………（ 1 ）
 第一节　证券公司全面风险管理外部要求 ………………………（ 3 ）
 第二节　证券公司全面风险管理发展现状 ………………………（ 5 ）
  一、制度体系 ……………………………………………………（ 5 ）
  二、组织架构 ……………………………………………………（ 6 ）
  三、信息系统 ……………………………………………………（ 7 ）
  四、风险指标 ……………………………………………………（ 8 ）
  五、人才队伍 ……………………………………………………（ 9 ）
  六、风险应对 ……………………………………………………（ 10 ）
 第三节　国外投行风险管理现状 …………………………………（ 11 ）
  一、巴塞尔委员会介绍 …………………………………………（ 11 ）
  二、巴塞尔协议发展历程 ………………………………………（ 11 ）

第二章　证券公司信用风险管理体系 ……………………………（ 15 ）
 第一节　信用风险管理发展历程 …………………………………（ 17 ）
  一、信用风险成因分析 …………………………………………（ 17 ）
  二、证券公司信用风险管理主要内容 …………………………（ 19 ）
  三、信用风险管理发展重要事件以及发展历程 ………………（ 27 ）
  四、国外国际投行信用风险管理经验 …………………………（ 35 ）
 第二节　信用风险管理现状与挑战 ………………………………（ 43 ）
  一、信用风险管理的重要性 ……………………………………（ 43 ）

二、证券公司信用风险管理现状 …………………………………（47）
三、证券公司信用风险管理面临的挑战 ……………………………（51）

第三章 证券公司业务风险介绍 ………………………………（59）

第一节 融资类业务 ………………………………………………（61）
一、融资类业务定义 …………………………………………………（61）
二、融资类业务的开展过程和发展变化 ……………………………（62）
三、融资类业务的主要风险点和控制措施 …………………………（68）

第二节 债券投资交易业务 ………………………………………（70）
一、债券投资交易类型 ………………………………………………（71）
二、我国债券投资交易发展历程与业务规则 ………………………（73）
三、债券投资交易业务风险点与控制措施 …………………………（77）

第三节 场外衍生品业务 …………………………………………（79）
一、衍生品业务定义及分类 …………………………………………（79）
二、场外衍生品业务的发展历程与业务规则 ………………………（82）
三、场外衍生品业务的风险与控制措施 ……………………………（88）

第四节 非标准化债权资产投资业务 ……………………………（90）
一、非标准化债权资产的定义 ………………………………………（90）
二、非标准化债权业务在我国的发展历程及监管变化 ……………（92）
三、非标准化债权资产投资业务主要风险点与控制措施 …………（97）

第五节 涉及信用风险的非自有资金出资业务 …………………（99）
一、资产管理业务 ……………………………………………………（99）
二、投资银行业务 ……………………………………………………（102）

第四章 信用风险管理的主要过程 ……………………………（105）

第一节 事前管理与控制 …………………………………………（107）
一、尽职调查管理 ……………………………………………………（107）
二、内部评级管理 ……………………………………………………（120）

三、限额管理 ……………………………………………………（120）

第二节　信用风险事中管理 ………………………………………（131）

　　一、信用风险监测 ………………………………………………（131）

　　二、信用风险报告 ………………………………………………（142）

　　三、信用风险应对 ………………………………………………（143）

第三节　信用风险处置 ……………………………………………（147）

　　一、自主协商 ……………………………………………………（148）

　　二、司法诉讼 ……………………………………………………（149）

第四节　信用风险管理案例 ………………………………………（150）

　　一、融资类业务风险案例 ………………………………………（150）

　　二、债券投资业务风险案例 ……………………………………（154）

　　三、场外衍生品风险案例 ………………………………………（155）

　　四、非标准化债权投资业务风险案例 …………………………（161）

　　五、债券销售业务风险案例 ……………………………………（163）

第五章　信用风险管理的主要工具及应用 ……………………………（169）

第一节　信用风险模型及应用 ……………………………………（171）

　　一、内部评级计量理论与应用 …………………………………（171）

　　二、PD、EAD、LGD ……………………………………………（195）

　　三、预期损失、非预期损失 ……………………………………（200）

　　四、RAROC、EVA ………………………………………………（211）

第二节　授信管理与应用 …………………………………………（214）

　　一、授信管理基础 ………………………………………………（214）

　　二、同一客户管理 ………………………………………………（216）

　　三、授信管理框架与流程 ………………………………………（218）

第三节　压力测试管理与应用 ……………………………………（224）

　　一、压力测试的发展历程及必要性 ……………………………（224）

　　二、证券公司压力测试介绍 ……………………………………（228）

三、信用风险压力测试管理与计量 …………………………（231）
第四节　数据治理与数据质量管理 ……………………………（245）
一、建设目标与建设原则 …………………………………（245）
二、建设风险数据中台 ……………………………………（246）

第六章　信用风险管理展望 ………………………………（253）
第一节　管理难点和挑战 ………………………………………（255）
一、信息爆炸时代带来的挑战 ……………………………（255）
二、黑天鹅和灰犀牛挑战频发 ……………………………（261）
三、风险演变趋势及新周期下的风险防范 ………………（268）
第二节　未来展望 ………………………………………………（271）
一、新科技态势 ……………………………………………（271）
二、新科技的应用 …………………………………………（278）

| 第一章 |

证券公司全面风险管理体系

本章介绍国内外金融机构全面风险管理体系发展变化以及现状,使读者了解证券公司全面风险管理体系。

第一节　证券公司全面风险管理外部要求

我国首次将"全面风险管理"这一概念与企业经营管理联系在一起，是2006年6月国务院国资委发布的《中央企业全面风险管理指引》。该指引将全面风险管理定义为："企业围绕总体经营目标，通过在企业管理的各个环节和经营过程中执行风险管理的基本流程，培育良好的风险管理文化，建立健全全面风险管理体系，包括风险管理策略、风险理财措施、风险管理的组织职能体系、风险管理信息系统和内部控制系统，从而实现风险管理的总体目标提供合理保证的过程和方法。"该指引指出了中央企业常见的战略风险、财务风险、市场风险、运营风险、法律风险等风险类型。

中国证监会于2006年制定印发《证券公司风险控制指标管理办法》（中国证监会令第34号），初步建立起以净资本和风险资本准备为核心指标的监管机制。此后于2008年、2016年、2020年历经多次修订，并于2016年修订版中明确提出"证券公司应当根据中国证监会有关规定建立符合自身发展战略需要的全面风险管理体系。证券公司应当将所有子公司以及比照子公司管理的各类孙公司纳入全面风险管理体系，强化分支机构风险管理，实现风险管理全覆盖。全面风险管理体系应当包括可操作的管理制度、健全的组织架构、可靠的信息技术系统、量化的风险指标体系、专业的人才队伍、有效的风险应对机制"，即"六个一"。

2007年6月，中国证监会发布《证券公司分类监管工作指引（试行）》，明确以证券公司风险管理能力为基础，结合公司业务能力和市场规模对证券公司进行重新分类，支持优质证券公司做大做强。根据该指引的规定，监管部门依据证券公司风险管理能力评价得分，将证券公司分为5类11级A（AAA、AA、A）、B（BBB、BB、B）、C（CCC、CC、C）、D、

E。2008 年 6 月国务院颁布实施《证券公司监督管理条例》，从法规层面进一步明确以防范风险为根本内容的证券公司监管制度框架，从证券公司的设立与变更、治理结构、业务开展与风险控制、客户资产保护以及监督管理等方面明确了具体要求。

中国证券业协会于 2014 年制定印发《证券公司全面风险管理规范》（中证协发〔2014〕36 号），在结合国际投行风险管理经验的同时考虑了全覆盖、精细化和可实施性的管理思路，指出"全面风险管理，是指证券公司董事会、经理层以及全体员工共同参与，对公司经营中的流动性风险、市场风险、信用风险、操作风险、声誉风险等各类风险，进行准确识别、审慎评估、动态监控、及时应对及全程管理"，标志着证券行业监管层关于全面风险管理理念的初步形成。2016 年，《证券公司全面风险管理规范》（中证协发〔2016〕251 号）进行了较大幅度的修订，并沿用至今。修订内容主要包括：一是对证券公司风险管理组织架构的相关要求进一步具体化，增强可操作性；二是将子公司纳入全面风险管理的覆盖范围，提出具体风险管理要求；三是通过对原版本划分章节的方式，完善制度框架。根据现行规范，全面风险管理不仅是风险管理职能部门的职责，而且需要证券公司董事会、经营管理层以及全体员工共同参与，贯穿在整个证券经营活动过程中可能涉及的各种风险类型的识别、评估、监控、应对的全过程管理，也就决定了全面风险管理体系具备的全员参与性、全流程管理性和连通各业务条线、各部门、各岗位、各母子公司的全覆盖性等特点。

除了《证券公司分类监管工作指引（试行）》和《证券公司全面风险管理规范》这两项基本制度外，中国证监会、中国证券业协会也在不断丰富完善行业管理制度体系。中国证券业协会于 2014 年发布《证券公司流动性风险管理指引》，首次提出流动性覆盖率（LCR）和净稳定资金率（NSFR）两大流动性管理指标，并于 2016 年进行修订完善。此后相继发布《证券公司信用风险管理指引》（中证协发〔2019〕188 号）、《证券公司声誉风险管理指引》（中证协发〔2021〕227 号）、《证券公司操作风险管理指引》（中证协发〔2023〕238号）、《证券公司压力测试指引》（中证协发〔2023〕137号），逐步覆盖证券公司面临的主要风险类型和关键风险管理领域。以中国证监会《证券公司风险控制指标管理办法》为导向、以中国证券业协会《证券公司全面风险管理规范》为统领、以各类风险管理工作指引为框架的全面风险管理监管体系初步搭建完成，为中国证券业由快速增长发展转向高质量发展奠定了坚实的基础。

第二节 证券公司全面风险管理发展现状

随着中国经济对外开放程度持续加深，国内证券公司在充分了解到国外金融业风险管理先进经验和理论后，也在逐步构建符合中国市场特点的本土化全面风险管理体系，旨在提升自身抗风险能力的同时，持续满足监管要求。根据中国证监会对证券公司全面风险管理体系的建设要求，可从"六个一"的角度阐释国内证券公司全面风险管理发展情况。

一、制度体系

健全完善的风险管理制度及流程是全面风险管理的重要保障。证券公司应结合各类风险特点，针对各类业务制定相应的风险管理制度及流程，并将风险管理嵌入具体业务流程中，实现业务风险的全流程管理。

根据全面风险管理的监管要求及内部管控实践，证券公司风险管理制度体系日渐完善，逐步形成以全面风险管理制度为统领，以流动性风险管理、市场风险管理、信用风险管理、操作风险管理、声誉风险管理等制度为主干，穿插风险偏好、容忍度和风险限额、风险控制指标、压力测试、内部评级、模型等风险管理工具使用规范的中国证券公司风险管理制度体系，并在内、外力的持续影响下仍在快速修订完善，为证券公司业务健康稳健发展提供了较为坚实、有效的制度保障。

二、组织架构

健全的风险管理组织架构是证券公司风险管理的基石，明确清晰的风险管理组织架构是有效开展风险管理工作的必要前提。自国内分业经营的金融模式确立之后，国内证券公司的机构独立性真正得到了确认，逐步形成了按业务条线化管理及前、中、后台分工协作的业态。目前国内证券公司风险管理组织体系基本形成了以公司董事会、监事会、高级管理层、风险管理部门和一线业务部门、分支机构或子公司为节点的链条形管理模式。

证券公司董事会承担全面风险管理的最终责任，负责推进风险文化建设；审议批准公司全面风险管理基本制度、风险偏好、风险容忍度及重大风险限额；审议公司定期风险评估报告等。证券公司监事会承担全面风险管理的监督责任，负责监督检查董事会和经营管理层在风险管理方面的履职尽责情况并督促整改。证券公司经理层对全面风险管理承担主要责任，负责制定风险管理制度；负责建立健全公司全面风险管理的经营管理架构；负责制订风险偏好、风险容忍度及重大风险限额等的具体执行方案；负责定期评估公司的整体风险和各类风险管理状况，解决风险管理中存在的问题并向董事会报告；负责建立涵盖风险管理有效性的全员绩效考核体系；负责建立完备的信息技术系统和数据质量控制机制等。风险管理部门、合规管理部门、稽核审计部门、财务管理部门等风险管理职能部门，共同形成覆盖公司事前、事中和事后的风险控制部门体系。证券公司各业务部门、分支机构及子公司负责人应当全面了解并在决策中充分考虑与业务相关的各类风险，及时识别、评估、应对、报告相关风险，并承担风险管理的直接责任（见图1-1）。

证券公司应将所有子公司以及比照子公司管理的各类孙公司（以下统称"子公司"）纳入全面风险管理体系，确保子公司业务经营所承担的风险在集团层面处于可控范围内，强化分支机构风险管理，实现风险管理全覆盖。2016年国内首次提出推动并表监管安排，设有子公司的证券公司应

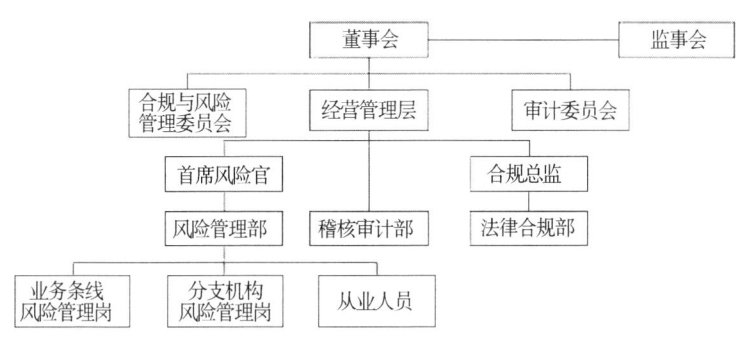

图1-1 证券公司风险管理组织架构

当以母公司数据为基础，编制并报送风险控制指标监管报表，实行并表监管后，证券公司逐步实现以包含子公司的集团口径数据为基础计算风险监管指标，持续健全全面风险管理体系。

三、信息系统

风险管理信息技术基础设施建设是风险管理的重要载体，证券公司应当建立与业务复杂程度和风险指标体系相适应的风险管理信息技术系统，覆盖各风险类型、业务条线、各个部门、分支机构及子公司，对风险进行计量、汇总、预警和监控，并实现同一业务、同一客户相关风险信息的集中管理，以符合公司整体风险管理的需要。风险管理信息技术系统主要包括风险管理系统建设和风险数据治理两大要素（见图1-2）。

图1-2 风险管理信息技术系统

风险管理系统建设是全面风险管理系统的重要物理载体，是全风体系中进行风险评估、实施风险管理解决方案、执行风险管理的基本流程、履行内部控制必要的技术基础。证券公司应根据业务发展和风险管理的需要，持续建设、维护与完善风险管理信息系统，以有效计量、监控和报告公司整体风险及各类风险。风险数据治理是指证券公司为满足内部风险管理的需要，针对各类业务数据、市场数据和财务数据等进行集中采集、清洗、整合和分析，以实现风险识别、计量、评估、监测和报告等的数据治理和质量评估机制。

随着国内"互联网+"和"科技金融"等概念的兴起，证券公司业务和风险管理信息技术系统有了长足的发展，甚至已明显超过我国香港地区等老牌金融中心。部分大型证券公司在信息技术系统方面投入大量研发精力与资本，打造了具有其自身风险管理特色的信息技术系统并成为竞争力护城河。对于中小型证券公司而言，外部采购信息技术系统也能满足正常的展业需要。但必须承认，虽然信息技术在发展和进步，证券公司风险管理系统也在日益迭代，但距离完全符合对证券公司全面风险管理的系统要求仍有差距，与高盛、美林等国际大投行也存在一定的差距。

四、风险指标

国内证券公司风险管理指标体系搭建主要从指标合规与风险监控两个角度展开，最终形成了证券公司的风险偏好、容忍度和风险限额。

指标合规方面，主要是持续满足监管层对证券公司的资本要求。中国证监会在吸收国际先进风险指标评估经验的基础上，结合现阶段证券公司特征，于2020年修订发布了最新版《证券公司风险控制指标管理办法》（证监会令第166号），证券公司正是以此为蓝本搭建净资本指标管理体系，保证核心风险控制指标符合监管要求。自身风险监控方面，证券公司大多针对市场风险、信用风险、操作风险、流动性风险等基本风险类型，设计了由规模类指标、集中度指标、敏感度类指标、损失类指标、杠杆类指标等组成的量化风险指标体系，辅以经济资本、调整风险资本收益（RAROC）等高级风险计量方法，以满足覆盖固定收益类、权益类、衍生品类和融资类等全业务的要求。

风险偏好是指证券公司代表股东为实现既定的预期收益目标，在满足债权人、监管机构、评级机构等利益相关方要求的前提下愿意承担的风险水平。

风险容忍度是指证券公司根据风险偏好设置的量化可接受的风控指标,以明确风险不能超过的最高限度。

风险限额则是证券公司在风险偏好的框架下,对愿意承担或可接受的风险种类和大小程度的具体化体现,是风险偏好和风险容忍度在执行层面的工具,包括设置关键风险指标并设定相应的阈值,构建多层次的风险限额体系等,即为将风险控制在可接受的合理范围内而对衡量风险状况的指标所设定的具体限额,并将其运用于日常风险监控中。

风险限额管理过程中须遵循下列原则:

一是全面管理原则。公司根据业务开展过程中存在的风险控制点,制定相应的风险限额指标,覆盖各项业务及每一个操作环节。

二是集中管理原则。董事会每年审议风险偏好、风险容忍度和风险限额方案,公司在董事会授权的风险限额总额指标范围内开展相应业务。

三是垂直管理原则。公司按照"自上而下、上下结合"的方式,将董事会授权的风险限额总额指标划分至各业务条线,各相关业务部门对所辖范围内的风险限额指标管理负直接责任。

四是相互制衡原则。风险管理职责设置应权责分明、相互牵制,前台业务运作与后台管理支持适当分离,保证对经营管理活动的交叉检查和控制。

五是定性定量相结合原则。建立完善的风险偏好和风险限额指标体系,定量评估和定性分析相结合,使风险管理工作更具科学性、客观性和可操作性。

五、人才队伍

全面风险管理体系对证券公司风险管理人才的要求是既要满足绝对数量的要求,又要具备较合格的风险管理素养。《证券公司全面风险管理规范》明确规定:"证券公司风险管理部门具备3年以上的证券、金融、会计、信息技术等有关领域工作经历的人员占公司总部员工比例应不低于

2%。公司可在此基础以上结合自身实际情况制定相应标准。风险管理部门人员工作称职的，其薪酬收入总额应当不低于公司总部业务及业务管理部门同职级人员的平均水平。"这为证券公司充实风险管理人才队伍提供了监管保障，证券公司得以在公司内部组建具有较高素质的风险管理人才队伍，保障风险管理各项工作得以有效开展。

六、风险应对

证券公司风险应对机制是对风险管理全流程的系统化把控，必须覆盖风险识别与计量、监控与报告、应对与处置等各个风险管理环节。

风险识别是指全面、系统、持续地对影响证券公司实现目标的潜在事项或因素予以全面识别，在进行系统分类的基础上查找出风险原因的过程。主要包括初始风险识别、持续风险识别和定期风险识别。

风险计量是指证券公司利用模型和评估的手段使得各类风险可以通过各类指标的方式进行量化。风险计量全面涵盖经营中涉及的信用风险、市场风险与流动性风险。从实践来看，证券公司主要采用风险价值、风险敞口、敏感性分析、压力测试等量化方法或模型定量评估其面临的信用风险大小，同时辅以有效定性分析予以补充。证券公司可根据自身管理需要将信用风险计量结果运用于准入管理、限额管理、风险报告、风险预警等方面。

风险监控与报告是指证券公司对业务及整体风险进行监控，并建立前、中、后台部门风险监控分工协作机制，同时在日常风险监控的基础上，针对具体风险事件及时、有效地向上级组织、相关控制和支持职能部门进行报告的过程。

风险应对与处置是指证券公司根据风险识别、计量、监控及预警等情况，针对不同类别、不同发生概率及不同损失程度的风险，建立合理、有效的风险应对与缓释机制，并将已发生风险事件对公司所造成或可能造成的影响降至最低程度。同时，针对经营管理活动中发生的重大、突发、异常风险事件，建立必要的风险应急机制，包括但不限于成立风险应急处理小组，制订应急处置方案，并组织相关部门迅速、有效地完成应急处理及恢复计划，必要时启动司法追偿程序等，以减少公司可能发生的损失和声誉可能受到的损害等。

第三节　国外投行风险管理现状

巴塞尔委员会于 2017 年颁布的《巴塞尔协议Ⅲ：后危机改革的最终方案》是当前国际主要银行通用的资本和风险监管统一标准，该标准从 2023 年 1 月 1 日起实施。

一、巴塞尔委员会介绍

巴塞尔委员会于 1974 年底成立，全称是巴塞尔银行监管委员会。巴塞尔委员会最初的成员包括美国、英国、法国、德国、意大利、日本、荷兰、加拿大、比利时、瑞典 10 国，由各国银行监管当局和中央银行作为代表，其常设秘书处设在国际清算银行，委员会主席由成员国代表轮流担任。巴塞尔委员会本身不是严格意义上的银行国际监管组织，没有凌驾于国家之上正式监管银行的权力，但是从实际情况来看，巴塞尔委员会已经成为银行监管国际标准的制定者。委员会里各成员国会结合本国实际情况，采取立法规定或其他措施，逐步实施巴塞尔委员会所制定的监管标准与指导原则。2009 年中国加入巴塞尔委员会，标志着中国全面参与银行监管国际标准的制定。

二、巴塞尔协议发展历程

20 世纪 70 年代，布雷顿森林体系瓦解，国际金融行业进入一段混乱时期，德国赫斯塔特银行、美国富兰克林国民银行等多家著名国际性银行破产倒闭。这使得各国监管当局意识到，在金融监管上必须协调一致，不能各自为政,国际银行监管统一规则的制定工作从而被提上议程。1974年巴塞尔委员会成立后,分别于1988年颁布《巴塞尔协议Ⅰ:统一资本计量和资本标准的国际协议》(以下简称"BaselⅠ"),于2004年颁布《巴塞尔协议Ⅱ:统一资本计量和资本标准的国际协议:修订框架》(以下简称"BaselⅡ"),于2010年颁布"巴塞尔协议Ⅲ"初步框架,于2017年颁布《巴塞尔协议Ⅲ:后危机改革的最终方案》(以下简称"BaselⅢ")。

(一) BaselⅠ

BaselⅠ标志着国际银行业统一监管标准的形成,首次提出银行资本监管理念,确定了资本充足率的计算公式,要求银行达到8%的最低资本要求,是首个提出以风险为基础确定银行资本要求的国际性条约。BaselⅠ将商业银行资本分为核心资本与附属资本,核心资本包括股本、公开储备等,附属资本则包括非公开储备、资产重估储备、普通贷款损失准备、次级债、混合资本工具等。BaselⅠ对于风险加权资产的计算仅覆盖了信用风险,且仅提供了四个风险权重档次,风险敏感性明显不足,没有完全建立风险与资本的匹配机制。国际银行可以通过业务创新进行监管套利,从而削弱了BaselⅠ最低资本要求的约束作用。

(二) BaselⅡ

BaselⅡ真正建立了一套完整的以三大支柱为核心的资本监管体系,确立了资本与风险之间的动态联系机制,实现了与银行内部风险管理相融合,搭建了全面风险管理体系框架。第一支柱(最低资本要求)包含了具有成熟识别和计量方法的信用风险、市场风险、操作风险,提出了完整的风险加权计量规则。对信用风险,BaselⅡ设置了标准法、初级内部评级法、高级内部评级法三种不同的风险加权资产计算方法,银行可根据自身风险管理状况选择使用。对市场风险,BaselⅡ设置了标准法、内部模型法用于计算包括股票风险、利率风险、汇率风险、商品风险在内的市场风险资本要求。对操作风险,BaselⅡ提供了基本指标法、标准法、高级计量法用于计算操作风险资本要求。BaselⅡ将没有成熟做法或是第一支柱没有覆盖的其他风险，如流动性风险、集中度风险、声誉风险、银行账户利率风险等，放在了第二支柱（监督检查），通过银行内部的资本充足评估程序（ICAAP）来评估资本充足性，外部监管机构则通过审查来控制其有效性。第三支柱（信息披露）要求银行对于第一支柱和第二支柱的实施情况必须按照要求进行披露，发挥市场相关方的监督作用。Basel Ⅱ 健全了资本监管体系，拓宽了风险的覆盖面，提升了风险计量的敏感性，但也存在模型复杂、部分业务资本要求不足、监管套利等问题。

（三）Basel Ⅲ

Basel Ⅲ 是 2008 年金融危机驱动的监管改革，其未改变 Basel Ⅱ 的三大支柱体系，而是对 Basel Ⅱ 进行了修正与完善，确定了宏观和微观相结合的审慎监管体系，系统性风险管理、系统重要性银行监管是金融监管理念的新发展。2010 年颁布的"巴塞尔协议Ⅲ"初步框架确定了以资本充足率、杠杆率、流动性为核心的国际监管标准，引入系统重要性银行概念，对全球系统重要性银行提出了 1%—2.5% 的附加资本要求，防范"大而不能倒"的道德风险。2017 年颁布的 Basel Ⅲ，是在 2010 年"巴塞尔协议Ⅲ"初步框架基础上，按照平衡简单性、可比性和风险敏感性的原则，重新构建了风险加权资产的计算规则，以达到提升风险加权资产计量的可信度以及银行间资本比率可比性的目的。Basel Ⅲ 全面风险管理体系框架见图 1-3。

Basel Ⅰ、Basel Ⅱ、Basel Ⅲ，核心是围绕资本充足率作出的监管安排及改进，整体改进情况见图 1-4。

经过 30 多年的发展历程，巴塞尔协议的演进也是对"全面风险管理"范畴的完善与补充。Basel Ⅰ 首先强调了信用风险，Basel Ⅱ 在第一支柱中新增了市场风险、操作风险，同时搭建了全面风险管理体系的框架，Basel Ⅲ 则进一步明确了第二支柱中流动性风险的监管要求。巴塞尔协议的实施，增强了金融机构的全面风险管理意识，也促进了金融机构对全面风险管理的投入。

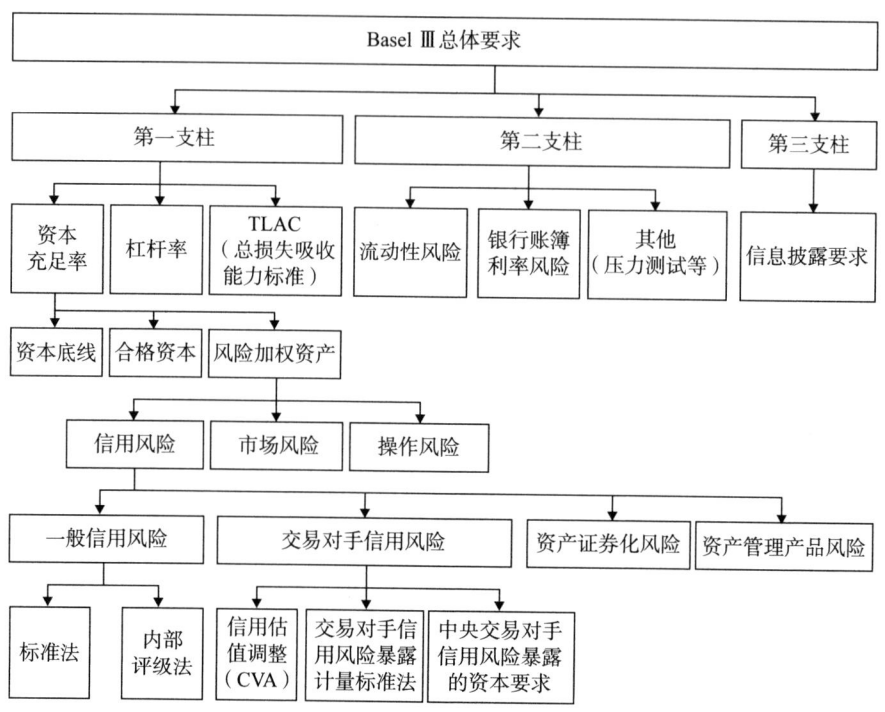

图1-3 Basel Ⅲ全面风险管理体系框架

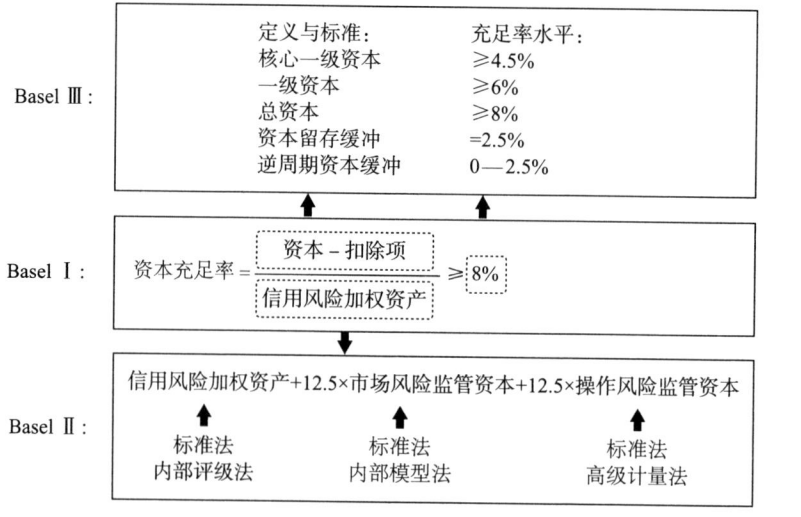

图1-4 Basel Ⅰ、Basel Ⅱ、Basel Ⅲ对资本充足率的要求

| 第二章 |

证券公司信用风险管理体系

  本章从信用风险历史发展历程中总结核心管理经验,并论证信用风险管理在全面风险管理体系中的重要作用,最后分析当前证券公司信用风险管理面临的难点与挑战。

第一节　信用风险管理发展历程

本节从信用风险成因分析出发，介绍证券公司信用风险管理的主要内容，并重点分析了信用风险管理发展历程中的重要事件，最后介绍了国外国际投行的信用风险管理经验。

一、信用风险成因分析

信用风险是资本市场最常见的风险类型之一，目前关于信用风险成因的理论研究多集中于银行、保险等机构的研究，本部分的成因分析多借鉴于此。

（一）信息不对称和逆向选择

传统西方经济学将信息完全作为基本假设前提，"经济人"拥有完全信息，然而现实市场中这一假设是无法立足的。市场任一交易主体都无法完全掌握市场信息，交易双方所拥有的信息也就无法实现完全对称，正是因为存在信息不对称，也就有了交易的必要性。可见信息不对称才是现实市场交易的常态。

证券公司作为资本市场的重要参与者，其业务类型的多样性必然决定了其面临的交易对手的多种多样，自然人、商业银行、保险机构、证券公司同业、公募基金、私募基金以及其他类型法人机构等都可以成为证券公司的交易对手方。证券公司在融资类业务中作为资金提供者，对融入方的了解主要是通过市场公开信息或者融资方提供的资料所获得的，相较融入方自身而言，证券公司对其信用情况的了解必然处于信息劣势一方。若融资方事前存在重大信息隐瞒或者信用瑕疵，在交易双方达成交易协议之后证券公司就可能面临信用风险，从而被动承担风险对应的损失。

逆向选择是信息不对称所导致的问题之一。所谓逆向选择，通常是指商业银行或保险机构为了降低信用风险，一般会通过提高信贷利率或保险费率的形式来尽可能降低风险，同时也通过这种形式来遴选优质客户，但实际上优质客户并不愿意接受这种高成本，从而使得市场上出现所谓的"劣币驱逐良币"的现象。对于证券公司而言，这种现象在股票质押式回购、融资融券等融资类业务的客户遴选中表现得尤为明显。以股票质押式回购业务为例，证券公司原本是希望通过设定差异化的股票质押率、融资利率、履约保障比例等来遴选优质客户，但对缺乏流动性的客户或者劣质客户而言，高成本的融资也强于融资受限；更有甚者，劣质客户在风控严格的证券公司融资受阻之后，会转向风控较弱势或议价能力较弱的证券公司，从而使原本弱势的证券公司"雪上加霜"。

（二）道德风险理论

道德风险，是信息不对称导致的另一个问题。通常来讲，道德风险是一种隐蔽行为，交易一方利用不易观察的私人行为获取对其有利的决策地位，从而在最大化自身效用的同时做出不利于他人的行动。

1. 来自交易对手方的道德风险

这是指交易对手方为谋取自身利益，通过表象行为取得交易对手方的信任，一旦交易达成或者单方履约之后，放弃履约或者故意拖延履约的行为。在这种情况下，证券公司只能通过处置抵押物或者诉讼的形式去追偿，通常处置时间或者诉讼周期都很长，难以获得充足的交易对价，还会在处置过程中新增成本，造成实际损失。

2. 证券公司关键岗位人员的道德风险

这是指证券公司关键岗位核心人员由于主观过错，违反诚实守信和勤勉尽责义务，利用信息优势或职务便利而导致证券公司财产或声誉受到损失，或者对外部市场产生负面影响的行为。根据中国证监会通报案例来看，目前该类道德风险主要有以下几种表现形式：一是违反《证券法》及相关法规对从业人员的禁止性要求、廉洁从业相关规定中的禁止性要求、关于信息隔离与利益冲突防范的相关要求等，如代客理财、直接或间接对客户交易的收益或者赔偿交易的损失做出承诺、违规炒股、违规从事客户招揽和产品销售等。二是常表现为复杂性、隐蔽性、突发性、扩散性和难以对冲性。例如,在债券交易业务中,关键人员在知晓债券发行主体存在信用瑕疵或者交易对手方有可能违约的情况下,通过抽屉协议等形式获取个人利益,将债券交易风险转嫁给公司从而遭受损失;又如,区域内城投企业通过关联担保、关联交易等形式将企业信用捆绑在一起,一旦这个链条中的一家企业违约,就有可能造成整个区域内城投企业的风险,从而给投资者造成难以避免的损失。

3. 来自社会的道德风险

西方政治学家威尔逊和犯罪学家凯琳提出了一个"破窗效应"理论:如果有人打坏了一幢建筑物的窗户玻璃,而这扇窗户又得不到及时维修,其他人就可能受到某些示范性效应去打烂更多的窗户。久而久之,这些破窗户就给人造成一种无序的感觉,结果在这种公众麻木不仁的氛围中,犯罪就会滋生、猖獗。借用该理论来解释我国当前资本市场的信用环境也较为合适。比如,一家企业在资本市场发生违约,相当于打破了整个资本市场信用体系的一扇窗,一旦没有及时被惩罚和纠正,其他企业就会被暗示可以违约,从而使整个市场信用环境被破坏。资本市场信用环境的良莠直接关系到整个市场主体甚至整个实体经济的发展,作为资本市场重要参与者的证券公司势必不能独善其身,信用风险积聚的风险将会被无限扩大。可见,一旦市场信用环境被破坏,道德风险越来越高,企业的经营风险就越大,给证券公司带来的信用风险就越高。

二、证券公司信用风险管理主要内容

(一)信用风险定义

信用风险是金融机构面临的最古老的风险。孙继伟(2011)认为,在商业银行的早期业务中,信用风险等同于信贷风险。但随着银行业的发展,信用风险有了狭义和广义之分。狭义的信用风险是指商业银行贷款的信用风险,即信贷风险,又称违约风险,是指交易对手未能履行约定契约中的义务而造成经济损失的风险,即受信人不能履行还本付息的责任而使授信人的预期收益与实际收益发生偏离的可能性。而广义的信用风险包括商业银行的贷款风险、银行投资的信用风险、商业银行自身的信用风险。因此,现代信用风险的定义从最初的债务人违约扩展到因融资方、交易对手或发行人等违约导致损失的风险。

根据信用风险定义和信用风险实际发生情况,总结出信用风险有如下特点:一是不对称性。当某一主体承受一定的信用风险时,该主体可能取得的收益是确定且有限的,而可能遭受的损失往往要高于甚至远远高于可能取得的最大收益。二是累积性。信用风险爆发前一般会有一个不断累积的过程,直到超过一个临界点才外在地展现出来。三是传染性。一个主体发生信用风险事件,与其存在业务关联或股权关联的主体甚至行业都将受到影响。四是内源性。信用风险并不是完全由客观因素驱动的,可能受到债务人主观态度的影响,这种影响难以用数据或事实验证。

(二)证券公司信用风险相关业务

2018年以来,国内外经济形势日益复杂严峻,实体企业特别是中小企业仍然面对"融资的高山",防范化解重大金融风险的任务仍然艰巨;同时宏观经济也在发生积极变化,货币政策逐渐宽松,信用环境逐步修复,监管政策出现微调,资本市场改革不断深化,支持科创企业、民营企业、小微企业发展的一系列重大措施陆续出台,为证券行业发展带来巨大机遇。信用风险作为证券公司经营管理面临的最主要风险之一,证券公司既要对信用风险有足够的估计,做好充分准备;又要辩证看待信用风险,危中寻机、化危为机,努力将经济波动期转变为发展机遇期,实现逆势发展、弯道超车。

2019年中国证券业协会发布了《证券公司信用风险管理指引》,适用于"证券公司以自有资金出资业务的信用风险管理"。然而,在实际业务中,证券公司信用风险不仅存在于股票质押、融资融券、债券投资、场外期权和收益互换等以自有资金出资的业务中,对于资产管理、投资银行、债券通用质押式回购等非自有资金出资的业务也会涉及。因此,本书所涵盖的信用风险是在中国证券业协会规定的信用风险管理内容基础上的进一步延伸。相较于商业银行信贷业务的信用风险管理而言,证券公司信用风险管理具有自身的独特性。随着国内债券市场、非标债权融资及股票质押融资违约等信用风险事件频发,监管部门针对证券公司信用风险管理提出了更高的要求。因此,无论是外部市场环境、监管要求,还是证券公司内部管理和业务发展状况,都表明信用风险已是证券公司经营管理面临的最主要风险之一,信用风险管理的专业化、精细化也越来越成为证券公司的核心竞争力。

1. 债券交易业务

债券交易业务,包括现券交易以及逆回购等。不管是证券公司的信用债自营,还是资管业务中的信用债投资,都会面临信用风险。

近年来,随着我国信用债券市场的快速发展,债券发行规模及存量规模整体呈现扩容态势。根据 Wind 数据统计,2017—2021 年我国信用债发行规模逐年递增,2022 年稍有回落。具体而言,2021 年我国信用债发行规模达到近十年的峰值 20.05 万亿元,但同比增速下降为 5.09%;2022 年发行规模更是一反前期增长态势,回落至 18.07 万亿元,同比增速大幅下降为 -9.92%。存量规模方面,截至 2022 年末,信用债存续规模达到 44.23 万亿元,同比增速由 2021 年的 10.42%下降至 3.71%(见图 2-1)。

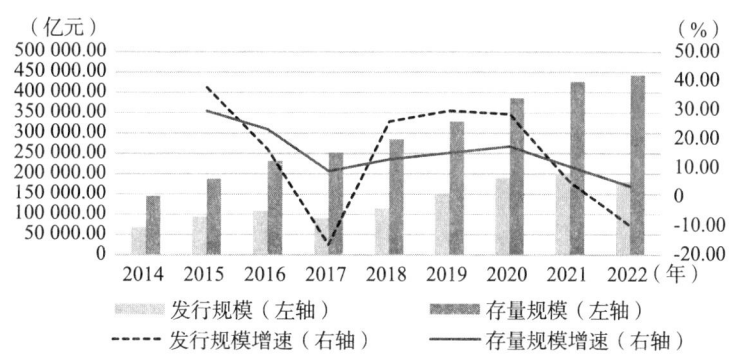

图 2-1 2014—2022 年信用债发行及存量规模数据

然而,继 2014 年 "11 超日债" 违约打破我国信用债市场的刚性兑付之后,近年来信用债违约规模呈现持续上升态势。根据 Wind 数据统计,

2022年信用债市场违约规模达到836.77亿元,包含展期在内的违约债券合计169只。与前两年相比,违约债券规模及数量虽出现大幅下降,但展期规模增幅较明显。自2021年下半年大型房企开始陆续违约后,2022年我国债券市场风险不断释放,信用风险事件主要集中于出险企业债券展期与国外债违约,新增违约主体以地产行业为主,部分弱资质国企爆发商票、信托等非标违约,引发存续债券的估值大幅波动,信用债市场违约愈加趋于常态化(见图2-2)。

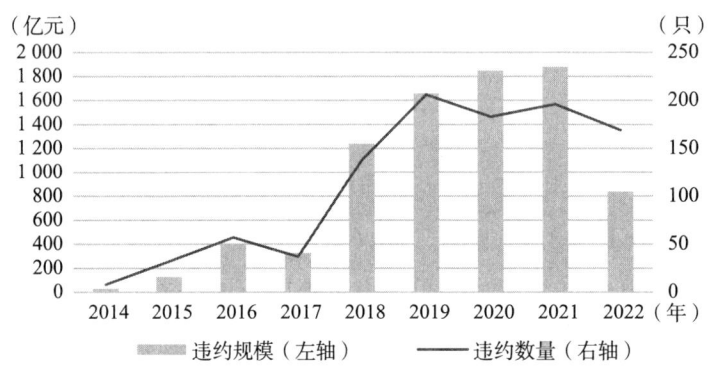

图2-2　2014—2022年信用债违约情况

资料来源:Wind。

2. 融资类业务

融资类业务①一直在跟随市场需求的变化不断创新,比如交易规则、交易组合等方面。由于股份性质不同,在进行风险处置的过程中,证券公司面临着不同的风险。

以融资融券(以下简称"两融")、股票质押式回购等为代表的信用交易业务与股票市场密切相关。2022年以来,伴随着股票市场的波动,"两融"业务规模有所收缩,股票质押业务规模则持续下降。

(1)"两融"业务。"两融"业务自2010年启动以来,呈现出快速发展的态势,2015年末达到小高峰,"两融"余额达到11 742.67亿元。之后随着市场行情的波动、监管政策收紧等,"两融"余额呈现"相对稳定

---

① 融资类业务包括融资融券业务、股票质押式回购业务、约定购回式证券交易业务等。

—下滑—缓慢上涨"的态势,在2021年末"两融"余额达到18 321.91亿元的高点后,于2022年再次呈现收缩趋势。截至2022年末,"两融"余额为15 403.92亿元,较2021年末下降了15.93%(见图2-3)。

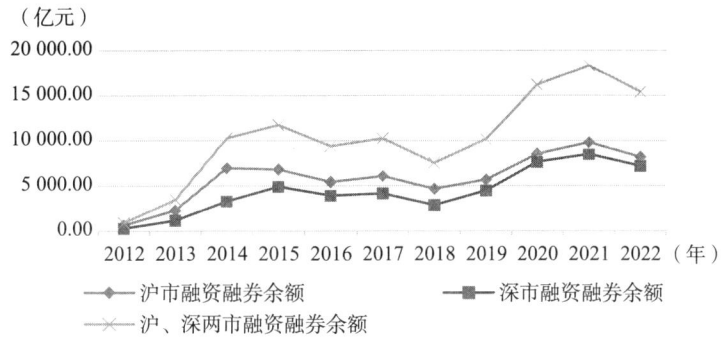

图2-3 融资融券余额情况

资料来源:Wind。

2022年10月,上海证券交易所和深圳证券交易所分别发布了《关于调整融资融券标的证券有关事项的通知》和《关于扩大融资融券标的股票范围的通知》,上交所主板标的股票数量由现有的800只扩大到1 000只,主板标的股票的市值占沪市主板A股流动市值达到95%;深交所注册制股票以外的标的股票数量由现有800只扩大到1 200只。随着"两融"业务相关制度的持续优化、上市公司数量的不断增多以及科创板、创业板注册制改革的全面铺开,"两融"标的证券和担保品范围也迅速扩大,这在一定程度上解决券源不足问题的同时,也相应地大幅增加了风险管理压力与难度。

根据《中国融资融券交易纠纷案件法律大数据分析与风险防控报告》数据,在全国范围内,"两融"交易纠纷案件数量呈现波动变化。在报告样本截取的时间段中,自2015年起,案件数量增长速度逐渐提高,并在2020年案件数量暴增后达到208件的高位,随后在2021年案件数量有所回落。总体上看,中国"两融"交易纠纷案件数量在过去10年中总体呈现增长态势。由于"两融"交易兼具做多、卖空机制和杠杆效应,一方面可以放大收益,另一方面又会提高风险,导致市场波动加剧。相应地,证券公司作为敞口方,容易受到因市场波动导致客户违约的影响,或者处置担保物和标的证券后仍存在风险敞口的影响,进而产生流动性风险、市场风险等次生风险问题,更有甚者将引发系统风险等。

(2)股票质押业务。2013年5月,《股票质押式回购交易及登记结算业务办法(试行)》颁布后,证券公司场内股票质押业务迎来快速发展。2018年以来,市场波动等因素导致质押风险敞口,证券公司普遍提高股票质押业务风控标准,压降业务规模,使市场股票质押业务规模持续下降。截至2022年末,市场质押股数3 917.84亿股、占总股本比为5.13%,较2018年末分别下降33.19%、44.9%(见图2-4);从市场质押市值来看,截至2022年末,市场质押市值达到3.18万亿元、占A股总市值的4.03%,较2018年分别下降20%、5.19%。

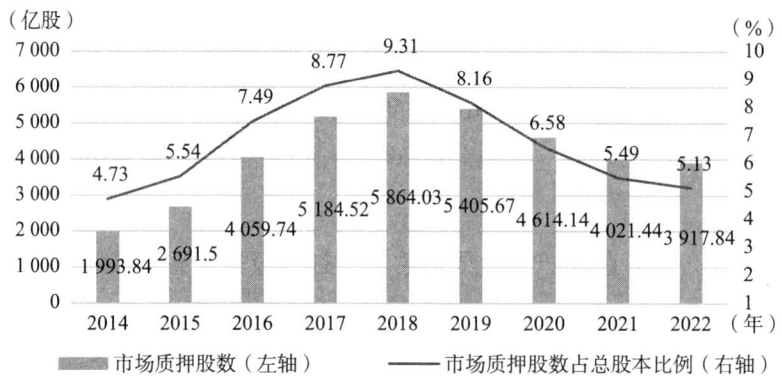

图2-4 股票质押业务情况

资料来源:Wind。

融资融券业务、股票质押式回购等信用交易业务面临的主要风险是平仓风险,影响平仓风险的主要因素包括市场行情、质押率和质押比例等。在市场行情下跌的情况下,履约保障比例(或者维持担保比例)越低,质押率则越高,业务面临的平仓风险越大。一旦发生平仓抛售,可能会形成"平仓→股价下跌→剩余股票逼近平仓线→再次平仓"的负反馈效应。

证券公司融资融券业务、股票质押式回购等信用交易业务的开展,一方面与市场情况息息相关,另一方面也受其净资本规模的限制。融资渠道较为多元化的证券公司净资本雄厚,同时能通过定增、配股等多种方式以较低成本募集资金,增强竞争优势。中小型证券公司则受限于较弱的净资本实力等,在信用交易业务方面往往风险偏好更高,导致其信用风险敞口更大。

3. 场外衍生品业务

按照中国证监会当前的监管要求,证券公司场外衍生品业务通常分为一级交易商和二级交易商。一级交易商和二级交易商承担着市场服务的作用,面临一定程度的交易对手信用风险。

国内场外衍生品业务起步较晚,近几年才取得较快发展,截至2023年5月末,证券行业场外衍生品名义本金达2.07万亿元,其中,收益互换0.85万亿元、场外期权1.22万亿元（见图2-5）。总体来看,目前国内场外衍生品市场分为中国银行间市场交易商协会（NAFMII）体系下的银行间场外衍生品市场、中国证券业协会（SAC）体系下的证券期货场外衍生品市场和国际掉期与衍生工具协会（ISDA）体系下的外资机构柜台市场的三大市场体系。不同市场体系下,在主导机构、市场组织形态及主要参与机构之间存在差异,在市场准入门槛、投资者适当性标准等业务规则方面也有所不同。这种分业监管模式下的市场体系也就决定了国内场外衍生品市场的独有特征①。

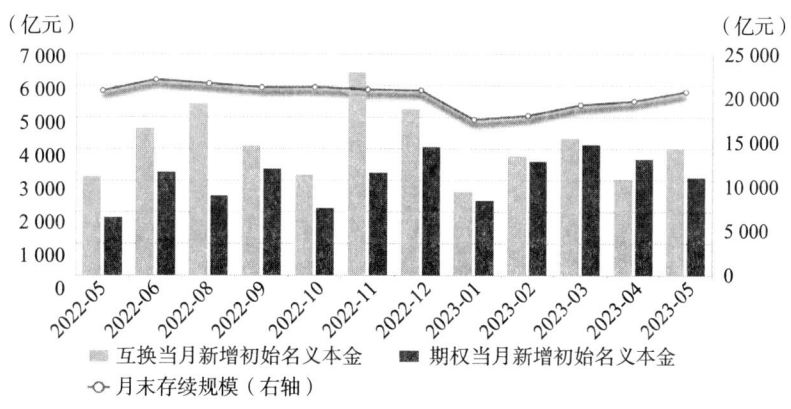

图2-5 场外衍生品规模变化

资料来源:中证报价系统官网。

---

① 中证机构间报价系统股份有限公司:《我国证券行业场外衍生品市场发展的问题与思考》。

其一，国内场外衍生品市场在分业监管模式下采用机构监管为主，市场规则体系的差异导致监管标准不统一，可能导致重复监管、监管真空等；其二，三大市场体系下参与者主要包括商业银行、证券公司、期货公司、保险公司、私募基金及社保基金等专业机构投资者，参与者层次不够丰富且业务较为同质化；其三，我国场外衍生品业务的基础设施建设主要围绕交易报告库开展，电子交易确认平台、定价与估值机构、担保品管理平台、询价报价平台等基础设施尚未建立，无法实现业务的全生命周期管理，相关的功能监管有待进一步丰富。此外，在现有市场体系下，场外衍生品自身的杠杆属性、波动率及时间价值等也决定了其风险的复杂性。

相较于场内衍生品的最低保证金、逐日盯市、强制平仓等信用保护机制，场外衍生品作为机构与机构之间进行的一对一合约交易的、非场内的金融衍生产品，交易双方都可能发生信用违约且风险敞口具有不确定性，场外衍生品的履约完全取决于交易双方的信用状况、履约能力和交易动机。

4. 非标准化债权投资

非标准化债权投资业务主要包括一些不能上市流通或只能在区域交易平台流通的 ABS、信托计划、理财计划等，各个证券公司会根据自身情况安排这类产品的投资额度。

非标准化债权投资，顾名思义是除标准化资产投资以外的资产类型投资。2013 年银监会发布《关于规范商业银行理财业务投资运作有关问题的通知》（以下简称"8 号文"），引入非标准化债权概念，规定："非标准化债权资产是指未在银行间市场及证券交易所市场交易的债权性资产，包括但不限于信贷资产、信托资产、委托债权、承兑汇票、信用证、应收账款、各类受（收）益权、带回购条款的股权性融资等。"

相较于标准化资产而言，非标准化资产具有透明度低、形式灵活、流动性差、收益相对较高的特点。穿透其底层资产和资金来源来看，部分非标准化资产本质上就是一种贷款，也就是其负债端资金主要来自银行理财、信托计划及各类资管计划等影子银行业务，而资产端大部分是房地产、地方政府融资平台和"两高一剩"（指高污染、高能耗及产能过剩行业）等限制性领域的资产，甚至不乏银行不良资产。金融机构通过关联交易、多层嵌套、层层加杠杆的方式继续催生标的风险，将资金投向于高风险领域，增加交叉性金融产品，隐匿不良资产等。近年来，城投融资平台融资项目违约、房地产信用风险事件爆发等均可见非标准化债权的身影，而非标准化债权的投资者面临的风险可想而知。

5. 非自有资金出资业务

非自有资金出资业务包括资产管理业务与投资银行业务。证券公司担任管理人或作为承销机构承销债券，并不承担任何信用风险。但是，如果发行人违约而证券公司在执业过程中又存在未勤勉尽责的情形，那么证券公司可能需要进行相应的赔偿。这时，此类业务中所存在的间接信用风险就会转化为实际的信用风险。

除上述业务类型，证券公司信用风险还涉及交易所正回购业务以及经纪业务等非自有资金出资的业务类型，其面临的风险也主要是债券发行人违约和交易对手违约等。

证券公司在资产管理业务中承担资产管理计划管理人职责、在投资银行类业务中承担持续督导和存续期管理职能、在经纪业务中作为结算参与人承担债券质押式回购担保交收责任，证券公司可根据本公司实际情况及内部管理需要进行相应的风险管控。

三、信用风险管理发展重要事件以及发展历程

证券公司及下属并表子公司的业务，按照风险管理标准的一致性划分，可以分为债券交易类业务、融资类业务、场外衍生品业务。债券交易类业务又可以分为债券现券投资业务以及债券回购等拆借类业务；融资类业务可以分为融资融券业务、股票质押式回购业务、约定购回业务等；场外衍生品业务在当前市场环境下主要是场外期权业务以及收益互换业务。这些业务又可以区分为公司自有资金开展的业务以及管理产品开展的业务（见表2-1）。证券公司以上业务的发展以及规范，经历了多轮变化，在

不断与时俱进。证券公司对这些业务的信用风险管理方式，逐步演变为目前的信用风险管理模式。

表 2–1　　　　　　　　证券公司业务信用风险管理

业务大类	业务小类	主要风险管理角色
债券交易类业务	债券现券投资业务：标准化债权投资、非标准化债权投资；债券交易业务（拆借类业务）：债券回购交易、债券远期交易、债券借贷、债券做市、仓单服务	债券现券业务：发行人、担保人 债券交易业务：交易对手、担保物
融资类业务	融资融券业务、约定购回式证券交易业务、股票质押式回购交易业务	融资人、担保物
场外衍生品业务	远期、期货、收益互换、期权以及信用衍生品等	交易对手、担保物
非自有资金出资业务	资产管理业务	投资标的管理人、交易对手、发行人、担保物
	投资银行业务	发行人、担保人

（一）融资类业务

1. 融资融券业务

融资融券业务自 2010 年 3 月底正式启动以来，发展十分迅速，融资融券规模和投资者数量不断增长，逐渐成为证券经营机构重要的收入来源，为证券行业贡献了稳定可观的利润。证金公司数据显示，截至 2022 年 9 月末，国内开展融资融券业务的证券公司达 95 家，涉及 11 721 个营业部，开通融资融券交易的期末账户数达 1 261 万户，融资融券负债规模约 1.54 万亿元，担保资产合计 4.58 万亿元，1 月至 9 月的月均融资融券交易额约 1.4 万亿元。融资融券业务利息收入在证券行业整体营业收入中总体占比不断提高，在佣金大幅下滑的情形下，极大地改善了证券公司的生存环境。

随着融资融券业务不断发展壮大，业务发展不均衡的问题逐渐显现，受券源的限制影响，市场融券余额占比徘徊于1%附近，未能较好地实现风险对冲、特色交易策略应用等功能，影响了融资融券业务的进一步发展。2019年7月科创板首批公司上市交易，2020年8月创业板注册制改革落地，2023年2月北交所证券融资融券交易上线，这三类证券上市首日即可成为融资融券标的证券。

2. 股票质押式回购业务

证券公司股票质押式回购业务自2013年推出以来，在丰富市场融资渠道、服务实体经济等方面发挥了重要的作用，迅速成为上市公司股东主要的融资途径，业务规模增长迅速。但伴随着减持新规、股票质押新规及资管新规等制度的出台，以及市场下行压力增大，股票质押业务风险事件频发，业务规模呈现持续收缩趋势。

总体来看，自2020年以来，随着业务风险的逐步化解及减值风险的逐步释放，市场质押股数和市场质押市值保持比较平稳的状态，业务规模进入相对平稳的发展阶段，具体体现在以下方面。

一是业务监管规范趋严，风险管理要求持续提高。2017年5月，减持新规推出，对特定股东股份减持作出明确限制。减持新规弱化股票质押担保物的流动性，从减持数量、减持方式以及信息披露等方面对上市公司股东的减持股份行为作出要求，弱化了股票质押担保物的流动性，降低了违约处置环节的效率。2018年1月，股票质押新规出台，进一步聚焦服务实体经济定位，防控业务风险，规范业务运作，明确了融入方不得为金融机构或其发行的产品，融入资金应当用于实体经济生产经营并专户管理，明确了股票质押集中度和质押率上限要求，进一步强化风险管理。2018年6月，中国证券业协会发布《关于证券公司办理场外股权质押交易有关事项的通知》，证券公司场外股票质押业务全面暂停。2020年10月，国务院发布《关于进一步提高上市公司质量的意见》，指出要积极稳妥化解上市公司股票质押风险，坚持控制增量、化解存量，严格控制限售股质押。2022年1月1日起正式实施的沪、深证券交易所股票质押业务风险管理指引，进一步强化业务的风险导向，对融入方、融出方的管理、标的证券管理、融入资金用途管理等进行规范，明确风控部门的核查把关责任，要求证券公司增强风险自我防范和约束能力；同时，深交所将对证券公司每年新增股票质押回购初始交易规模进行监测。

二是服务实体经济定位进一步明确。股票质押业务是为实体经济提供金融支持的有效手段，也是民营企业和自然人股东融资的主要渠道，需要发展和支持。从业务实际来看，股票质押业务具有融资效率高、融资金额大、交易方式灵活等特点，中小市值民营上市公司股东是参与股票质押业务的"主力军"。证券公司在开展股票质押业务时应立足服务实体经济的本源，进一步做好融入方资金用途的审查工作，防止资金流向淘汰类产业及违反国家宏观调控政策、环境保护政策的项目，或进行证券交易、申购新股等，并强化存续期资金用途管理，全力发挥金融服务实体经济作用，助力实体经济高质量发展。

三是大股东和上市公司行为日益规范。2019年修订的《证券法》，完善了信息披露制度，进一步强化信息披露要求，对于违反信息披露原则的行为以及没有尽到信息披露义务的上市公司加大了处罚力度。市场上曾出现上市公司控股股东、大股东清仓式质押，甚至通过质押方式套现退出的极端案例，严重损害了债权人及广大中小股东的利益，因此，规范上市公司及大股东股票质押行为非常重要。沪、深证券交易所股票质押业务风险管理指引也对上市公司控股股东、第一大股东、董监高及持股5%以上股东的累计质押比例和单一融入方从证券公司的融资上限明确量化，在一定程度上控制上市公司股东的过度质押行为。2023年8月27日，中国证监会发布《进一步规范股份减持行为》，以控股股东、实控人及其一致行动人为借款人的股票质押业务风险可能进一步上升；2023年9月26日，沪、深证券交易所发布《关于进一步规范股份减持行为有关事项的通知》，实行新老划断，针对2023年8月27日之后新增的合约，以控股股东、实控人及其一致行动人为融入方的股票质押业务的违约处置风险大幅上升。

(二) 债券交易类业务

1. 债券现券投资

从成熟市场发展历程看，债券违约是市场化运行的必然现象。2014年"11超日债"违约打破我国信用债市场零违约记录。*ST超日2014年3月4日晚公告，因公司流动性危机尚未化解，"11超日债"本期利息将无法于原定付息日2014年3月7日按期全额支付8 980万元，仅能够按期支付共计人民币400万元。至此，"11超日债"正式宣告违约，并成为国内首例违约债券。从此之后，我国债券市场"刚性兑付"被逐步打破。

2015年，由于过剩行业供需结构失衡，重资产行业产能快速出清较为困难，产品价格走低，煤炭、钢铁、光伏等产能过剩行业企业经营现金流承压。2015年广西有色金属集团有限公司宣告"12桂有色MTN1"违约。之后虽最终兑付，但不久再次违约，公司随后申请破产重整。2016年3月东北特钢集团发生违约，同年进入破产重整。自此过剩行业债券市场利差大幅走阔，一级市场发行融资难，市场情绪蔓延，多家过剩行业企业集中违约。

在过剩行业陷入困境时，2015年11月中央财经领导小组会议提出推进经济结构性改革。2016年国家针对去产能提出一系列调控政策，其中粗钢、煤炭、水泥熟料分别要求在"十三五"期间压降落后产能1亿—1.5亿吨、8亿吨和3.93亿吨，钢铁和水泥产能利用率分别提升至80%和60%，并鼓励先进产能优先释放和置换。在一系列政策引导下，企业盈利能力改善，加之部分省政府出面支持企业路演，债市逐渐恢复信心，企业现金流有所缓解，行业利差回落，过剩产能违约风险得以缓释。

2018年上半年信用急剧收缩，民企恰逢偿债高峰，叠加股票质押风险随着股市波动传导至债券市场，多重压力下引爆了民营企业违约事件，亿阳集团、神雾环保、富贵鸟、中安消、上海华信等先后违约，2018年全年违约金额超1 200亿元，远高于过往年度水平。与前期违约潮相比，此轮信用风险无明显的行业特征，以民企为主，主要原因来自企业自身管理、内部控制管理。如经营不佳导致现金流紧张（亿阳集团、凯迪生态等），关联方欠款占用资金（盛运环保、神雾科技），集团流动性紧张传导（银亿股份），经营不善暴发"黑天鹅"事件（乐视网、洛娃科技）等。

为应对此次违约潮，各级政府部门出台一系列政策解决民企融资渠道断裂、信用风险高企问题，如设立纾困基金缓解民企股权质押风险；部分地方监管部门要求证券公司执行平仓前充分考虑系统性风险影响；央行2018年两次增加再贷款和再贴现额度。

对于地产降杠杆，2016年7月中央政治局会议首次提出要"抑制资产泡沫"，强调"房住不炒、因城施策"。2021年房地产行业开始"三线四档"管理，政策上严控房地产企业融资，上半年调控不断加强，各地"因城施策"调控，热点城市加码限购限贷等政策，下半年随着房地产市场降温，数家房地产企业违约。如2021年2月，因下属公司债券违约触发提前到期还款，持有人会议未形成豁免，华夏幸福宣告违约；随后协信远创、蓝光发展、泛海控股等房企在国内债券市场先后违约；阳光100、当代置业等房企先后宣布美元债违约。2021年9月，恒大理财违约，其担保未兑付理财产品规模达400亿元，恒大集团危机凸显。2021年9月央行第三季度例会提出维护房地产市场的健康发展，维护住房消费者的合法权益。房地产行业融资环境有所缓和，部分城市调控政策边际放松，多个市县出台财税补贴等刺激性政策。

在这些事件背景下，从超日债违约开始，伴随着"一行三会"联合发布《关于规范债券市场参与者债券交易业务的通知》（银发〔2017〕302号）、中国银保监会发布《关于规范金融机构资产管理业务的指导意见》等，证券公司开始深刻意识到债券投资并不是保本类资产，对债券投资业务需要进行专业化的研究、分析与管理。

2. 规范债券交易业务

中国人民银行、中国银行业监督管理委员会、中国保险监督管理委员会[①]

[①] 2018年成立中国银行保险监督管理委员会，其主要职责是依照法律法规统一监督管理银行业和保险业，维护银行业和保险业合法、稳健运行，防范和化解金融风险，保护金融消费者合法权益，维护金融稳定。2023年3月，中共中央、国务院印发了《党和国家机构改革方案》，在中国银行保险监督管理委员会基础上组建国家金融监督管理总局，不再保留中国银行保险监督管理委员会。

和中国证券监督管理委员会于 2017 年联合发布《关于规范债券市场参与者债券交易业务的通知》（银发〔2017〕302 号）（以下简称"302 号文"）。当日，中国证监会也发布了 302 号文的配套文件——《关于进一步加强证券基金经营机构债券交易监管的通知》，在 302 号文的基础上，对证券公司、基金管理公司及其子公司（以下统称"证券基金经营机构"）的证券自营、资产管理（含公募与私募基金）、投资顾问等业务参与债券交易进一步细化规范。该通知从强化证券基金经营机构的内部合规风控机制、加强业务管理和人员管理、统一规范各类债券交易等方面强化机构规范操作、控制风险。在 302 号文之前还有包括资管新规、资产增值税等相关规定已经在酝酿。在防范系统性金融风险这一重点任务的驱动下，金融监管步步收紧，规范制度日趋完善。随后，为了进一步规范债券投资交易行为，防范债券市场风险，2018 年 12 月 25 日，中证协和中基协联合发布《证券基金经营机构债券投资交易业务内控指引》，对证券基金经营机构参与债券投资交易的内控体系、业务内控、自律管理等提出了具体的要求。

（三）场外衍生品业务

权益类场外衍生品业务是当前证券公司的新兴增长点，它既代表了交易投资业务未来的发展方向，也因其业务复杂度极高，给证券公司风险管理带来了新挑战。

2013 年 3 月 15 日，中国证券业协会发布《证券公司金融衍生品柜台交易业务规范》和《证券公司金融衍生品柜台交易风险管理指引》，对金融衍生品——包括"远期、互换、期权等价值取决于股权、债权、信用、基金、利率、汇率、指数、期货等标的物的金融协议，以及其中一种或多种产品的组合"——在场外进行的交易进行规范。2015 年，监管机构暂停了"融资类收益互换"业务，因为在交易市场中发现有利用此类交易快速达到 5% 的举牌线，且跨境收益互换也可以让海内外资金避开外汇管制，终端客户不需要直接持有股票，并且可以只支付部分保证金，以达到大杠杆做多或者做空市场的目的。

随着交易市场基础设施的不断完善、证券公司对交易市场的不断探索，2020年以来监管部门先后出台《证券公司场外期权业务管理办法》与《证券公司收益互换业务管理办法》，标志着场外期权与收益互换业务进入规范发展阶段。2022年4月20日，第十三届全国人民代表大会常务委员会第三十四次会议通过《期货和衍生品法》，自2022年8月1日起施行。《期货和衍生品法》是为了规范期货交易和衍生品交易行为，保障各方合法权益，维护市场秩序和社会公共利益，促进期货市场和衍生品市场服务国民经济，防范化解金融风险，维护国家经济安全而制定的法律。衍生品业务在法规方面步入了更加规范的阶段。

作为典型的非方向性客需业务，场外期权与收益互换业务主要通过风险对冲获取盈利。在这一过程中，证券公司实际充当了做市商角色：一方面，凭借灵活多变的产品结构，为商业银行、证券公司、信托公司、私募机构、资管公司、上市公司等各类客户提供定制化服务；另一方面，通过场外与场内联动、背对背交易撮合、结构化产品设计等多种方式，动态对冲市场波动风险，赚取对冲收益。从业务发展趋势来看，伴随着中证1000股指期权等场内对冲工具的推出，场外期权与收益互换业务可能继续扩张；同时，自营投资业务与场外期权、收益互换业务的联动性可能逐步增强，自有资金的运用不再单纯以方向性投资为目的，而更多应用于客需衍生品对冲。

(四)《证券公司信用风险管理指引》发布

为配合《证券公司全面风险管理规范》的实施，指导证券公司建立完善的信用风险管理体系和信用风险控制流程，加强证券公司对各类信用风险事件的防范与应对，中国证券业协会组织制定了《证券公司信用风险管理指引》（以下简称《指引》），经协会第六届常务理事会第九次会议表决通过，并向中国证监会备案，于2019年发布实施。《指引》一是强调了尽职调查为信用风险管理的重要手段；二是强调了证券公司授信管理基本要求，要求证券公司建立授信授权审批机制，明确各业务的审批层级及授权范围，保证各层级审批的相对独立性；三是建立长效的风险监控、报告及预警机制；四是明确了风险资产违约处置的基本要求。《指引》要求证公司建立违约处置流程,对资产进行风险分类,并根据会计准则计提损失。为明确违约处置的职责分工和人员安排,对于风险资产,证券公司应指定专人牵头负责处置事宜。

(五) 资产管理新规发布

随着2022年资产管理新规过渡期正式结束,行业生态新格局进一步重塑,产品全面净值化成为资产管理行业的趋势,各类资产管理机构将迎来高质量发展阶段和财富资管大时代。资产管理是券商的重要业务,如何在日益激烈的竞争环境和坚守风险合规底线下抓住行业差异化发展机会,成为券商资产管理行业的新挑战。

四、国外国际投行信用风险管理经验

巴塞尔协议作为全球银行业资本计量和风险监管的重要标准,在最初的 Basel Ⅰ 里,资本充足率的计量唯一考虑的风险类型就是信用风险。1997年亚洲金融危机后,Basel Ⅱ 针对信用风险加权资产的计量,设置了标准法、初级内部评级法、高级内部评级法三种不同的方法,银行可根据自身风险管理状况选择使用。2008年全球金融危机后,Basel Ⅲ 又进一步细化了信用风险标准法下的风险敞口、校准风险权重,限制了信用风险内部评级法使用范围,重新校准了风险参数、资本底线。巴塞尔协议的演变历程其实也是信用风险管理的进化过程,证明了巴塞尔委员会对信用风险管理的重视。

针对信用风险加权资产的计算方法,现行的 Basel Ⅲ 允许银行在两种方法中进行选择。第一种方法是标准法,即采用规定的标准化风险权重,标准法下风险敞口应扣减专项准备后再进行风险加权。第二种方法是内部评级法,允许银行在获得监管机构明确批准的前提下,采用其自身开发的信用风险内部评级体系。场外衍生工具、交易所交易的衍生品工具以及导致银行面临交易对手信用风险的多头清算交易,应按照交易对手信用风险相关规则计算信用风险敞口。资产证券化风险敞口应按照证券化相关规则计算。基金股权投资和中央交易对手风险敞口,分别按照各自专门规则进行计算。以下主要对 Basel Ⅲ 中的信用风险标准法、内部评级法以及交易对手信用风险管理进行简要介绍。

（一）标准法

1. 风险敞口

标准法风险敞口类型主要包括主权风险敞口、非中央政府公共部门实体风险敞口、多边开发银行风险敞口、银行风险敞口、担保债券风险敞口、证券公司和其他金融机构风险敞口、公司风险敞口、次级债或股权及其他资本工具风险敞口、零售风险敞口、房地产风险敞口、已违约风险敞口等。

2. 计量规则

标准法下信用风险加权资产包括表内项目信用风险加权资产与表外项目信用风险加权资产。针对表外项目，标准法首先通过信用转换系数将表外项目转换为等值的表内信用风险敞口，再按表内项目的处理方式计量相应的风险加权资产。

标准法整体计量规则如下：

信用风险加权资产＝表内项目信用风险加权资产＋表外项目信用风险加权资产

其中，表内项目信用风险加权资产＝（表内项目账面余额－减值准备）×风险权重

表外项目信用风险加权资产＝（表外项目名义金额×信用转换系数）×风险权重

3. 风险权重

标准法对各类风险敞口类型分别设置了差异化的风险权重。在允许将外部评级用于监管目的的国家（地区），标准法将本国（地区）监管机构认定的合格外部信用评估机构的评级结果作为确定风险权重的基础，比如主权风险敞口、非中央政府公共部门实体风险敞口、多边开发银行风险敞口、银行风险敞口等，均根据交易对手不同外部评级设置差异化风险权重。公司风险敞口、零售风险敞口等主要依据交易对手种类、规模等特征

设置差异化风险权重；房地产风险敞口则专门引入贷款价值比（LTV），即贷款余额除以房地产价值，设置差异化风险权重。已违约风险敞口主要根据专项准备占风险敞口的比例设置差异化风险权重。

4. 信用风险缓释

标准法明确了合格信用风险缓释监管要求以及合格信用风险缓释工具种类。标准法下的信用风险缓释计量只认可合格信用风险缓释工具的缓释作用。标准法下的信用风险缓释计量方法分为简单法及综合法。

简单法的总体逻辑是：合格抵押品覆盖部分的风险权重，直接使用合格抵押品的风险权重替代。合格抵押品覆盖部分的风险权重底线为20%，无合格抵押品覆盖部分则继续使用风险敞口类型对应的风险权重。

综合法的总体逻辑是：在考虑合格抵押品的风险缓释效应时，必须计算交易对手风险缓释后的风险敞口，即缓释作用传导至风险敞口后，再用风险缓释后的风险敞口乘以交易对手的风险权重。综合法要求使用制定的监管折扣系数，对交易对手的风险敞口和交易对手提供的抵押品价值分别进行调整，以考虑市场发生波动时价值可能的变化。除非风险敞口和抵押品有一方是现金或者其折扣系数为零，否则调整后的风险敞口数值更大、抵押品的价值更小。因此，针对抵押交易，综合法的计算过程为：首先使用调整后的风险敞口数值减去调整后的抵押品价值得到风险缓释后的风险敞口（若差额为负数则取0），再乘以交易对手风险权重，最终得到风险缓释后的信用风险加权资产。

（二）内部评级法

在满足最低条件和披露要求的前提下，获得监管机构批准适用内部评级法（IRB法）的银行在计算资本要求时，可以采用银行内部模型对风险要素的估计值。风险要素包括违约概率（PD）、违约损失率（LGD）、违约风险敞口（EAD）及期限（M）。

1. 初级内部评级法和高级内部评级法

适用内部评级法的各类型风险敞口均需要考虑三个关键要素：一是风险要素，部分风险参数由银行估计，部分风险参数由监管机构确定；二是风险权重函数，即将风险要素转换成风险加权资产以及资本要求的方法；三是最低要求，即银行针对指定资产类别使用内部评级法必须满足的最低标准。

针对大部分资产类别，巴塞尔委员会规定了两种方法：初级内部评级法和高级内部评级法。初级内部评级法下，银行自行估计 PD，其他风险要素由监管机构定；高级内部评级法下，银行在满足最低标准的前提下，自行估计 PD、LGD、EAD 和 M。两种方法下，银行均必须按照 Basel Ⅲ 针对各风险敞口类型给定的风险权重函数计算资本要求。

2. 风险敞口类型

相较标准法，内部评级法仅将风险敞口划分为具有不同风险特征的五大类别：公司风险敞口、主权风险敞口、银行风险敞口、零售风险敞口、股权风险敞口。对于股权风险敞口，不允许采用内部评级法。

3. 计量规则

内部评级法下，信用风险敞口的风险加权资产（RWA）计量公式为：

$$RWA = K \times 12.5 \times EAD$$

其中，K 为信用风险敞口的资本要求。非零售风险敞口 K 与零售风险敞口 K 的计量公式分别为：

（1）非零售风险敞口：

$$K = \left[LGD \times N\left(\sqrt{\frac{1}{1-R}} \times G(PD) + \sqrt{\frac{R}{1-R}} \times G(0.999) \right) - PD \times LGD \right] \times \left\{ \frac{1}{1 - 1.5 \times b} \times [1 + (M - 2.5) \times b] \right\}$$

其中，b 为期限调整因子，$b = [0.11852 - 0.05478 \times \ln(PD)]^2$。

（2）零售风险敞口：

$$K = LGD \times N\left[\sqrt{\frac{1}{1-R}} \times G(PD) + \sqrt{\frac{R}{1-R}} \times G(0.999) \right] - PD \times LGD$$

其中，R 为信用风险敞口的相关性。Basel Ⅲ 针对不同类型的风险敞口均给定了相应的 R 计算公式，比如主权风险敞口、一般公司风险敞口的 R 为：

$$R = 0.12 \times \frac{1 - \frac{1}{e^{(50 \times PD)}}}{1 - \frac{1}{e^{50}}} + 0.24 \times \left[1 - \frac{1 - \frac{1}{e^{(50 \times PD)}}}{1 - \frac{1}{e^{50}}}\right]$$

4. 内部评级体系

为取得内部评级法的资格，银行必须向监管机构证明其在最开始即满足并持续满足 Basel Ⅲ 规定的最低要求。最低要求核心关注的是银行以一致的、可靠的、有效的方式对风险进行排序和量化的能力，银行应按照最低要求，建立内部评级体系。内部评级体系应包含评级方法、流程、控制、数据收集、支持风险评估的 IT 系统、内部风险评级的设定、违约和损失的量化估值等全部内容。

针对内部评级体系的设计，最低要求规定：一是评级维度，内部评级体系应包括对公司和银行风险敞口（以下简称"非零售风险敞口"）的内部评级体系和零售风险敞口的风险分级体系；二是评级结构，应设定足够的债务人级别和债项级别，信用风险敞口应在不同债务人级别和债项级别之间合理分布，不能过于集中；三是评级标准，必须制定具体的评级定义、过程和标准，将风险敞口划入评级体系中的不同评级级别；四是评级的时间跨度，虽然估计 PD 的时间跨度是一年，但在评级设定时被期望使用更长的时间跨度；五是评级模型，模型应具有良好的预测能力，模型的使用不会违背监管资本要求；六是评级体系设计的文档记录，必须记录评级体系的设计和操作细节，能证明银行遵守了最低要求。

针对内部评级体系的运行，最低要求规定：银行应建立完善的内部评级流程，确保内部评级过程的独立性。内部评级流程应包括评级发起、评级认定、评级推翻和评级更新；债务人评级和债项评级必须至少每年更新一次，对风险较高的债务人债项应适当提高评级更新频率；采用内部评级法的银行必须建立稳健的压力测试程序，用以评估资本充足水平，压力测试必须确定可能对银行信用风险敞口产生不利影响的潜在事件或未来经济状况变化，并评估银行抵御这些变化的能力。

针对内部评级的使用，最低要求规定：内部评级结果及对违约和损失的估值必须在风险管理政策制定、信贷审批、资本分配和公司治理等方面发挥重要作用；采用内部评级法的银行，必须证明其在有资格实施IRB法之前，已经使用了与最低要求大体一致的评级体系至少3年；采用高级法的银行，必须证明其在有资格实施内部评级法之前，已经以与最低要求大体一致的方式估计和使用LGD、EAD至少3年。

针对内部评级法信用风险参数量化，最低要求规定：银行内部估计PD、LGD、EAD，必须包括所有相关的、重要的、可获得的数据、信息和方法；银行可以使用内部数据和外部数据，但必须证明参数估计代表了长期经验；银行估计PD、LGD、EAD必须以历史经验和实证研究为基础，不得纯粹建立在主观判断基础上；银行的估计必须及时反映可获得技术更新、新数据及其他信息，银行必须每年或更频繁地检查内部估值。

5. 信用风险缓释

内部评级法下，证券融资交易抵质押品的信用风险缓释作用体现为对LGD的调整，具体如下：

初级内部评级法下，除标准法认定的合格金融质押品外，其他一些形式的抵质押品也可被认定为合格的抵质押品，包括应收账款、特定的商用或者居住用房地产，以及其他实物抵质押品。针对无合格抵质押品覆盖的风险敞口，Basel Ⅲ设置了不同风险敞口类型适用的LGD参数；针对有合格抵质押品覆盖的风险敞口，信用风险缓释后，调整的违约损失率为：

$$LGD^* = LGD_s \times \frac{E_s}{E \times (1 + H_e)} + LGD_u \times \frac{E_u}{E \times (1 + H_e)}$$

其中，LGD_s是抵质押品覆盖部分的违约损失率；E是风险敞口的当前值；H_e是风险敞口折扣系数，银行借出证券，应使用H_e对E进行调整；E_s是抵质押品经折扣系数调整后的当前价值；LGD_u是无抵质押品覆盖部分的违约损失率；$E_u = E \times (1 + H_e) - E_s$。

高级内部评级法下，银行应根据自行估计的LGD，对各抵质押品所覆盖的风险敞口分别估计违约损失率。Basel Ⅲ针对高级法下无抵质押情形以及风险敞口被全额抵质押情形分别设置了LGD参数底线。对于部分覆盖的风险敞口，LGD 底线为全额抵质押部分风险敞口的违约损失率底线和无抵质押部分风险敞口的违约损失率底线的加权平均值。具体公式如下：

$$LGD_{floor} = LGD_{sfloor} \times \frac{E_s}{E \times (1 + H_e)} + LGD_{ufloor} \times \frac{E_u}{E \times (1 + H_e)}$$

其中，LGD_{sfloor} 和 LGD_{ufloor} 分别是全额抵质押部分和无抵质押部分风险敞口的违约损失率底线。

内部评级法下，衍生工具的抵质押品信用风险缓释作用则体现为对 EAD 的调整，具体见下文的"交易对手信用风险管理"中衍生工具违约风险敞口计量相关内容。

（三）交易对手信用风险管理

交易对手信用风险是指交易对手在一笔交易的现金流最后结算之前违约的风险，与违约交易对手的交易或组合具有正的经济价值时，经济损失将会发生。交易对手的信用风险主要涉及的业务类型包括场外衍生品交易、证券融资业务以及与中央交易对手交易等。

银行应制定与其交易活动的特征、复杂程度和风险敞口水平相适应的交易对手信用风险管理机制，计算交易对手信用风险敞口的风险加权资产。交易对手信用风险加权资产包括交易对手违约风险加权资产与信用估值调整（CVA）风险加权资产两部分。

1. 交易对手违约风险加权资产

针对交易对手违约风险加权资产的计量，与前述信用风险计量方法整体一致，即计量交易标的的违约概率、违约损失率和违约风险敞口。交易对手信用风险计量最特别之处在于风险敞口的计量，因为不仅需要考虑当前估值引发的当前敞口，还需考虑未来估值变化所引发的潜在敞口。

针对衍生工具，违约风险敞口的计算逻辑是违约风险敞口包括当前风险敞口和未来风险敞口。考虑未来风险敞口是因为受标的价格变化影响，衍生工具价值可能在短时间内快速变化，所以当前风险敞口不足以完全代表整体风险敞口情况。巴塞尔委员会对衍生工具的管理尺度和风险把握，附加了一个监管乘数，具体计算公式如下：

$$EAD = 1.4 \times (RC + PFE)$$

其中，1.4 是 Basel Ⅲ 中建议的监管乘数；RC 为重置成本，代表当前风险敞口，风险缓释工具的缓释作用传导至 RC 的计量里；PFE 为潜在风险敞口，代表未来可能的风险敞口。

针对无保证金交易，重置成本为交易对手违约并且立即关闭交易而面临的损失；对于保证金交易，重置成本为假设交易立刻平仓或重置，交易对手当下或未来发生违约而面临的损失。重置成本是以下两部分之和：一是衍生工具当前价值；二是净支付保证金（含现金和其他可充当保证的资产）。衍生工具当前价值一般取衍生工具估值，净支付保证金需要考虑保证金支付和收取情况，以及可充当保证的资产的现金等价价值。

潜在风险敞口则是银行在未来各个时点可能面临的交易对手违约所带来的风险敞口。潜在风险敞口计算规则更加复杂，由全部衍生工具的总附加敞口、认可超值抵押或负盯市价值的乘数因子两部分构成。针对总附加敞口，需要将净额结算组合中每笔合约根据主要风险因子的本质，分配至利率、汇率、信用、股票、商品五类之一，并遵循唯一性、一致性原则，在五个资产类别内建立抵消组合，然后从交易层面的单笔合约附加风险敞口、到抵消组合层面、再到资产类别层面由下而上逐级加总计算总附加敞口。乘数因子是巴塞尔委员会出于审慎考虑，对 PFE 中随着超额抵押品增加而减少的部分而设置的。当持有的抵押品价值低于衍生工具合约的净市值时，重置成本为正，乘数为 1；反之，重置成本为 0，乘数小于 1。

2. 信用估值调整（CVA）风险资本要求

信用估值调整（CVA）来源于交易对手违约对估值结果的影响。为了准确地对产品进行估值，应该在不考虑违约的基础上进行价值的调整，代表交易对手违约对产品估值的影响，也就是交易对手信用风险的价格 CVA，可以理解为考虑了交易对手违约的组合真实价值减去无风险收益组合价值的差，即：

$$PV = PVCreditRiskFree + CVA$$

CVA 风险是指 CVA 价值变化而导致损失的风险。CVA 价值变化是由交易对手信用利差以及影响衍生工具和证券融资交易的市场风险因子变化而导致。除直接交易对手为合格中央交易对手以外，所有的衍生工具交易以及会计上以公允价值计量的证券融资交易，都要计算 CVA 风险资本要求。

CVA 是交易对手信用风险管理的最新发展，国内对 CVA 的认识刚刚起步，目前主要用于计算资本。但国际金融同业对 CVA 的运用已经较为广泛和成熟，除了计算风险资本要求，主要还可以归纳为以下三方面：一是计提减值准备，调整交易市场价值；二是根据 CVA 对交易进行定价，确定交易对手点差；三是对于 CDS 流动性较好的交易对手，根据"△-均衡"原则购买交易对手 CDS，对冲信用风险。

第二节　信用风险管理现状与挑战

本节通过案例分析的形式介绍信用风险管理在全面风险管理体系中的管理地位，并通过分析国内目前信用风险管理现状的形式分析信用风险管理面临的难点与挑战。

一、信用风险管理的重要性

（一）国外信用风险事件

巴塞尔协议作为全球资本计量和风险监管的重要标准，在 1988 年首次发布的 Basel Ⅰ里，资产充足率计量唯一覆盖的风险类型就是信用风险。随着国际金融风险事件不断爆发，巴塞尔协议后续修订改进均是不断总结历史经验，完善风险事件暴露出的协议内容不足之处；信用风险管理的规范与控制也一直都是巴塞尔协议关注的核心。信用风险管理不仅是金融机构持续稳健发展的必要条件，也是防范金融行业系统性风险的重要举措。以下列举了国外金融机构因信用风险管理薄弱导致的重大风险事件。

1. 美国储贷危机

美国于20世纪80年代末以及90年代初爆发了储贷危机，美国银行业出现自经济大萧条以来最严重的崩塌，危机期间超过1 000家储贷机构破产倒闭。危机的根源来自储贷机构过于单一的业务模式、高度集中的信用风险和资产负债久期错配。美国储贷危机的历史也说明信用风险的引爆和市场繁荣并非不能并存。

20世纪70年代美国的高通胀和高利率造成了以主要发放中长期固定利率住房贷款的美国储贷协会大量亏损。80年代初，政府为了增加储贷协会盈利，颁布了一系列鼓励性政策赋予储贷协会冒险投资的倾向和机会，同时里根总统推行的减税政策和石油输出国组织（OPEC）减少石油供给而引发的世界石油价格的上涨，更助长了金融业和资金密集型的房地产行业的虚假繁荣，储贷机构的资金不断涌入房地产行业，虽然助推了1982—1985年储贷协会飞快发展，但是也为后续信用风险集中爆发埋下了隐患。到了80年代中后期，随着石油行业和房地产行业的调整，油价开始下跌，引起房地产价格下降，商业房地产亏损加剧，房地产贷款违约率和工商业贷款违约率快速上升。贷款违约率的上升导致大量银行出现坏账，有些前期过于激进的银行甚至出现资不抵债的情况。由于银行之间存在大量关联交易，信用风险从贷款违约的银行陆续蔓延到其他银行，居民的恐慌情绪又加剧了银行的挤兑风险。最终，信用风险集中爆发，导致大量银行破产倒闭，储贷危机全面爆发。

2. 2008年AIG信用衍生品巨亏

美国国际集团（以下简称"AIG"）是美国最顶尖的人寿保险机构和首屈一指的退休金管理服务机构之一，根据美国保险信息机构的排名，AIG 2007年度全美人寿险的保费收入排名第一位。然而这家经营历史长达89年之久的保险巨头却在金融危机中受到重创，次贷危机爆发后，AIG股价下跌超过99%。2009年3月6日，其股价跌至历史最低点0.33美元。AIG信用衍生品巨亏事件产生的根源之一，是集团风险管理的缺失，尤其是忽视了信用风险计量。

次贷危机爆发之初，AIG 的所有保险业务几乎都未受到较大影响并仍有充足的偿付能力，问题主要出在它的金融产品部门（AIGFP），从 20 世纪 90 年代起，该部门开始大量发行和购买以次贷为抵押品的信用违约掉期（CDS）和担保债务权证（CDO）。CDO 是一种基于固定收益资产的债券，通常是由银行等金融机构将一大包不同类型的债务（如公司贷款或信用卡债务等）分解成许多块出售给投资者，由投资者各自承担不同的风险。CDS 类似于"保险"的信用担保。AIGFP 为 CDO 的持有者提供的担保类似于一种"保险"。因为一旦发行 CDO 的机构出现了信用违约，AIGFP 就要代替其向 CDO 的持有者支付损失；作为对价，CDO 的持有者需要向 AIGFP 缴纳一定数额的"保费"。次贷危机爆发后，AIG 销售的与次贷有关的 CDS 产品巨额亏损，导致需要追加现金和资产抵押以满足监管要求；巨额现金、资产抵押和拨备导致了 AIG 的现金流危机；现金流危机又导致 AIG 的信用评级下降。根据 CDS 合同的有关条款，如果 CDS 产品卖方（AIG）自身的信用等级下降，需要卖方（AIG）追加现金或资产作抵押，从而进一步加剧了 AIG 的现金流危机，AIG 最终资金链断裂，只能寻求美联储的救援。关于金融衍生品 CDS 投资组合，AIGFP 自 2007 年起，其报告一直列示较低的风险价值（VaR），AIG 高层管理人员也承认，AIG "风险价值"的计算仅揭示了利率、股票、商品和外汇互换等因素的影响，但对于信用相关的因素，如信用利差、信用违约并没有予以考虑。

（二）国内信用风险事件

近年来，国内证券公司债券投资、融资融券、股票质押、场外衍生品交易等业务不断发展壮大，证券公司风险敞口形式也更加多样、复杂，金融市场信用风险事件频发，证券公司信用债投资、融资类等业务"踩雷"事件也屡见不鲜。

1. 债券市场违约趋于常态化

2014 年"11 超日债"成为国内首例违约债券。2015 年债券违约波及的品种及类型扩大：湘鄂情、珠海中富等上市公司债券违约；中钢、天威等国企债券违约；山水水泥发行的超短融违约。2016 年诸多产能过剩行业的债券违约爆发，如中煤华昱、淄博宏达、广西有色、东北特钢、川煤集团等。2017年新增违约主体主要是民营企业，如五洋建设、丹东港、亿利集团等。2018年后的违约则呈现出涉及主体类型更多、金额更大、发生频率更高以及高信用评级债券违约等特征，债券市场违约趋于常态化。尤其是2020年起房地产行业融资政策收紧后，房企出现流动性问题，信用风险持续暴露，从华夏幸福、恒大、融创、富力等民企房地产公司，再到远洋集团，2022年房企违约较为频繁。根据Wind数据统计，截至2023年11月30日，国内债券市场共计1 118只信用债发生违约，违约规模共计9 737亿元。

2. 融资类业务频繁踩雷

自2010年3月启动融资融券业务、2013年5月启动股票质押式回购业务以来，融资类业务快速发展，逐渐成为国内证券公司重要的收入来源。2015年股市波动，随着A股市场的多轮震荡，融资类业务爆仓、违约事件不断发生，成为证券公司信用风险爆发的重灾区。根据公开披露信息，多家上市证券公司因客户融资融券业务违约，通过诉讼方式向违约客户追讨融资本金及利息等，存在证券公司向单个客户追讨的金额超过3亿元的情况。股票质押式回购业务的风险主要集中爆发于2018年，证券公司频繁通过清收、诉讼等方式弥补损失。根据Choice数据统计，2019年至2022年4月29日，证券公司作为原告公开披露的股票质押式回购交易纠纷事件达到147起，涉及诉讼金额335.62亿元。融资类业务信用风险事件也成为证券公司2019年、2020年信用减值的主要原因，对证券公司的业绩造成了较大的压力，2019年、2020年均有6家上市证券公司信用减值损失金额超过10亿元。

（三）证券公司信用风险管理的重要性

由于国内外信用风险事件频频爆发，证券业相关部门针对证券公司信用风险管理提出了更高的要求。规则层面，中国证券业协会发布的《证券公司全面风险管理规范》以及《证券公司信用风险管理指引》等均对证券公司信用风险管理提出了明确的要求，督促证券公司完善信用风险管理体系。业务实践指导方面，监管部门多次组织开展面向证券公司的全面风险管理检查或专项检查，对证券公司业务发展及风险管理工作提供了针对性的指导意见。

从证券公司业务发展来看，近几年证券公司开展的涉及信用风险的各类业务规模不断扩大，信用风险资产配置比重不断提高，相应的信用风险敞口相应增加。因此，加强各类业务信用风险管理不仅是证券公司自身持续稳健发展的必要条件，也是防范金融行业系统性风险的重要举措。

在业务管理和风险管理的双重驱动下，证券公司建立和完善信用风险管理体系，建立各类业务的信用风险防范手段，有利于证券公司在分类管理的基础上，实现各类业务的精细化管理，为业务准入、投资决策、投后管理等提供有力的风险管控支持。

综上，无论是外部市场形势、监管要求，还是证券公司业务发展和内部管理，都对证券公司建设和完善信用风险管理体系提出了迫切的需求。

二、证券公司信用风险管理现状

2019年7月，中国证券业协会发布《证券公司信用风险管理指引》，对证券公司以自有资金出资的业务进行信用风险管理。从业务的角度看，信用风险是一个贯穿始终的过程，而在《证券公司信用风险管理指引》中，"全流程风控"的理念得以真正落地。《证券公司信用风险管理指引》指出，证券公司的信用风险管理应遵循"全面性、内部制衡、全流程风控"的原则组织进行相关业务。"（一）全面性原则：证券公司信用风险管理应全面覆盖证券公司各部门、分支机构、子公司，包含所有表内外和境内外业务，贯穿决策、执行、监督、反馈等各个环节；（二）内部制衡原则：证券公司应确保前、中、后台的职责分离，并建立相应的制约机制，防范利益冲突；（三）全流程风控原则：证券公司应对信用风险管理各个环节进行严谨、审慎判断，对业务信用风险的管理应贯穿业务全流程，完善风险的识别、评估、监控、应对及全程管理，确保风险可测、可控、可承受，保障可持续经营。"

银行业体系内为符合巴塞尔协议而开展的内部信用评级较为成熟,但银行业体系的内部信用评级主要针对以信贷资产业务为主的银行业务,与巴塞尔协议相关要求匹配,其数据基础、建模方法、应用场景等并不完全适用于证券公司。相对于商业银行、消费金融机构的对公信贷、零售信贷的信用风险而言,证券公司信用风险有自身的特性。

因此,证券公司信用风险管理体系建设是一个长期的、持续的过程,需要从风险文化、考核机制、治理架构、管理机制以及数据治理和信息系统等多个维度着手。信用风险管理体系建设的核心在于提升证券公司的风险识别、风险计量、风险缓释及处置能力。

在图2-6中,风险文化与考核机制是信用风险管理体系的基础,由风险文化的确立、植入和评估以及考核机制组成。治理架构是信用风险管理体系运转的关键,通过顶层设计组织架构、政策制度和流程管理,旨在达到统一管理、内部制衡的目标。管理机制通过十个模块的合力,达到监管要求的可监测、能计量、能分析、可应对。数据基础和信息系统是信用风险管理体系的重要载体。数据基础应具有较高的兼容性,可以兼容各种外部数据和公司内部数据;信息系统应能够整合前、中、后台的风险计量、风险报告和实时监控,具备较好的可视化效果、灵活性和可扩展性。

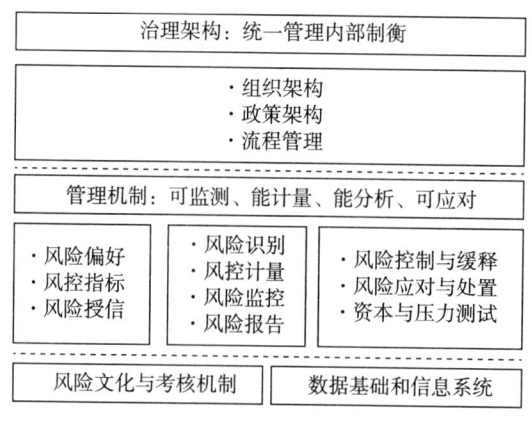

图2-6 信用风险管理体系的框架

（一）信用风险管理组织架构

按照全面风险管理要求，证券公司董事会、监事会、经营管理层依照全面风险管理体系相关规定履行其信用风险管理职责。各业务部门作为公司业务信用风险管理的一线主体，负责其经营领域的信用风险管理执行工作，对业务风险进行识别、评估、监控和应对，并将业务风险控制在授权范围内，不同业务部门执行内容又因业务类型不同有所差异；风险管理部门作为信用风险管理的主导部门，在首席风险官的带领下推动信用风险管理相关制度和流程的建立、风险识别、风险计量及评估、风险监测、风险报告及控制等工作，协助、指导和检查各部门、分支机构及子公司的信用风险管理工作，协助制定信用风险指标和限额，对优化公司的风险资源配置提出建议，组织开展信用风险压力测试、信用风险事件的处置工作等；合规管理部门、财务、运营及信息技术部门、稽核审计部门等其他部门在各自职责范围内为信用风险管理提供支持、协作和监督。此外，所有子公司以及比照子公司管理的各类孙公司纳入信用风险管理体系，实现信用风险管理全覆盖。

（二）信用风险管理机制

1. 信用风险管理战略和偏好

风险战略和偏好明确界定了对公司拟承担的风险及其所对应的收益回报，是公司进行信用风险管理的指导性原则。构建公司的信用风险偏好管理体系，应当从风险偏好的制定和风险偏好的管理两方面着手，其中风险偏好的制定不仅包括公司战略层面的风险偏好定位，还应该包括风险偏好指标的选取和目标值的确定，也就是具体风险限额的制定。在公司整体风险偏好下，制定不同业务条线的风险限额指标，明确各个部门的职责定位，同时配套相应的制度、系统作为实施的保障。

2. 信用风险政策制度体系

信用风险管理的政策制度体系包括三个层次：第一层次是大类信用风险管理制度；第二层次是内部信用评级管理、模型管理、限额管理、授信管理、风险分类管理等细分管理制度；第三层次则是在尽职调查、业务准入、分级决策、存续期管理、违约处置等具体业务环节制定相应的业务管理制度及配套的管理制度（见图2-7）。

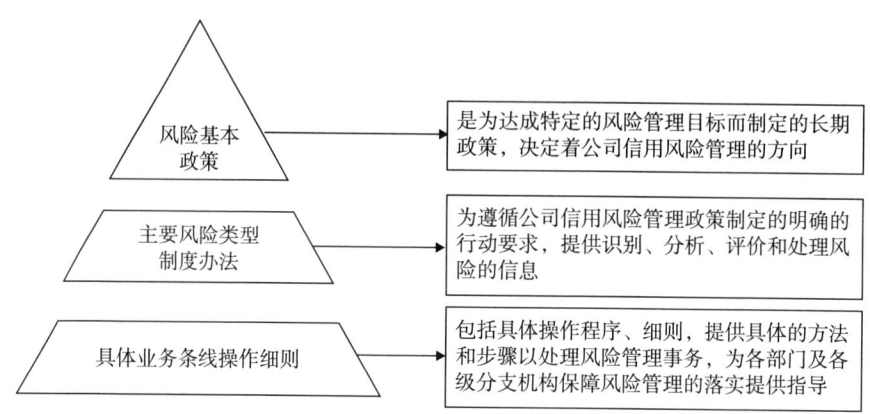

图2-7 证券公司信用风险管理的制度体系

3. 信用风险计量模型

证券公司信用风险的计量主要包括两个方面，即违约事件发生前的违约概率计量以及违约事件发生后的违约损失计量。

违约事件发生前的违约概率计量主要是针对债券发行主体及融资主体（以下统称"债务主体"）违约风险的计量，要结合财务、宏观经济走势等因素对主体违约的可能性进行评估，即为主体计量，对应风控指标为违约概率（PD）的计量。

相同发行主体发行的不同债券违约带来的损失不同，违约事件发生后的违约损失计量要从债项的角度来看，即为债项计量，对应风控指标为违约损失率（LGD）和信用风险敞口（EAD）。其中违约损失率指的是违约发生时债权人所承担损失程度，信用风险敞口指的是违约事件发生时可能损失的金额。违约概率、违约损失率和信用风险敞口三者的乘积即为预计损失（EL），即 $EL = PD \times LGD \times EAD$。

在对PD、LGD和EAD都有了明确的计量方法之后，证券公司可以进一步计算信用风险预期损失（EL）和非预期损失（UL），信用风险更为高级的管理计量包括经济资本（EC）和风险调整后资本收益（RAROC），更高目标是使各类业务的风险与收益相匹配的情况下，最终实现资本收益和经济利润的最大化。

4. 信用风险管理信息系统及数据治理

信用风险管理信息系统及数据治理逻辑架构可以分为以下三层：

一是业务系统层，主要包括用于支持日常业务处理的操作性系统，以及支持风险决策的评级、预警、定价等决策支持系统。二是数据整合层，该层最主要的组件是信用风险数据集市，实现了不同系统中信用风险数据的集中性存储，并为分析和报告系统提供数据。三是分析和报告层，主要实现基于信用风险数据的各类分析和应用。

综合来看，证券公司信用风险管理体系建设是一项不断积累和完善的系统工程。证券公司应基于行业实践和自身情况分阶段实施，并进行不断调整优化，以提升信用风险管理的精细化水平及管理的有效性。

三、证券公司信用风险管理面临的挑战

在《证券公司信用风险管理指引》的规范下，证券公司投入大量资源建立完善信用风险管理体系。总体而言，证券公司信用风险管理主要采取以下管控措施，并呈现以下特点。

一是组织架构与制度流程日益完善。证券公司已普遍建立与公司战略相匹配的信用风险管理体系，明确了董事会、经营管理层、风险管理部门与业务部门的职责边界、管理程序与报告路径。针对不同业务，从信用风险的识别、评估、监测、分类、计量、预警、报告、处置等方面建立了较为完整的制度体系。在集团整体风险偏好与信用风险管理制度框架下，部分证券公司还帮助指导子公司建立完善自身的信用风险管理制度与流程体系。此外，部分证券公司持续完善多层次、多维度的信用风险限额，在业务条线、部门和子公司多个层面实现限额拆解。

二是内部评级与授信管理不断深入。总体来看，内部评级与授信管理已经成为证券公司信用风险管理的核心工具，并重点覆盖融资类业务、交

易投资业务与投行业务。内部评级主要在客户维度展开。内评结果除被作为确定主体违约概率的依据、进而被用于信用风险计量之外，授信管理是内评结果最重要的应用场景。证券公司根据内评结果实施客户准入管理，并在此基准之上，综合业务发展需要、风险偏好、内部评级、客户风险情况等多方面因素核定授信额度。授信审批流程则往往包含董事会、管理层、风险管理部门、业务部门四个层级。

三是同一客户、同一业务集中度管理逐步建立。虽然不同证券公司制定的同一客户、同一业务认定标准与穿透方法存在一定的差异，但是同一客户、同一业务集中度管理已基本成为行业共识。部分证券公司将同一客户、同一业务集中度管理要求与授信管理相结合，部分证券公司则制定了专门的同一客户、同一业务、同一标的集中度管理办法，在事前建立覆盖集团母子公司各类具有潜在信用风险敞口业务的限额体系，在事后基于风险预警监测结果，建立常态化风险排查与检视机制。

四是主动前瞻的管理理念渐渐形成。内评体系建设为证券公司开展主动前瞻的风险预警管理奠定了基础。在内评体系建设成果的基础上，部分证券公司以信用风险为切入点，以债券投资业务、股票质押业务、场外衍生品业务等信用风险高发业务为对象，探索风险预判预警管理，从业务风险盯市、政策与市场研究、舆情监控等多个维度入手，对风险信息进行分层式预警管理，开展定期与不定期的风险排查，提升风险主动管理与应对能力。

五是数字化、系统化能力稳步提升。证券公司已基本建立了专门的信用风险管理系统，核心功能涵盖客户信用评级、授信管理、担保品管理、风险计量、压力测试等多方面，并辅以持仓查询、预警监控、流程管理、模型管理等功能，为信用风险管理提供有效的系统支撑。

目前国内证券公司信用风险管理框架、流程及相应的机制虽然已经基本完备，但与业务风险的复杂性相较而言，目前的信用风险管理架构仍有待进一步优化。结合当前市场环境以及前瞻性管理要求，证券公司信用风险管理体系建设仍然存在一些不足与挑战，突出体现在以下方面。

（一）管理机制方面

1. 主动管理风险能力需要提升

虽然目前国内证券公司的治理水平明显提高，风险管理体系也日渐成熟，但是相对而言，其更多是在外部监管环境变化下被动推进的，多数证券公司对于来自市场考验下的主动风险识别能力、管理能力相对不足，如何提升全员风险管理意识，做到有效识别、预判经营活动中存在的潜在风险并做好积极应对，是对当下证券公司全面提升风险管理能力的最大考验。通过分析监管处罚案例可以发现，信用风险违约标的多发生于事前尽职调查不充分、风险把控不严，事中对于企业风险信息的敏感度不够或者相关信息不透明等导致的风险管控滞后，最终形成信用风险管理周期偏后端风险处置的局面。然而，最优的风险管理是"防患于未然"，即争取尽早地准确识别风险，从而规避风险或者提前采取风险防范措施。

2. 风险管理职能部门联动不足

证券公司组织架构体系决定了公司内部职责分工的不同，然而实际业务层面各类风险相互影响或存在传导机制，如果孤立地进行业务风险管理必然导致风险管理呈现出明显的业务条线化、模块化的现象。各风险管理职能部门各自负责内外规要求的所属职责，其一可能会存在风险管理覆盖盲区的情况，其二全流程管理受其职能划分的影响亦呈现碎片化，从而导致证券公司内部风险管理存在瑕疵或者重大风险隐患。

3. 基于风险的绩效衡量方法应用较少

国际上常用的市场风险控制技术主要包括指标控制体系、风险衡量方法和基于风险的绩效衡量方法，目前国内证券公司对控制体系、风险衡量方法的应用较为普遍，但对基于风险的绩效衡量方法应用较少。现在应用的风险监控在日常经营中经常显现出"阻碍"业务开展的特性，风险监控为公司带来效益的同时很难用直接收益指标衡量，进而与业务发展形成"对立"的局面。然而运用风险调整后资本收益（RAROC）等风险绩效衡量技术，可以量化不同业务的风险/收益比，更直观，更有说服力。

4. 风险管理文化与绩效考核联动机制有待完善

风险管理文化建设是一项复杂而任重道远的系统性工程，其不仅是风险管理部门的职责，而且需要全员参与、全程渗透。近年来证券公司因内控管理有效性不足、操作风险等问题导致的风险事件频发，也从侧面反映出证券公司内部风险管理文化建设的不足。通过风险管理文化建设与绩效考核的联动，证券公司用风险管理文化引领、绩效考核约束，使全体员工对风险心存敬畏、远离红线，使风险文化融入日常经营管理活动中，使全体员工心有所束、行有所依，从而提升全员风险防范意识，为公司长远稳健发展提供内生动力。

（二）工具建设方面

1. 信用风险量化分析能力相对薄弱

第一，与市场风险以风险价值（VaR）和期望损失（ES）为核心的量化分析体系相比，证券公司信用风险计量仍存在较大的提升空间。信用风险计量主要关注预期损失（EL）和非预期损失（UL）两大指标，而以上两个指标的度量关键是违约率（PD）、违约风险敞口（EAD）、违约损失率（LGD）三个参数的获取。证券公司由于开展多类不同的信用风险相关业务，以上参数往往难以形成统一的计量方案；即使证券公司内部评级体系实现对全部信用相关业务全覆盖，受限于数据收集、整理年限和完整度，很难在短期内获得准确的评级迁移矩阵和违约损失数据，进而影响EL和UL两大指标的计算精准度。

第二，信用评级模型有效性有待提升。根据监管要求，证券公司近年来都在逐步推进公司内部信用评级体系的建设。在模型方面，需要针对不同业务的信用风险建立相应的模型，证券公司应当建立健全内部评级管理制度，可根据内部实际情况及管理需要确定内部评级管理制度覆盖的业务范围。(1) 证券公司应建立内部评级体系，此体系应能够有效识别信用风险，具备风险区分能力；(2) 证券公司应制定内部评级管理制度，明确内部评级操作流程，确保内部评级体系持续有效运作；(3) 证券公司应当建立与自身业务复杂程度和风险指标体系相适应的内部评级管理工具、方法和标准；（4）证券公司应当正确收集和使用评级信息，对收集的资料信息进行评估和归档，以保证其及时性、准确性、完整性；（5）业务存续期内，证券公司应根据风险状况的变化情况，定期或者不定期进行内部评级更新，持续关注相关主体信用变化。信用风险定量分析和模型化管理主要表现在数据匮乏和难以检验模型的有效性上。证券公司现有内部评级模型虽能获取到评级数据，但数据质量差异使模型存在偏误，对于实际业务的指导实践也就存在偏差，且违约案例相对有限更使模型稳定性较差，无法检验模型的有效性。此外，不论是外部评级还是内部评级，均采用历史信息来预测未来风险的评价模式本身具有一定的时滞性。

2. 信用风险压力测试机制有待完善

信用风险的特点决定了证券公司无法对全部信用风险实现精确预测和判断，这对压力测试情景的设置提出了巨大挑战。目前，证券公司信用风险压力测试情景多集中于违约概率、违约损失率的调整，往往对宏观经济传导性、行业或主体关联性和业务周期性等缺乏科学研究和充分考虑，导致信用风险压力测试情景可能脱离实际，降低参考性和说明力。信用风险压力测试触发机制尚不健全，不同于证券价格等市场风险因素可以精确衡量变动情况，国家、社会、行业甚至单一主体信用风险水平的变化无法被直接度量，更多的是受宏观经济、政策的影响，而是否开展压力测试往往是证券公司根据情况进行判断，缺乏明确的触发机制。

3. 同一客户、同一业务管理水平有待统一

在监管持续推动和内部风险管理需要的双重影响下，建立和完善同一客户、同一业务管理体系已逐渐成为证券公司共识。2023年6月30日，中国证券业协会发布《证券业务示范实践第4号——证券公司同一业务同一客户风险管理》，为证券公司实现同一业务、同一客户相关风险信息集中管理提供参考。近年来，随着资本市场启动全面深化改革，证券行业步入了高质量发展的新轨道，业务品种及业务模式日趋多样化、复杂化，相应地，管理模式上呈现出以业务品种为中心的组织架构转向以客户为中心的组织架构的趋势。同时，随着融资类业务、衍生品业务的不断发展壮大，母子公司对客户及其关联方的业务交叉日益增多，证券公司风险敞口的形式也更加多样、复杂，加之金融市场信用风险事件频发，证券公司的融资类、信用债投资等业务"踩雷"事件时有发生。因此，加强同一业务、同一客户集中统一的风险管理既是金融行业防范系统性风险的重要举措，也是证券公司自身持续稳定健康发展、提升全面风险管理水平的必要手段。在业务管理和风险管理的双重驱动下，证券行业推进同一业务、同一客户风险管理的工作势在必行。但是在具体执行层面，受限于各种要素，证券公司同一业务、同一客户管理水平存在较大差异。一是证券行业尚未形成同一客户、同一业务认定标准，证券公司对同一客户、同一业务的认定会受自身业务管理方式、方法和公司风险偏好、容忍度等多种因素的影响，产生较强的主观性和特异性。二是客户身份数据的获取存在较大难度，尽管"了解你的客户（KYC）"是证券公司开展各类业务的基本要求，但不同业务对客户、交易对手等风险主体身份要素的要求不同，且实际的同一客户在与证券公司开展业务时使用的身份信息并不一定一致，加之跨境或业务间客户数据的隔离要求等均对证券公司客户身份识别能力提出了挑战。

4. 风险管理数据治理延展性弱，数据质量管理有待深化，系统建设自主化程度低，系统碎片化、同质化严重

从行业调研情况来看，大部分证券公司缺乏自主研发能力，多数证券公司采用外部采购方式搭建风险管理系统，由于信息技术非可二次开发性，风险管理系统呈现出同质化、一般化、碎片化等特征，难以形成针对自身业务特色、覆盖全业务链条的风险管理系统，对于证券公司实现跨区域、跨业务、跨部门全面风险管理体系具有明显的阻碍。

综合以上难点与挑战，后面的章节通过介绍业务主要风险、信用风险管理核心管理过程、关键信用风险管理工具建设过程的方式，提出解决这些问题的优化方案。

一是通过逐步建立与各家券商业务复杂程度相适应的信用风险管理工具，实现信用风险的前瞻性管理。

二是通过实现业务全流程管理的方式实施前瞻性管理,主要是指在业务开展的事前、事中、事后进行风险管理工作的全覆盖。其中,事前管理主要体现在信用风险管理政策及具体执行细则的设计、业务开展前的尽职调查要求、内部评级等信用风险管理工具的应用及相关操作流程以及相关系统的参数设计和日常管理规范等,在业务开展之前在公司层面制定相应的业务遴选标准和准入要求等,为后续业务开展做好充足准备。各业务部门在业务开展之前按照公司相关要求进行必要的尽职调查,做好事前信用风险的识别、评估及量化,从而决定是否开展该项业务。事中阶段则主要体现在业务存续期的风险监测上,包括但不限于信用风险敞口等风险计量指标的监测、业务相关主体财务风险监测、舆情监测、评级跟踪以及压力测试机制等;此外会将所有子公司以及比照子公司管理的各类孙公司纳入信用风险管理体系,实现信用风险管理全覆盖,并针对同一客户、同一业务进行统一管理。事后管理则通常会与事中管理存在一定的交叉,如业务存续期间的持续管理、潜在风险的强化手段以及出现之后的应急措施等。针对股票质押、融资融券、债券投资、场外衍生品等涉及信用风险的业务特点,制定明确的事前、事中、事后管理规则,强化各项业务的全流程管理。

第三章
证券公司业务风险介绍

证券公司当前的信用风险主要集中于股票质押式回购交易、约定购回式证券交易、融资融券等融资类业务；互换、场外期权、远期、信用衍生品等场外衍生品业务；债券投资交易（包括债券现券交易、债券回购交易、债券远期交易、债券借贷业务等债券相关交易）业务，债券包括但不限于国债、地方债、金融债、政府支持机构债、企业债、非金融企业债务融资工具、公司债、资产支持证券、同业存单；非标准化债权资产投资。证券公司在资产管理业务中承担资产管理计划管理人职责，在投资银行类业务中承担持续督导和存续期管理职能，在经纪业务中作为结算参与人承担债券质押式回购担保交收责任的业务。

第一节 融资类业务

一、融资类业务定义

融资是指当事人运用各种方式向金融机构或金融中介机构筹集资金的一种业务活动。证券公司融资类业务包括融资融券业务、约定购回式证券交易业务、股票质押式回购交易业务和其他融资类业务，在要求客户提供一定担保物的前提下通过向客户放款获得利息收入。

（一）融资融券业务定义

融资融券业务（以下简称"两融"业务）是指证券公司向客户出借资金供其买入证券或出借证券供其卖出证券的业务。由融资融券业务产生的证券交易称为融资融券交易。融资融券交易分为融资交易和融券交易两类，客户向证券公司借资金买入证券称为融资交易，客户向证券公司借证券卖出证券称为融券交易。

（二）约定购回式证券交易业务定义

约定购回式证券交易是指符合条件的客户以约定价格向其指定交易的证券公司卖出标的证券，并约定在未来某一日期客户按照另一约定价格从证券公司购回标的证券的交易。

（三）股票质押式回购交易业务定义

股票质押式回购交易是指符合条件的资金融入方以所持有的股票或其他证券质押，向符合条件的资金融出方融入资金，并约定在未来返还资金、解除质押的交易。

1. 股票质押式回购交易业务和融资融券业务的区别

（1）股票质押式回购交易业务和融资融券业务最大的区别是资金用途

不同。融资融券中的融资，获得的资金通常必须用来购买上市证券；而股票质押式回购交易融得的资金用途都有一定要求，比如证券公司要求资金只能用于实体经营或弥补流动性不足。（2）二者的担保物不同。融资融券中担保物既可以是股票，也可以是现金；股票质押则不同，它主要是以取得现金为目的，因此它的主要担保物是有价证券，例如上市公司股票、证券投资基金以及公司债券等。（3）二者的产品属性不同。融资融券是一种标准化产品，在交易规则和合约细节上都有比较明确具体的安排或规定；股票质押不是标准化产品，在本质上更体现了一种民事合同关系，在具体的融资细节上由当事人双方合意约定。

2. 股票质押式回购交易业务和约定购回式证券交易业务的区别

股票质押式回购交易和约定购回式证券交易之间存在一定的相同点，其标的物一般都为股票，都可以在未来回购股票，同时也存在一定的不同。（1）参与的资金门槛不同。股票质押式回购一般金额较大，而约定购回式交易参与门槛较低。（2）融资期限不同。股票质押回购的回购期限不超过3年，约定购回式交易的期限一般更短。（3）股票质押式回购融资方不需要过户所持证券，而约定购回式交易则需要进行过户操作。

随着市场环境的变化和业务发展的多样化，除了以上三类主要融资类业务外，证券公司逐渐开始开展其他融资类业务，例如上市公司股权激励行权融资业务等。

二、融资类业务的开展过程和发展变化

我国证券公司融资类业务的发展始于21世纪初期。随着市场环境的变化和融资方的偏好和选择，融资融券业务和股票质押式回购交易业务成为证券公司最常见、业务规模最大的两类融资业务。

（一）融资融券业务

1. 融资融券业务的发展历程

融资融券交易业务的发展可以概括为准备阶段、试点阶段、规划发展阶段、快速发展阶段、调整阶段和恢复阶段。

（1）准备阶段。融资融券业务开展前经历了3年半时间的准备阶段。在此期间，中国证监会、上海证券交易所、深圳证券交易所及中国证券登记结算有限公司相继出台了相关业务管理及执行办法。其中，2006年6月30日，中国证监会发布《证券公司融资融券业务试点管理办法》；8月21日，沪、深证券交易所发布《融资融券交易试点实施细则》；8月29日，中国证券登记结算有限公司公布《中国证券登记结算有限责任公司融资融券试点登记结算业务实施细则》。2008年10月起，部分证券公司开始融资融券业务全网测试，为业务开展做好充分准备。

（2）试点阶段。经过前期的准备工作，2010年3月19日，中国证监会宣布中信证券、国泰君安、国信证券、光大证券、海通证券和广发证券6家证券公司获得融资融券首批试点资格；而沪、深证券交易所于3月31日起接受证券公司融资融券交易申报。这标志着我国融资融券业务试点阶段的开始。试点开始启动两个多月后，6月8日，中国证监会宣布核准第二批5家试点公司：申银万国、东方证券、招商证券、华泰证券和银河证券。与此同时，中国证监会降低了融资融券试点资格的准入门槛，即"最近一次证券公司分类评价为B类以上，最近6个月净资本均在30亿元以上"。11月23日，中国证监会宣布核准第三批14家试点证券公司。加上前面两批获准开展业务的11家试点证券公司，截至2010年底已有25家证券公司启动了融资融券业务。

（3）规划发展阶段。2011年10月28日，中国证监会正式发布《关于修改〈证券公司融资融券业务试点管理办法〉的决定》《关于修改〈证券公司融资融券业务试点内部控制指引〉的决定》。融资融券业务进入规划发展阶段。随后沪、深证券交易所于11月25日分别发布《融资融券交易实施细则》，同时废止《融资融券交易试点实施细则》。此次修订主要涉及标的证券（由此前的90只扩容至285只）、优先还款、保证金比例与折算率、维持担保比例等方面。这意味着融资融券业务由"试点"转为"常规"。10月19日，中国证券金融股份有限公司（以下简称"证金公司"）正式获得核准。证金公司的成立不仅为融资融券业务提供转融通机制，而且担负对证券公司融资融券、转融通业务的统计、监测、分析等职责,以促进融资融券业务平稳发展。

(4) 快速发展阶段。2013年起,融资融券业务进入快速发展阶段。2013年融资融券标的证券经历两次扩容,分别是1月沪、深两市融资融券标的扩容至500只,以及9月扩容至700只。2014年,融资融券业务继续放宽,包括融资融券标的扩容至900只、"两融"资金门槛从最初的50万元降至零资金门槛;另外证金公司转融通业务亦为融资融券市场注入了流动性支持。2015年A股继续上涨,继续推动融资融券业务快速发展。2013年初到2015年6月的两年半时间,融资融券余额增加了22倍左右。

(5) 调整阶段。2015年7月,中国证监会发布《证券公司融资融券业务管理办法》,将"最近20个交易日日均证券类资产不低于50万元"等要求明确为开立信用账户的条件。这意味着融资融券政策开始收紧,开始进入调整阶段。2015年7月到12月的融资融券余额同比增速从200.8%大幅下降至14.5%。2016年融资融券业务监管依然保持收紧,直到12月融资融券标的扩容至950只,监管才有所放松。数据显示,2016年融资融券余额下降20.0%;2017初到2019年上半年的两年半时间,受监管收紧、金融去杠杆的影响,融资融券业务持续低迷。这个阶段的融资融券余额几乎持平。

(6) 恢复阶段。在中小企业融资难融资贵问题凸显的背景下,2019年8月,中国证监会指导证券交易所修订《融资融券交易实施细则》,融资融券交易机制优化实现落地,"两融"业务进入恢复阶段。该细则的核心包括取消了最低维持担保比例不得低于130%的统一限制;完善维持担保比例计算公式,除了现金、股票、债券外,客户还可以把证券公司认可的其他证券等资产作为担保物,增强补充担保的灵活性;将融资融券标的股票数量由950只扩大至1 600只,其中中小板、创业板股票市值占比大幅提升。这次政策放宽,使2019年融资融券余额同比增长达到34.9%。

2020 年起受到疫情影响，融资融券余额同比有所回落。2023 年，随着经济恢复，股市企稳，融资需求将提高，融资融券业务可能迈入再次复苏的阶段。

2023 年 2 月 13 日，经中国证监会批准，北京证券交易所融资融券业务正式启动，这是持续推进北京证券交易所市场制度建设、完善交易机制、提升二级市场定价功能的重要举措。融资融券制度有利于丰富投资者交易策略，满足投资者多元交易需求，促进市场价格发现，进一步提升市场流动性。

2. 融资融券业务的开展流程

融资融券业务的开展可以分为征信、授信、合同签订、交易、负债偿还等环节。

在征信环节，融资方到证券公司申请融资融券，证券公司对融资方的开户资格进行审核，对融资方提交的担保资产进行评估。

在授信环节，证券公司根据融资方征信情况，结合融资方的金融资产、总资产等情况，授予融资方可向证券公司融资或融券的最大额度。

经过资格审查合格的融资方与证券公司签订融资融券合同、融资融券交易风险揭示书，合同对融资方、证券公司的权利义务关系作出明确详细的规定。

完成合同签订环节后，融资方持有开户所需的资料到证券公司开立信用证券账户，到指定商业银行开立信用资金账户。完成开户后，融资方通过银行将担保资金划入信用资金账户，将可冲抵保证金的证券从普通证券账户划转至信用证券账户。

交易环节中，融资时融资方在融资额度范围内用融资款买入标的证券，证券公司以自有资金为其融资；融券时证券公司以融券专用证券账户中的自有证券代融资方完成证券交收。

在偿还环节，在融资业务中融资方卖出证券的资金首先归还证券公司欠款，在融券业务中融资方买入证券归还证券公司。证券公司根据风险管理要求制定平仓线和预警线，要求融资方及时追保和归还负债。

（二）股票质押式回购交易

1. 股票质押式回购交易业务的发展历程

证券公司股票质押式回购交易业务的发展可以概括为初步发展期、业务扩张期、业务紧缩期和稳步发展期。

2004年11月，中国证监会发布了《证券公司股票质押贷款管理办法》，标志着证券公司可以作为融入方进入股票质押市场。但由于股票质押式回购交易业务仍处于发展初期，政策制度不完善，股票质押发展缓慢，整体规模较小。在此阶段银行和信托为主要融出方。2013年5月，上海证券交易所、深圳证券交易所和中国证券登记结算有限责任公司发布了《股票质押式回购交易及登记结算业务办法（试行）》，标志着股票质押式回购交易业务制度基础的建立，在对股票质押式回购交易进行规范的同时，也拉开了股票质押式回购业务蓬勃发展的序幕。同年6月24日，上海证券交易所和深圳证券交易所正式启动股票质押式回购业务。国泰君安、海通证券、国信证券等9家证券公司获得第一批试点资格；6月25日，股票质押式回购业务启动首日融资金额便达17亿元左右。

随着证券公司、银行入场后，股票质押式回购业务由于手续简便，不涉及过户、交易税收等问题，加之最长回购期限达到3年，作为证券行业具有创新性的资本中介业务，股票质押业务迎来爆发式增长。截至2017年底，沪、深A股整体股票质押规模已突破6.3万亿元。2018年市场股份数质押比例达到17.10%。但随着市场的大幅波动，风险逐步显现，甚至集中爆发，不少证券公司面临爆仓风险。2018年股票市场大幅波动，上证综指跌幅超过29%，个股中约有89%为负收益，沪、深两市有近105家公司退市；超过3 000家上市公司发布了补充质押品的公告，遭遇平仓或强制平仓的案例更是多达近百起。

证券公司股票质押式回购业务在经历了前期快速发展、规模高歌猛进之后，迎来了政策密集出台、业务监管更趋严格的新阶段，部分证券公司股票质押业务频频"爆雷"、业务违规遭处罚已成为一种常态。2018年1月，上海证券交易所和中国证券登记结算有限责任公司联合发布《股票质押式回购交易及登记结算业务办法（2018年修订）》，被称为"史上最严"股票质押新规。新规不仅对股票质押率上限进行了规定，同时规定了单一证券公司、单一资管产品作为融资方接受单只股票的质押比例上限以及单只A股股票的市场整体质押比例上限。此外，新规对股票质押式回购业务融资方的准入要求和资金用途进行了明确的规定。除了颁布新规外，中国证监会对证券公司开展股票质押式回购业务加强了现场核查和处罚。2019年8月，中国证监会机构部对2019年以来股票质押规模增幅较大的9家证券公司进行现场核查，提出五大风险：业务定位不清，盲目追逐利益；风险意识不强，风控措施不足；审核把控不严，质押率设置不严谨；尽职调查不完备，甚至缺乏尽职调查；贷后风险管理流于形式。

近几年，股票质押式回购业务的存量风险被逐步处置，爆仓压力缓释，业务发展在经历了行业规范化整顿后，逐步进入稳定发展期。证券公司通过加强对融资方的尽职调查和对质押标的的严格审核，筛选合格的融资方和质押物，推动业务良性发展。

2. 股票质押式回购交易业务的开展流程

股票质押式回购交易业务的开展流程可以分为尽职调查、协议质押要素、签订质押合同、质押登记、出借方放款、存续期跟踪、资金偿还等环节。

在业务开展前，证券公司需对融资方及拟质押股票的情况开展尽职调查。对融资方的资质、股份性质、禁止性行为等进行全面的了解，核实业务资料的真实性，评估业务风险。

完成尽职调查和对业务的全面了解后，根据融资方和质押标的证券的评估情况，证券公司依据自身的风险管理要求与融资方商议股票质押的金额、质押率、利率、期限等相关事宜并达成协议。

根据协议的内容，证券公司与融资方签订股票质押合同，合同对融资方、证券公司的权利义务关系作出明确规定。

开展股票质押式回购交易业务需办理质押登记。证券公司根据融入方和融出方的委托向证券交易所交易系统进行交易申报。交易系统对交易申报按相关规则予以确认，并将成交结果发送中国证券登记结算有限公司。

完成质押登记后，证券公司根据合同向融资方发放资金，融资方可将资金用于实体经营等制度允许的范围。放出资金后，证券公司对融资方资金用途、经营情况等进行持续跟踪。

合同到期时，融资方向证券公司归还资金和利息，回购质押标的并解除质押登记。

（三）约定购回式证券交易业务的发展变化和开展流程

2011年10月，上海证券交易所正式推出股票约定购回式业务，银河证券、中信证券和海通证券成为首批试点公司。约定购回业务逐步进入常规化运作。2013年1月14日，深圳证券交易所约定购回交易业务上线，银河证券、平安证券、长城证券和华泰证券等36家证券公司获得业务资格。

证券公司的约定购回交易要求融资方与交易的证券公司签订股票卖出及附加回购条件的合同。证券公司根据融资方的信用情况给予一定额度的授信。融资方首先将所持有的股票卖给证券公司以获得所需资金。证券公司按股票市值以一定的折扣率向融资方发放资金。融资方获得资金后可将资金用于自身生产经营等活动。至融资方回购股票期间，证券公司需对标的证券执行逐日盯市的风险监管职能，避免股票市值大幅度波动。在合同到期前，融资方需按照合同要求回购标的证券。

三、融资类业务的主要风险点和控制措施

融资类业务的主要风险包括信用风险、市场风险和流动性风险等。

（一）融资类业务的信用风险和控制措施

融资类业务的信用风险是指因融资方未能履行其合约责任而导致损失的可能性，或由于融资方信用评级的变动和履约能力的变化而导致其偿还负债能力变动引起损失的可能性。

证券公司融资类业务信用风险的控制措施一般包括以下几方面：

1. 资金融入方资质管理

证券公司建立资金融入方业务准入标准，根据资金融入方类型及信用

评级进行分类管理。

2. 评级及授信管理

证券公司对融资方进行信用评级,根据评级情况和授信管理制度确定授信额度,在授信额度内与融资方开展业务,并根据实际情况对授信额度进行动态调整。

3. 尽职调查及持续跟踪

证券公司建立尽职调查机制和信用风险持续管理机制,以便准确衡量融资方的资质、对融资方进行信用等级更新、授信调整等。

(二)融资类业务的市场风险和控制措施

融资类业务的市场风险是指因市场价格的不利变动导致担保物价值下跌,而使公司融资类业务发生损失的风险。

证券公司融资类业务市场风险的控制措施一般包括以下几方面:

1. 设定融资类业务的风险限额

针对业务开展过程中的市场风险敞口及可能产生的损失,公司基于风险偏好及信用类业务标的特征拟订业务规模、损失限额等风险限额指标方案。

2. 证券池管理

证券公司建立标的证券和担保证券的管理制度,明确各类业务标的证券和担保证券的入池标准、折算率(质押率)确定方式等,评估标的证券和担保证券的市场风险,建立标的证券和担保证券的动态管理机制。

3. 实时盯市

根据各类业务的特点及时跟踪市场,动态盯市,监控不同组合维度的各项风险指标,发现指标异常时及时加强关注。

(三)融资类业务的流动性风险和控制措施

融资类业务的流动性风险是指客户信用账户内证券因跌停、停牌、市场交易量不足或减持受限等问题,导致客户无法及时卖出足量证券或完成平仓,从而触发客户违约或引发证券公司流动性问题的风险。

证券公司融资类业务流动性风险的控制措施一般包括以下几方面：

1. 业务规模限额

证券公司制定并执行年度资金规模限额，单笔大额资金需求应执行公司资金预算管理的规定，履行事前预约及审批。

2. 现金流监控

建立融资类客户交易量和现金流监控体系，实时分析交易情况对个股流动性风险和公司流动性风险带来的影响。及时监控客户无法按期还款的违约风险，提前准备处置预案并做好流动性应对措施。

3. 集中度控制

限制融资方、单个证券的持仓集中度，限制有变现障碍资产的规模，避免资产变现时的流动性问题。

4. 开展融资类业务压力测试

证券公司根据不同融资类业务的性质，定期开展压力测试，分析融资类业务在压力情景下损益变动情况。针对出现较大亏损或市场大幅波动的情形，及时准备风险预案。

第二节　债券投资交易业务

债券投资交易是指利用自有资金或者募集资金对发行人发行的债券进行投资交易的业务，包括债券现券交易、债券回购交易、债券远期交易、债券借贷业务等债券相关交易业务；其中债券包括但不限于国债、地方债、金融债、政府支持机构债、企业债、非金融企业债务融资工具、公司债等。证券公司涉及债券投资交易的部门或子公司有自有资金投资部门和资产管理部门（子公司），债券投资交易以获得稳定的利息收入为主。下面从债券投资交易的类型、债券投资交易发展历程与业务规则、债券投资交易业务风险点与控制措施几个方面介绍债券投资交易业务。

一、债券投资交易类型

债券投资交易以债券为投资标的,投资交易类型有债券现券交易、债券回购交易、债券远期交易、债券借贷交易。

(一) 债券现券交易

债券现券交易,指交易双方以一定的价格转让债券所有权的交易行为。现券交易是债券买卖双方对债券买卖价格都满意,可以在成交后立即或者是在短时间内进行交割的一种交易方式,就好比投资者可以通过证券账户在沪、深证券交易所的各个网点直接买卖上市债券品种。现券交易是债券市场最早出现的也是最基本的交易类型,现券交易量是衡量债券市场流动性的主要指标。

(二) 债券回购交易

债券回购交易,指资金融入方将债券出质或者转让给资金融出方,从资金融出方融入资金,到期再返还资金,同时解除质押或者购回相应债券的交易。

债券回购交易分为质押式回购和买断式回购两种。

1. 质押式回购

债券质押式回购交易,也称封闭式回购,是指正回购方(资金融入方)在将债券出质给逆回购方(资金融出方)融入资金的同时,双方约定在将来某一指定日期,由正回购方按约定回购利率计算的资金额向逆回购方返回资金,逆回购方向正回购方返回原出质债券的融资行为。正回购方是指在债券回购交易中融入资金、出质债券的一方;逆回购方是指在债券回购交易中融出资金、享有债券质权的一方,债券所有权并未实际交割,在约定的回购期限尚未到达之前,正回购方不能出售作为质押物的债券。

2. 买断式回购

债券买断式回购交易,也称开放式回购,是指债券持有人(正回购方)在将一笔债券卖给债券购买方(逆回购方)的同时,交易双方约定在未来某一日期,再由卖方(正回购方)以约定价格从买方(逆回购方)购回相等数量同种债券的交易行为。买断式回购,实际对应了首期和到期两笔债券交易,回购利息和支付债息都通过两次交易价格的差价来体现。与债券质押式回购交易不同点在于,债券质押式回购交易是质押冻结,实际未交易债券,而债券买断式回购交易是债券所有权随着交易发生转变,逆回购方(资金融出方)在协议期限内可自由支配该笔债券,只要到期有足够的同种债券返给正回购方即可。

上节融资类业务中介绍了股票质押式回购交易业务、约定购回业务,债券质押式回购交易与债券买断式回购交易对正回购方而言也是一种融资行为,不同点是质押标的不同。股票质押式回购交易业务、约定购回业务以股票为质押物,而债券质押式回购交易与债券买断式回购交易以债券为质押物;交易方式上债券质押式回购交易与股票质押式回购交易类似,债券买断式回购交易与约定购回交易类似。

（三）债券远期交易

债券远期交易,指交易双方约定在未来的某一日期,以约定价格和数量买卖标的债券的行为。债券远期是债券市场运用较为普遍的规避利率风险的金融衍生工具。远期交易标的债券券种应为已在全国银行间债券市场进行现券交易的中央政府债券、中央银行债券、金融债券等。市场参与者进行远期交易,应签订远期交易主协议。

（四）债券借贷交易

债券借贷交易,又称融券,是指债券融入方以一定数量的债券为质物,从债券融出方借入标的债券,同时约定在未来某一日期归还所借入标的债券,并由债券融出方返还相应质物的债券融通行为。债券借贷是一种债券做空行为。20世纪60年代,证券借贷已在发达国家形成专门的业务种类,随着70年代开始的"衍生革命"和新兴市场的兴起,债券借贷已成为国际债券市场广泛使用的重要工具之一。

从功能上看,一方面,债券借贷可以增强债券市场的流动性,流动性的强弱是区分一个债券市场是新兴市场还是成熟市场的重要标志之一。在我国债券市场中，部分可流通债券沉淀于各个机构的投资户中，在机构的交易户中用于买卖的债券比例比较有限。债券借贷通过借入债券融出方手中暂不用于交易的那部分债券进行买卖交易，可提高债券的周转速度，进而可增强市场的流动性。

另一方面，债券借贷提供了合理与有效的做空手段。在债券借贷过程中，债券融入方可以先卖出，到期时再以较低的价格从市场上买入归还给债券融出方，从而达到做空的目的。债券借贷业务明确债券融入方须付出成本，借贷的期限最多可达365天，并且可以单个或多个债券作为质押品，为投资者提供多样化投资与风险规避的手段。

二、我国债券投资交易发展历程与业务规则

（一）我国债券市场发展历程

中国债券投资交易主要在银行间市场、交易所市场和商业银行柜台交易市场开展，其中银行间市场和交易所市场为主要交易场所。我国债券市场发展起步较晚，大致可以分为四个阶段。

1. 第一阶段：1981—1987年，债券市场萌芽阶段

为治理1979年和1980年引起的通货膨胀问题，国务院于1981年1月16日颁发了《中华人民共和国国库券条例》，决定从1981年起恢复国债发行，标志着中国债券市场的正式萌芽。1981年7月1日，财政部通过行政分配，发行了48.66亿元国库券。国债恢复发行后，企业债也开始出现，1985年，沈阳市房地产公司向社会公开发行了5年期债券，拉开了企业债券的发展序幕，同时国有商业银行也开始发行金融债券。这个阶段没有形成合法的债券交易机制和债券交易场所，债券不能进行转让和交易，债券持有人只能选择持有到期。此阶段的债券市场还是非常原始的，是债市场萌芽阶段。

2. 第二阶段：1988—1996年，债券市场起步阶段

此阶段由场外柜台市场逐步过渡到场内市场。1987年1月，中国人民

银行上海分行发布《证券柜台交易暂行规定》，明确经认定的政府债券等可以在经批准的金融机构办理柜台交易。1988年，财政部和中国人民银行开始筹划建立公开的国债流通市场，年初首先在7个城市进行国债流通转让试点，试点地区的财政部门和银行等机构成立了证券公司和国债服务部，开办国债买卖业务；6月，财政部先后批准54个大、中城市开展国债流通转让试点，地方性债券交易中心及柜台交易中心形成，成为债券交易的典型场外市场。1990年4月起，财政部已开始定期发布所属中介机构办理债券转让的行情，引导市场交易。1990年12月，上海证券交易所开业，采用了在实物券托管基础上的记账式债券交易形式，开辟了交易所的场内交易市场。交易所债券市场的正式成立，标志着中国债券市场的发展进入了一个新的历史阶段。继上海证券交易所开办债券交易后，深圳证券交易所也于1994年开通了债券交易，交易所可进行国债现券、期货和回购交易，场内市场交易量大幅增加。

值得注意的是，尽管债券全部转移到证券交易所进行交易，然而交易所国债交易的风险控制机制并未建立起来。1995年起，交易所国债交易相继出现了一些问题，违规事件频频出现，出现了"327"国债期货风波，国家决定暂时关闭国债期货市场。

3. 第三阶段：1997—2015年，债券银行间市场发展阶段

1997年6月16日，全国银行间拆借中心开始办理银行间债券回购和现券交易，由此形成了全国银行间债券市场。此后，银行间债券市场逐步发展成所有类型机构均可参与的债券市场，并最终形成了以银行间债券市场为主、交易所债券市场和商业银行柜台市场为辅的中国特色债券市场体系。从2004年开始，中国人民银行大力推动债券市场创新，银行间债券市场债券产品、交易工具不断增加，交易方式不断改进，短期融资券、中期票据、无担保企业债、可转债、公司债，以及债券远期、利率互换均在此阶段出现。

4. 第四阶段：2015年至今，债券市场迅速发展阶段

2015年1月15日，中国证监会颁布了公司债发行新规，公司债的发行由原来的审核制变为公开发行核准制和私募发行备案制,公司债的发行主体也由原来的上市公司变为非上市公司也可发行。交易所市场债券规模迅速增长,中国债券市场也逐步发展成银行间市场和交易所市场平分秋色的情形。

时至今日,中国债券市场已经发展成品种多样、市场多元的多层次债券融资市场,各交易场所和功能分类见表3-1。

表3-1　　　　　　　　　债券市场类型及功能

市场类型	银行间债券市场	交易所债券市场	银行柜台债券市场
市场性质	场外交易	场内交易	场外交易
发行和交易品种	国债、地方债、金融债短期融资券、定向工具、中期票据、企业债、政府支持机构债、资产支持证券、同业存单、项目收益票据	国债、地方债、金融债、政府支持机构债、企业债、非金融企业债务融资工具、公司债、资产支持证券、可交换债可转债	国债、金融债、企业债、政府支持机构债
衍生交易工具	远期利率协议、利率互换	可分离交易可转债、普通可转债	—
投资者类型	各类机构投资者	所有投资者	个人和企业投资者
交易类型	现券交易、质押式回购、买断式回购、远期交易	现券交易、通用回购、协议回购、质押式回购	现券交易
结算机制	逐步全额结算	日终全额结算	逐笔全额结算
托管机构	中债登、上清所	中证登	商业银行

(二) 债券投资交易配套制度简介

由于我国债券市场发展的历史原因,债券市场交易场所分散,因此我国债券市场的功能监管和机构监管交织在一起,形成了债券市场多部门监管的局面。证券公司开展债券投资交易需要遵循的配套制度包括以下方面。

证券公司开展投资类交易必须符合《中华人民共和国证券法》《中华人民共和国证券投资基金法》的基本要求,同时还要满足不同交易市场的交易管理要求,其中银行间债券市场需遵照《全国银行间债券市场债券交易管理办法》(中国人民银行令〔2000〕第2号)、《银行间债券市场债券登记托管结算管理办法》(中国人民银行令〔2009〕第1号),交易所债券市场需遵照《公司债券发行与交易管理办法》（中国证监会令第222号）。

为规范我国债券投资交易业务，2017年12月29日，"一行三会"，即中国人民银行、原中国银监会、中国证监会、原中国保监会联合发布了《关于规范债券市场参与者债券交易业务的通知》（银发〔2017〕302号）（以下简称"债券监管302号文"），标志着我国债券交易市场的统一监管逐步形成，对规范债券交易业务产生了深远的影响。

债券监管302号文发布后，中国证监会和中国证券业协会也发布了配套制度。2017年中国证监会发布《关于进一步加强证券基金经营机构债券交易监管的通知》（证监办发〔2017〕89号）；2018年10月中国证券业协会发布《关于加强证券基金经营机构债券投资交易监测的通知》（中证协发〔2018〕230号）以及2018年12月发布《证券基金经营机构债券投资交易业务内控指引》。

上海证券交易所、深圳证券交易所、中国证券登记结算有限责任公司也制定了具体的交易规则。

上海证券交易所规则有：《上海证券交易所债券交易规则》《上海证券交易所债券交易规则适用指引第1号——债券交易参与人管理》《上海证券交易所债券交易规则适用指引第2号——债券通用质押式回购交易》《上海证券交易所债券交易规则适用指引第3号——债券做市业务》《上海证券交易所债券交易规则适用指引第4号——债券质押式协议回购风险管理》《上海证券交易所债券质押式协议回购交易业务指引》《上海证券交易所可转换公司债券交易实施细则》等。

深圳证券交易所规则有：《深圳证券交易所债券交易规则》《深圳证券交易所债券交易业务指引第1号——债券交易参与人管理》《深圳证券交易所债券交易业务指引第2号——债券通用质押式回购》《深圳证券交易所债券交易业务指引第3号——债券做市》《深圳证券交易所债券交易业务指引第4号——债券质押式协议回购风险控制》《深圳证券交易所可转换公司债券交易实施细则》等。

中国证券登记结算有限责任公司规则有：《中国证券登记结算有限责

任公司可交换公司债券登记结算业务细则》《中国证券登记结算有限责任公司非公开发行公司债券登记结算业务实施细则》《债券质押式回购交易结算风险控制指引》等。

2022年1月，全国银行间同业拆借中心、上海证券交易所、深圳证券交易所、银行间市场清算所股份有限公司、中国证券登记结算有限责任公司联合发布《银行间债券市场与交易所债券市场互联互通业务暂行办法》。

三、债券投资交易业务风险点与控制措施

（一）债券投资交易业务信用风险与控制措施

1. 信用风险

债券投资交易业务的主要风险是信用风险，信用风险主要包括债券发行人违约风险和交易对手方违约风险。

（1）债券发行人违约风险。例如，投资者购买了公司发行的债券，按照约定，债券到期后，发行人应按照票面利息支付债券持有人本金和利息。如果债券发行人由于经营不善或流动性问题，到期无法支付本金和利息，就构成债券发行人违约，给债券投资者带来损失。

（2）交易对手方违约风险。一般发生在债券回购交易中，正回购方（资金融入方）无法按期购回债券，给逆回购方带来损失。

2. 控制措施

证券公司债券投资交易业务信用风险的控制措施一般包括以下几方面：

（1）债券与交易对手内部评级管理。建立符合市场及行业特征、公司内部评级相关制度要求的内部债券信用评级模型，通过债券内部评级，投前对拟投资债券进行准入评估，一般会根据评级建立不同等级的"债券池"，定期对投资债券进行跟踪评估，建立有效的评级模型，加强对债券投资业务投前、投中和投后信用风险的控制。

（2）投资规模限额管理。建立单一债券投资规模、单一发行人投资规模、低等级（投机）信用债券投资规模、地区或行业投资规模等集中度限

制指标，通过分散投资集中度，降低债券发行人违约带来的损失。

（3）交易对手管理和履约担保管理。证券公司一般会将交易对手分为"黑名单"和"白名单"分别管理。一方面，禁止与"黑名单"中的交易对手开展交易；另一方面，对"白名单"的交易对手进行分类管理，设置交易额度。对于债券回购业务，证券公司对回购业务质押债券价值进行逐日盯市，若履约保障品出现不足的情况，及时要求交易对手方补充相应数量的回购债券等同品，或者及时按要求向交易对手方补充相应数量的回购债券等同品。

（二）债券投资交易业务市场风险与控制措施

1. 市场风险

债券投资市场风险主要是由于利率等市场价格不利变动使投资的债券组合发生损失的风险。债券投资交易目的不是以持有到期为目的，而是为了赚取买卖价差时，市场风险就会凸显。例如，投资者投资 10 000 元购买了 100 元的某只债券 10 手（100 张），利率上涨后，每张价格降为 99 元，若此时卖出债券，投资者将损失 100 元。

证券公司在债券投资业务中对市场风险格外关注，主要因为证券公司债券投资业务往往是加杠杆投资，杠杆投资在提高收益的同时，也放大了投资风险。一般放大杠杆可以通过以下操作过程实现。例如，以 1 亿元本金买入 1 亿张债券，1 亿张债券质押回购借入 0.8 亿元（假设质押率为 0.8）资金，0.8 亿元资金买入债券。重复以上操作可以实现放大杠杆。证券公司在债券投资交易中需将投资杠杆控制在合理的范围内，302 号文也针对债券交易杠杆比率提出要求：当债券正回购余额或逆回购余额超过上月净资本的 120% 时，证券公司需要向上级监管部门报告。

2. 控制措施

证券公司债券投资交易业务市场风险的控制措施一般包括：市场风险限额管理，证券公司设置投资规模、杠杆、久期、止损等限额指标，对债券投资市场风险进行监测，发现突破风险限额指标或指标出现不利趋势时，及时报告并采取措施。

（三）债券投资交易业务流动性风险与控制措施

1. 流动性风险

流动性风险可分为融资流动性风险和市场流动性风险。融资流动性风险主要指由债券投资的杠杆性质引起，杠杆投资需要借入资金，当资金期限安排不当、融资受阻时，无法及时有效满足资金需求的风险。市场流动性风险是指由于市场深度不足、市场动荡及其他不利事件，无法以合理的市场价格出售固定收益品种以获得资金的风险。

2. 控制措施

证券公司债券投资交易业务流动性风险的控制措施一般包括以下几方面：

（1）融资流动性方面。通过现金头寸和债券余额管理，分析未来现金流和资金缺口，提前做好资金安排；制订应急预案，如遇突发事件无法及时填补资金缺口时，能及时申请和补充应急资金。

（2）市场流动性方面。在投资债券前，应充分考虑债券的流动性，制订对应的投资计划，确保资产卖出变现时，能够获得合理的市场价格，以防范因资产变现不足值或不能变现而导致的流动性风险。

第三节　场外衍生品业务

一、衍生品业务定义及分类

（一）定义

金融衍生品是一种金融工具，其价值依赖于其他更基本的标的变量。经济合作与发展组织（OECD）给出的衍生品定义是："衍生品交易是一份双边合约或支付交换协议，它们的价值是从基本的资产或者某种基础性的利率或指数衍生出来的。衍生品交易依赖的基础包括利率、汇率、商品、股票和其他指数。"

(二) 分类

1. 按照金融产品的形态分类

按照形态,金融衍生品可以分为远期、期货、收益互换、期权以及信用衍生品等(见表3-2)。

表3-2　　　　　　　　　　　　常见衍生品结构

类型	内容
远期(Forwards)	远期合约指交易双方约定在未来的某一确定时间,以确定的价格买卖一定数量的某种金融资产的合约。一般来说,双方协议确定合约的各项条款,其合约条件是为买卖双方量身定制的,满足了买卖双方的特殊要求,一般通过场外交易市场(OTC)完成
期货(Futures)	期货合约是在未来某一特定时间、以某一特定价格、买卖某一特定数量和质量资产。期货合约是期货交易所制定的标准化合约,对合约到期日及其买卖资产的种类、数量、质量作出了统一规定,通常在制定的交易场所进行交易
互换(Swaps)	互换指交易双方约定在未来的一段时间内彼此相互交换某种资产的金融交易。较为常见的是利率互换合约和货币互换合约
期权(Options)	期权是一种选择的权利,买方可以在未来的特定时间或者一段时间内按照事先约定好的价格买入或者卖出某种约定好的商品的权利,而期权的卖出者则负有相应的义务,当持有者行使权利时必须按照指定的价格买入或者卖出。期权有在交易所交易的,这是标准化的合同;也有在柜台市场交易的,由交易双方协商确定合同的要素,签订非标准化的合同,满足交易双方的特殊需求
信用衍生品(Credit Derivatives)	根据国际互换和衍生品协会(ISDA)的定义,信用衍生品是用来分离和转移信用风险的各种工具和技术的统称,主要指以贷款或债券的信用状况为基础资产的衍生金融工具。具体来说,信用衍生品,是指信用衍生品交易双方签订的一项金融性合约,该合约允许信用风险从其他风险中分离出来,并从交易的一方转移至另一方。主要包括信用互换、信用期权、信用远期和信用联系票据等

2. 按照衍生品挂钩基础资产分类

按照挂钩对象,金融衍生品可以分为利率类、权益类、货币类、商品类和信用类等(见表 3-3)。

表 3-3　　　　　　　　按挂钩基础资产划分的金融衍生品

对象	标的资产	金融衍生品
利率	短期存款	利率期货、利率远期、利率期权、利率互换等
	债券	债券期货、债券远期、债券期权等
权益	股票	股票期货、股票期权等
	指数	指数期货、指数期权等
货币	货币	货币远期、货币期货、货币期权、货币互换等
商品	商品	商品远期、商品期货、商品期权、商品互换等
信用	信用相关工具	信用违约互换、收益互换、信用连接票据、信用利差期权等

3. 按照交易场所分类

根据交易场所的不同,金融衍生品可以分为场内衍生品和场外衍生品两大类。场内衍生品指所有买卖方都集中在交易所进行竞价交易的金融衍生品,交易对象为标准化的金融合约;场外衍生品则是指在传统交易所之外的交易场所交易的金融衍生品(见表 3-4)。

表 3-4　　　　　　场内市场(ETD)与场外市场(OTC)比较

类别	OTC 市场	ETD 市场
交易场所	分散的无形市场	固定的交易场所
组织方式	做市商制度	经纪人制度
交易方式	议价方式	公开竞价
合约形式	非标准化合约	标准化合约
监督方式	行业自律为主	政府监管为主
主要交易品种	远期、互换	期货、期权
主要参与方	金融机构	金融机构、个人

二、场外衍生品业务的发展历程与业务规则

(一) 国外场外衍生品业务发展情况

一般认为现代金融体系下的衍生品市场发端于20世纪70年代,随着经济全球化的发展,特别是布雷顿森林体系瓦解后,浮动汇率逐渐代替了固定汇率,在金融自由化的浪潮下,各国逐步放松了利率管制,导致汇率、利率的剧烈波动,金融市场风险不断增加,市场参与者迫切需要新的方式来有效管理、规避风险。金融机构不断创立新的金融工具满足交易者避险、套利和投机的需求,金融衍生品业务快速发展。2000年欧元的使用极大地促进了衍生品市场的发展,尤其是利率衍生品市场。2008年后,受次贷危机影响及监管要求的增强,国际场外衍生品市场增长速度放缓,其中信用类衍生品规模明显收缩,2017年以来国际场外衍生品市场名义本金规模在55万亿~65万亿美元波动(见图3-1)。

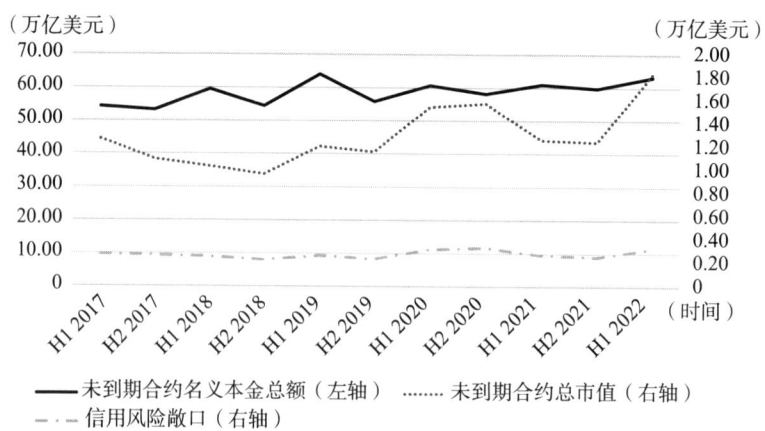

图3-1 国际场外衍生品发展情况

全球场外期权市场中利率类衍生品在名义本金中占比最高,外汇类衍生品次之,根据国际清算银行(BIS)2022年半年度数据,二者占比超过95%(见图3-2)。

第三章 证券公司业务风险介绍

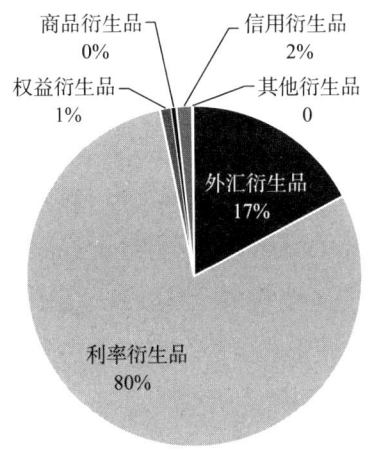

图3-2 2022年上半年各类场外衍生品分布情况

国际清算银行（BIS）将场外衍生品市场参与者分为报告交易商、其他金融机构和非金融机构三大类。

报告交易商主要是以商业银行和投资银行为主，是整个场外衍生品市场的核心，起着主导作用，其既是市场的组织者，也是市场的参与者。

其他金融机构包括基金公司、保险公司等。基金公司分为对冲基金和共同基金，二者的投资策略和交易行为存在较大差异。对冲基金往往追求高风险、高收益，通常利用衍生品的杠杆作用，放大投资组合规模或者提高投资组合收益水平。对冲基金通常是场外衍生品市场中风险的承受方，是市场中必不可少的参与者，但其激进的投资风格使其容易在不利市场环境中出现巨额亏损。共同基金与对冲基金投资理念截然不同，操作更为稳健，运用衍生品主要以避险为目的，较少涉及高风险的衍生品。保险公司在衍生品市场中扮演着多重角色。首先，作为经营风险的机构，保险公司需要各类衍生品工具来分散、管理风险；其次，不同的保险业务具有不同的风险，需要使用不同的衍生品。例如，人寿保险对利率类衍生品需求较高，财产保险则偏重于权益类和外汇类衍生品。

非金融机构受金融国际化和贸易全球化的影响日益深刻，受利率、外汇波动的影响与日俱增。国际掉期与衍生工具协会（ISDA）2009年调查报告指出，全球500强企业中94%的企业使用衍生品来管理对冲面临的风险，使用对冲利率风险和汇率风险的企业分别占到了92%和85%。发达国家和地区的企业，会更多地通过金融衍生品来管理风险。

（二）国内场外衍生品业务发展情况

国内场外衍生品市场经过十几年的发展，形成了中国银行间市场交易商协会（NAFMII）体系下的银行间场外衍生品市场、中国证券业协会（SAC）体系下的证券期货场外衍生品市场和国际掉期与衍生工具协会（ISDA）体系下的外资机构柜台市场三大市场体系。

1. 银行间场外衍生品市场

银行间场外衍生品市场是指在中国人民银行管辖范围内的场外衍生品市场，包括在中国人民银行认可的交易系统上达成的场外衍生品交易和在商业银行柜台开展的场外衍生品交易，交易对手间签署《中国银行间市场金融衍生产品交易主协议》（以下简称《NAFMII主协议》）。2004年，原中国银监会发布了《金融机构衍生产品交易业务管理暂行办法》，是第一部针对银行业金融机构开展衍生产品业务的专门法规，首次对金融机构开办衍生产品的准入条件和开办程序进行了明确。迈入21世纪，银行间场外衍生品市场进入了飞速发展阶段，中国人民银行自2005年起先后推出了债券远期、外汇远期、利率互换、人民币外汇掉期、信用衍生品和期权等场外衍生品业务，银行间场外衍生品市场迅速发展壮大。经过十多年发展，逐步形成了覆盖利率、汇率、信用等各类产品在内的衍生产品序列，2021年交易规模达到了160万亿元人民币。中国人民银行管辖范围内的场外衍生品交易场所及主导机构主要有中国外汇交易中心暨全国银行间同业拆借中心、上海清算所、银行间交易商协会、上海黄金交易所以及商业银行柜台，每一个交易场所或主导机构分别主导和支持不同种类的场外衍生品交易。

2. 证券期货场外衍生品市场

证券期货场外衍生品市场通常是指在中国证监会管辖范围内，以证券期货经营机构为核心市场参与者的中国场外衍生品市场，交易品种主要包括远期、互换、期权和信用保护工具，标的类型以权益类、商品类、贵金属等为主，交易对手间签署《SAC主协议》。中国证监会管辖范围内的中国场外衍生品市场始于2012年，当年，中国证券业协会发布了《证券公司柜台交易业务规范》，规定证券公司柜台交易产品包括金融衍生产品，业务由中国证券业协会实施自律管理；同年，中国期货业协会发布《期货公司设立子公司开展以风险管理服务为主的业务试点工作指引》，指导期货公司通过设立子公司向客户提供以风险管理为目的的业务。近年来业务规模和产品序列持续增加，截至2023年2月末，证券期货柜台市场存续场外衍生品规模约1.8万亿元（见图3-3）。

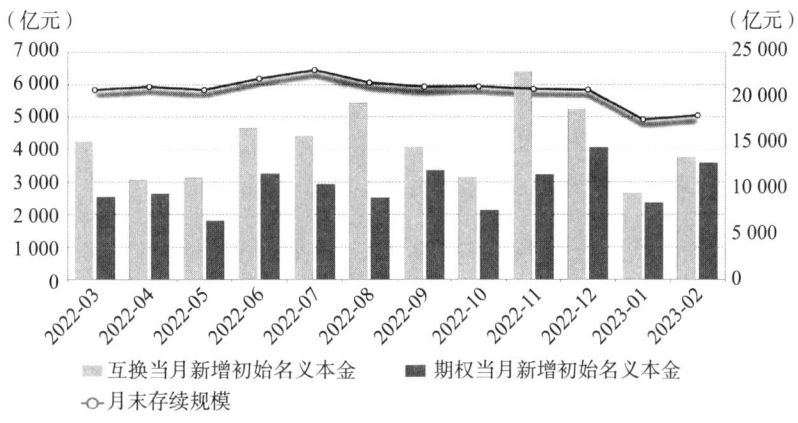

图3-3 证券公司场外衍生品规模

在证券公司柜台和中证报价衍生品交易系统开展的场外衍生品业务主要有场外期权和收益互换两大类。场外期权和收益互换的挂钩标的主要包括以沪深300、中证500、上证50为主的股指，A股个股、黄金期现货和国外标的等。

在证券公司柜台和中证报价衍生品交易系统开展的场外期权和收益互换的交易对手结构有较大区别。场外期权业务的主要交易对手为商业银行、证券公司及其子公司、私募基金等，其中商业银行和私募基金的交易规模占据主导地位。收益互换业务的交易对手主要包括私募基金、其他证券公司及其子公司和以工商企业为代表的机构等，私募基金占比最高（见图3-4、图3-5）。

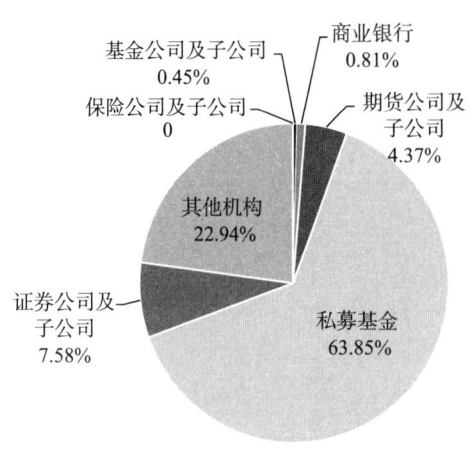 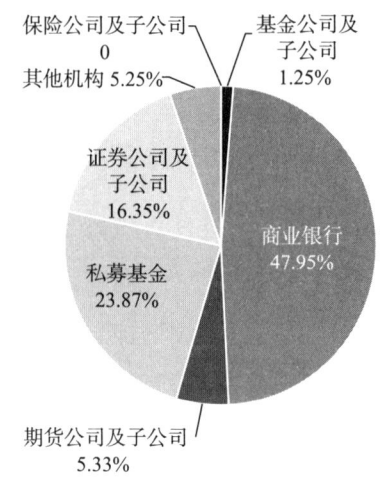

图 3-4　2023 年 2 月本期证券公司新增收益互换合约交易对手情况（名义金额）　　**图 3-5　2023 年 2 月本期证券公司新增期权合约交易对手情况（名义金额）**

证券期货场外衍生品市场清算模式主要采用非标准化的双边清算，交易双方凭借各自的信用或者履约担保，交易参与者面临较高的信用风险，尤其是进行多笔交易时需承担多个交易对手的信用风险。

3. 外资机构柜台市场

20 世纪 80 年代开始，一些国际性行业组织为了降低场外衍生品交易的缔约成本和交易风险，提升场外衍生品交易效率，开始制定标准化场外金融衍生交易合约，其中最有权威和代表性的是成立于 1985 年的国际掉期与衍生工具协会（ISDA），推出了场外衍生品标准化交易合同文本，大大降低了场外金融衍生交易各方的缔约成本。由于国家和地区之间的法律差异，外资金融机构在我国开展场外衍生品交易普遍倾向于使用 ISDA 版本的主协议。根据交易对手类型的不同，ISDA 项下的场外衍生品交易可以进一步分为与中资金融机构间的交易和与中资工商企业进行的交易。

外资金融机构与中资金融机构在 ISDA 项下开展的场外衍生品交易主要是在柜台市场进行，交易对手方主要包括中资商业银行和证券公司。外资金融机构可以帮助中资金融机构实现在国内金融市场无法完成的风险管理和市场投资需求，产品类型包括远期、互换和期权，交易标的和产品结构根据交易双方的需求协商达成，一般以国外标的为主，是典型的金融机构柜台市场交易。

外资金融机构与国内工商企业开展的场外衍生品交易多源于工商企业在经营运作过程中产生的无法在国内金融市场进行有效对冲的风险管理需求，需要通过外资金融机构实现对风险的有效管理。

（三）国内场外衍生品业务相关规则

我国衍生品业务起步较晚，场外衍生品业务规则也随着我国期货与衍生品相关法律法规的修订不断完善。2022年4月20日，十三届全国人大常委会第三十四次会议表决通过《中华人民共和国期货和衍生品法》（以下简称《期货和衍生品法》），自2022年8月1日施行。在这之前，行业遵循的主要法规是国务院发布的《期货交易管理条例》，于2007年3月发布，于2012年、2013年、2016年和2017年修订。

为规范场外衍生品的有序开展，《期货和衍生品法》发布前，中国证券业协会依据《证券法》《证券公司监督管理条例》等法规，制定的主要规则有：

（1）《证券公司柜台交易业务规范》，2012年12月21日发布；

（2）《证券公司金融衍生品柜台交易业务规范》，2013年3月15日发布；

（3）《证券公司金融衍生品和柜台交易风险管理指引》，2013年3月15日发布；

（4）《证券公司场外期权业务管理办法》，2020年9月25日发布；

（5）《证券公司收益互换业务管理办法》，2021年12月3日发布。

《期货和衍生品法》的发布，对衍生品业务的发展产生了深远的影响，该法律在重点关注期货市场的同时，也考虑到最近几年来场外衍生品迅速发展的实际，对场外衍生品市场进行原则性的安排，将场外产品（远期、场外期权、互换）一起纳入管理范围，对提升行业法治化、市场化、国际化程度意义重大。随着《期货和衍生品法》的出台，场外衍生品相关制度也在不断修订完善。

为贯彻落实《期货和衍生品法》，促进衍生品市场健康发展，支持证券期货经营机构业务创新，满足市场各类主体的风险管理需求，中国证监会研究起草了《衍生品交易监督管理办法（征求意见稿）》，于 2023 年 3 月 17 日起征求意见。

三、场外衍生品业务的风险与控制措施

场外衍生品业务模式多变，合约结构复杂，挂钩标的资产既可以是单一标的资产，也可以是多个标的资产组合。证券公司开展场外衍生品业务，面临的风险点主要有市场风险、信用风险、流动性风险。

（一）场外衍生品业务市场风险与控制措施

场外衍生品业务市场风险指衍生品交易因市场价格（如利率、汇率、商品价格和股票价格等）的变动导致损失的可能性。

证券公司场外衍生品业务市场风险的控制措施包括以下几方面：

1. 交易对手库管理

证券公司根据监管要求和实际风险控制需要，建立相关交易对手库，明确交易对手入库的规则、流程，与合适的交易对手开展场外衍生品交易。

2. 场外衍生品模型管理

避险和评估损益所用的定价模型和参数在场外衍生品交易开展之前进行审核，一般由风险管理部门对相关模型和参数进行验证。

3. 市场风险限额管理

市场风险的量化指标主要包括敏感性指标、VaR 和压力测试结果，对于期权等非线性场外衍生品，一般还需设置各希腊字母敏感性指标。

（二）场外衍生品业务信用风险与控制措施

场外衍生品业务信用风险指在衍生品交易和结算过程中，因交易对手不能或不愿履行合同承诺而导致损失的可能性以及虽未发生实质违约，但

出现了明显会导致公司遭受实质资产损失或合同项下重要权利无法实现的重大风险事件。具体违约情形一般有：交易对手未按照协议约定提交担保品、违约延迟支付、交割或未能全额支付、交割应支付或交割的标的物和款项等的风险。

证券公司场外衍生品业务信用风险的控制措施包括以下几方面：

1. 交易对手信用评级

证券公司根据交易对手特点进行分类，建立交易对手信用评级模型，建立交易对手的准入标准，对拟开展业务的交易对手进行资质审核与信用风险评估。

2. 交易授信和集中度管理

建立交易授信分级审批机制，设定业务整体规模、单一客户信用风险敞口、单笔交易规模、单只标的证券市值等指标，控制客户违约可能造成的最大损失。

3. 交易盯市管理

对采取履约保障品的交易方式的场外衍生品，监控履约保障品市值，并按照事先约定执行履约保障品管理，确保交易在安全范围内开展。

（三）场外衍生品业务流动性风险与控制措施

场外衍生品业务流动性风险指衍生品合约的持有者不能以合理的价格及时对冲合约或将合约平仓而导致损失的可能性。流动性风险一般包括衍生品合约挂钩标的的流动性风险、衍生品合约本身的流动性风险和金融机构的整体流动性风险。衍生品的高杠杆性在一定程度上放大了业务的流动性风险。

证券公司场外衍生品业务流动性风险的控制措施主要是对标的证券的管理：在设计挂钩个股或场内基金的场外衍生品时，选择成交活跃、流动性好的证券作为标的，建立标的证券筛选标准；交易后，监测单一标的规模占其市场流通量的比例，合理控制标的证券的总量。

第四节　非标准化债权资产投资业务

一、非标准化债权资产的定义

非标准化债权资产是相对标准化债权资产而言的,可参考中国人民银行、原中国银保监会、中国证监会、国家外汇管理局制定的《标准化债权类资产认定规则》关于标准化债权类资产的五个条件。

（一）等分化，可交易

以簿记建档或招标方式非公开发行,发行与存续期间有2个(含)以上合格投资者,以票面金额或其整数倍作为最小交易单位,具有标准化的交易合同文本。

（二）信息披露充分

发行文件对信息披露方式、内容、频率等具体安排有明确约定,信息披露责任主体确保信息披露真实、准确、完整、及时。

发行文件中明确发行人有义务通过提供现金或金融工具等偿付投资者,或明确以破产隔离的基础资产所产生的现金流偿付投资者,并至少包含发行金额、票面金额、发行价格或利率确定方式、期限、发行方式、承销方式等要素。

（三）集中登记，独立托管

在中国人民银行和金融监督管理部门认可的债券市场登记托管机构集中登记、独立托管。

（四）公允定价，流动性机制完善

采用询价、双边报价、竞价撮合等交易方式,有做市机构、承销商等积极提供做市、估值等服务。买卖双方优先依据近期成交价格或做市机构、承销商报价确定交易价格。若该资产无近期成交价格或报价，可参考其他第三方估值。提供估值服务的其他第三方估值机构具备完善的公司治理结构，能够有效处理利益冲突，同时通过合理的质量控制手段确保估值质量，并公开估值方法、估值流程，确保估值透明。

（五）在银行间市场、证券交易所市场等国务院同意设立的交易市场交易

为其提供登记托管、清算结算等基础设施服务的机构，已纳入银行间、交易所债券市场基础设施统筹监管，按照分层有序、有机互补、服务多元的原则与债券市场其他基础设施协调配合，相关业务遵循债券和资产支持证券统一规范安排。

不同时满足以上五点条件，即视为非标资产。此外，从市场及发行的表现来看，标准化债权类资产和非标准化债权类资产的区别见表3-5。

表3-5　　　　　　　　标准化与非标准化债权类资产的区别

要素	标准化债权类资产	非标准化债权类资产
发行成本	成本较低，一般随行就市	由于投向范围较广，融资方信用资质一般，因此成本较高
流动性	有交易场所，流动性较高，具有流动性溢价，转让定价准确	仅通过债权转让的方式场外转让，且转让价格相对较高
资金募集方式	公募为主	仅限于私募
交易结构	交易结构设计相对固定	交易结构灵活，满足个性化需求
信息披露	信息披露较全面、完备	信息披露要求较低，公开数据少

实践中，非标准化债权业务一般包括：银行业理财登记托管中心有限公司的理财直接融资工具，银行业信贷资产登记流转中心有限公司的信贷资产流转和收益权转让相关产品，北京金融资产交易所有限公司的债权融资计划，中证机构间报价系统股份有限公司的收益凭证，上海保险交易所股份有限公司的债权投资计划、资产支持计划等。非标准化债权业务一般投向信贷资产、委托债权、信托贷款、银票、信用证、应收账款、受益权、私募股权融资回购等，以信托计划、资管计划、私募基金、银行理财

等为途径,一般命名为债权融资计划投资、特定目的载体投资、单一或集合信托计划、证券公司或基金子公司定向或专项、集合资产管理计划、保险公司债权投资计划等。例如,私募股权融资形式的非标准化债权类资产业务模式存在如下结构(见图3-6)。

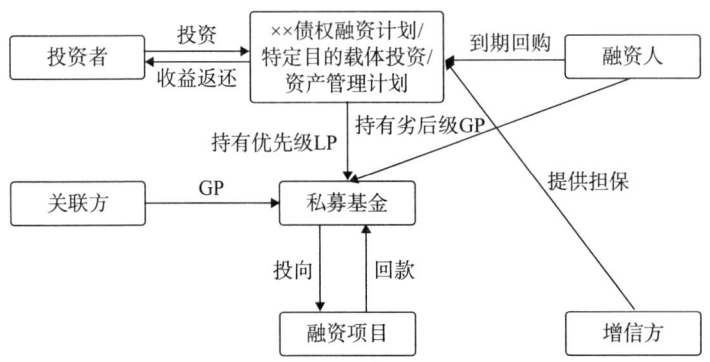

图3-6 私募股权融资形式的非标准化债权类资产业务模式

二、非标准化债权业务在我国的发展历程及监管变化

我国非标准化债权业务的发展历程大致可以分为三个阶段:2009—2011年的起步时期,2012—2015年的快速发展时期,2016年至今的强监管时期。

(一)阶段一:非标准化债权业务起步阶段(2009—2011年)

"非标准类债权"的概念起始于2009年,起初目的是为了剥离银行表内不良贷款。随着"四万亿元"计划的推出,在鼓励金融加杠杆和金融创新的背景下,银行表内信贷和表外理财业务大举扩张,非标通道业务兴起。参考海通证券研究所对于非标准类债权的统计口径,以社融中剔除未贴现票据后表外项目规模代表非标业务规模,根据央行提供的数据显示,2009—2011年委托贷款和信托贷款的同比增幅尽管有所波动,但年增幅均高于20%,其中最大同比增幅达到44.20%。其中从信托业务的角度来看,在原中国银监会《银行与信托公司业务合作指引》于2008年12月发布以来,银信合作模式在部门规章形式基础上得到了认可,以单一资金信托计划作为通道的非标准类债权业务规模迅速增长，参考信托业协会公布数据，该阶段单一资金信托余额规模大幅增长。

将非标准类债权业务作为绕开监管要求及本行制度的通道，将自营及理财资金投向风险较高或合规性存疑的融资标的，且未隔离投资风险，为后续"影子银行和交叉金融风险"埋下隐患。

（二）阶段二：非标的"大资管时代"（2012—2015 年）

这一阶段内非标业务大幅增长，得益于地产红利与 A 股牛市，总体非标准类债权规模尤其是表外业务增长明显。委托贷款方面，参考央行公布数据，2012—2015 年尽管增速有所波动，但平均年增速仍达到 23.15%（见图 3-7）。单一资金信托方面，参考中国信托业协会公布数据，规模从 2012 年初的 3.28 万亿元增长至 2015 年末的 9.35 万亿元，平均年增长率达到 31.60%（见图 3-8）。从投向看，非标准类债权融资背后大多对接基建项目和地产项目。中国信托业协会公布数据显示，投向基建和地产的信托资金占总体比重逐年下降，但总体规模不断上升，由 2009 年的 1.12 万亿元增长至 2015 年的 3.92 万亿元，月平均增速接近 6%，远高于 2016 年至今约 -1.11% 的规模月平均增速，其中 2013 年新增信托资金投向基建和房地产的比例达到了 35%。银行表内和表外资金借道非标源源不断地流入基建和地产项目，实体经济快速推进杠杆化进程，为后续地产"爆雷"及弱资质城投债务风险埋下伏笔。

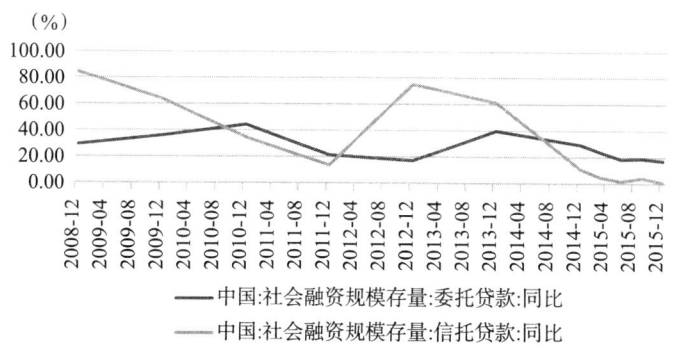

图 3-7　委托贷款和信托贷款增速

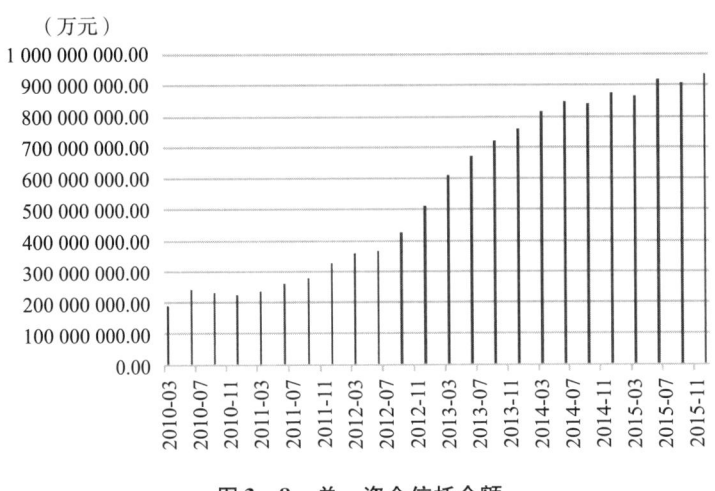

图 3-8 单一资金信托余额

在非标准类债权业务大规模扩张的大背景下，监管部门逐渐意识到其带来的金融风险隐患，逐渐提高了对非标准类债权的关注程度，陆续发布各项监管要求：2013 年 3 月，原中国银监会发布《关于规范商业银行理财业务投资运作有关问题的通知》（以下简称"8 号文"），开始在银行理财领域进行非标准类债权业务整顿，首次界定何为非标业务，约束资金来源和银行理财资金的投向，明确以理财产品余额 35% 与银行上年总资产 4% 为理财非标投资上限。在 8 号文的约束下，非标占理财业务的比重开始迅速压降，参考中国理财网公布数据，非标占理财比重自 2013 年的 27.49% 压降至 2015 年的 15.73%，2022 年末压降至 6.5% 以下。2014 年央行和原中国银保监会陆续颁布《关于规范金融机构同业业务的通知》（银发〔2014〕127 号）和《关于规范商业银行同业业务的通知》（银监发〔2014〕140 号），要求银行同业业务按照实质重于形式进行管理，按照投向计提拨备和资本，堵截银行的监管套利行为，收紧银行资金端投向非标业务。参考央行公布数据，中小型银行买入返售资产规模自 2015 年 1 月末的 5.15 万亿元压降至 2023 年 2 月末的 2.16 万亿元。此外，这一阶段政府和监管部门陆续发布《关于加强影子银行若干问题的通知》（国办发〔2013〕107 号）、《关于信托公司风险监管的指导意见》（银监办发〔2014〕99 号）等，开始加强对资金池业务和影子银行业务的监管。

(三)阶段三:强监管阶段(2016年至今)

在"去杠杆、严监管"的背景下,国家对非标准类债权业务的监管逐渐强化,通过"先表外再表内"的方式加强监管。首先是针对银行委贷通道。2015年,原中国银监会出台了《商业银行委托贷款管理办法(征求意见稿)》,明确资金来源不得是受托管理的他人资金、银行授信资金、具有特定用途的各类专项基金、其他债务性资金和无法证明来源的资金,同时禁止投向债券、资管及其他国家禁止领域。其次是针对基金子通道。中国证监会于2016年11月出台了《基金管理公司子公司管理规定》,明确了基金子公司新开展的业务均需按照要求(最高3%)计算风险资本,并根据特定客户资产管理业务全部管理费收入的10%计提风险准备金。受此影响,基金子公司的部分资金回流至其他通道,导致2018年前委托贷款和信托贷款规模有所上升。再次是针对信托通道。2017年12月,原中国银监会发布《关于规范银信类业务的通知》,要求穿透管理,并明确信托责任和禁止清单,不得签署抽屉协议。

这一阶段最重要的两项监管制度分别为资管新规和理财新规。2018年4月,《关于规范金融机构资产管理业务的指导意见》(即"资管新规")发布。首先,明确了标准化债权类的定义,同时明确标准化债权类资产应当符合五大条件;其次,从打破刚兑、禁止资金池、不得承诺保本三个角度防范非标准化债权类风险,从而释放投向非资产的资管产品风险隐患;此外,要求金融机构不得为非标提供任何直接或间接、显性或隐性的担保或者回购承诺,同时不得直接投向银行信贷资产,堵截了银行利用非标实现信贷资产出表的漏洞。随后,2018年9月,原中国银保监会发布《商业银行理财业务监督管理办法》(即"理财新规"),通过本行资本净额、理财产品净资本、总资产规模三重约束,进一步明确理财对非标准类债权的投资限制。至此,我国商业银行理财告别此前的高增长时代。

此外,2020年7月,央行、原中国银保监会、中国证监会及外管局制定了《标准化债权类资产认定规则》,对标准化债权类和非标准化债权类资产均给出了定义,并对标准化债权类资产的五个条件进一步说明,也明确了证监会资产支持证券、信贷资产支持证券、资产支持票据是标准化债权类资产,而银行业信贷资产登记流转中心(以下简称"银登中心")、北京金融资产交易所(以下简称"北金所")、上海保险交易所的资产证券化产品是非标准化债权资产,便于投资者和从业人员进行认定。

这一阶段非标准化债权类业务规模总体呈现压降趋势,表现为先上升后下降。具体而言:从信托贷款角度来看,由于《基金管理公司子公司管理规定》发布后部分资金流向信托贷款,信托贷款规模先从2015年末的5.39万亿元增长至2018年2月末峰值8.59万亿元,后回落至2023年第一季度末3.74万亿元,单一资金信托规模及从2015年末的9.35万亿元增长至2017年末峰值12.00万亿元,后下降至2023年第一季度末4.02万亿元,单一资金信托占信托比重从2017年末的45.73%下滑至2022年3月末的19.03%;从委托贷款角度来看,委托贷款规模在2016年和2017年仍有所增长,但自2017年12月开始持续下跌,其中2018年3月至2020年7月连续负增长;从理财产品角度来看,理财规模平均年增速从2009—2017年的44.50%下滑至2018—2022年的-0.24%,其中非标业务占理财规模的比重由2018年末的17.23%压降至2022年末的6.48%。

(四)未来发展及监管趋势

随着一系列监管制度的推出,非标债权资产投向受限程度将越来越深,非标业务的规模持续压缩。作为非标业务最大载体的地方政府融资平台——城投公司的非标准类债权业务,预计未来将大幅压降。2020年中央开始要求地方政府陆续清退非标债务,并对信托贷款、融资租赁、金交所等行业进行整治,化解潜在风险。同时,随着一系列监管制度的推出,未来"非标转标"是总体趋势。

"非标转标"一般有以下几种途径:一是资产证券化。一般是以信托受(收)益权为基础资产进行证券化。当前资产证券化是"非标转标"较为成熟的做法,但通常流程较慢,且可能由于信托受(收)益权导致穿透难度上升。二是通过银登中心转让。根据《关于规范银行业金融机构信贷资产收益权转让业务的通知》(银监办发〔2016〕82号),一般通过直接进行信贷资产登记转让或设立财产权信托,即将非标资产转为信托受(收)益权流转。这种方法对信息披露的要求较高,且只适用于底层资产为信贷资产收益权的非标准类债权。三是通过北金所债权融资计划。一般是转化为以非公开方式挂牌募集资金的债权性固定收益类产品,这种方法对城投、地产行业的非标业务限制较松,但流动性也相对较低。然而,"非标转标"仅解决了交易场所和流通的问题,仍未能实现对非标资产进行市场公允定价,因此,从严格意义上来说,并未真正转为标准类债权。

三、非标准化债权资产投资业务主要风险点与控制措施

非标准化债权资产实质上是银行信贷的延续,风险主要集中表现为基础资产未能按时偿付造成的违约风险,风险点包括信用风险、市场风险、合规风险。

(一)信用风险及控制措施

非标准化债权资产的信用风险指底层投向的实际融资人或差额补足方或担保方发生违约,导致投资人损失的风险。

证券公司非标准化债权资产业务信用风险的控制措施有:

1. 在业务投前

从融资人经营指标分析(如港口吞吐量、机场起降落架次、发电装机容量等)、财务指标分析(重点关注现金流水平和债务压力)、征信状况分析(需纳入关联方)等角度,关注融资主体和关联方公告、负面舆情、司法判决信息等,在此基础上做好尽职调查,并对实际融资人的生产经营区域进行实地走访,做好同行业比较,并交叉判断实际融资人的经营风险和现金流风险。

2. 在业务投中

根据交易结构和实际参与机构拟定合同,做好内部评级和风险计量工作,评估项目收益和成本,按照公司要求完成业务授信流程,针对审查审批过程中发现的问题进行调查或者二次尽职调查,并做好归档管理。

3. 在业务投后

做好定期回访,了解实际融资人的生产经营情况以及未来发展规划,对业务存续期风险进行管理,一旦发生不利情形,应根据合同约定立即止损。

(二) 市场风险及控制措施

非标准类债权资产的市场风险指底层投向的具体项目不及预期或出现亏损,导致资产价值产生不利变化的风险。如经营项目或者固定资产作为非标业务投向的,业务按期还本付息主要依靠项目产生的现金流,一般以产业园、地产项目、基础设施建设、商场等能够产生经营性现金流的业务为主,主要风险点在于项目销售、租赁、招商、使用情况或者相关政府补贴不及预期,项目板块及周围的房价或房租下滑,对应区域常住人口下降,项目出现安全事故等。

证券公司非标准化债权资产业务市场风险的控制措施包括：定期回访项目所在地,对项目区位因素进行再评估,对项目区域附近的房租、房价、招商情况进行定期跟踪。

(三) 合规风险及控制措施

非标准化债权资产的合规风险指投向不符合法律或监管要求而导致监管处罚的风险。根据资管新规,合规风险主要可以分为以下三种：一是多层嵌套风险。其目的主要就是规避监管,实现监管套利。二是刚兑风险。即产品已经出现逾期或违约风险的苗头而无法按照合同约定的期限完成本息兑付,管理人挪用其他资管或理财产品中的资金,以兑付投向出险的非标产品,最终导致连锁反应并将风险传导至其他产品,甚至产生堆雪球效应。三是资金池风险。资金池具备三个特征,即滚动发行、集合运作、分离定价,通过资金端和投资端的错配,将募集资金和兑付本息资金打包,导致投资收益和募集资金混同,也是管理人实现刚性兑付的重要手段,如果不加以防范将会导致庞氏骗局。

证券公司非标准化债权资产业务合规风险的控制措施一般包括项目底

层穿透,观察直接投资的金融产品或者基础资产本身是否为标准化产品,判断是否存在交易结构风险或定价是否公允,并做到对多层嵌套、刚性兑付和资金池等现象零容忍。

第五节 涉及信用风险的非自有资金出资业务

一、资产管理业务

(一) 资产管理业务定义

资产管理业务是指银行、信托、证券、基金、期货、保险资产管理机构、金融资产投资公司等金融机构接受投资者委托,对受托的投资者财产进行投资和管理的金融服务。金融机构作为资产管理人,根据资产管理合同约定的方式、条件、要求及限制,对客户资产进行经营运作,为客户提供证券及其他金融产品的投资管理服务。

根据《关于规范金融机构资产管理业务的指导意见》规定,资产管理业务为金融机构的表外业务,金融机构开展资产管理业务时不得承诺保本保收益。出现兑付困难时,金融机构不得以任何形式垫资兑付。金融机构不得在表内开展资产管理业务。

证券公司开展资产管理业务一般通过成立资产管理部门、资产管理子公司或基金子公司的方式开展。基金公司、银行理财子公司、期货公司、信托公司等是主要竞争对手。

资产管理产品按照募集方式的不同,分为公募产品和私募产品。公募产品面向不特定社会公众公开发行,私募产品面向合格投资者通过非公开方式发行。

资产管理产品按照投资性质的不同,分为固定收益类产品、权益类产品、商品及金融衍生品类产品和混合类产品。固定收益类产品投资于存款、债券等债权类资产的比例不低于80%，权益类产品投资于股票、未上市企业股权等权益类资产的比例不低于80%，商品及金融衍生品类产品投资于商品及金融衍生品的比例不低于80%，混合类产品投资于债权类资产、权益类资产、商品及金融衍生品类资产且任一资产的投资比例未达到前三类产品标准。

(二) 资产管理业务发展历程

我国资产管理行业的发展大致经历了四个阶段。

第一阶段：2007年以前，资产管理行业的初始阶段。以公募基金为主，资产管理行业规模较小，投融资功能还不完善，细分领域的竞争也不充分。

第二阶段：2008—2012年，信托业务快速扩展阶段。在金融危机的影响下，产生了大量表外融资需求，为银行理财和信托业务带来了机遇，同时也加剧了资产管理业务的多元化，形成了多主体共同主导的局面。

第三阶段：2013—2015年，"大资管"业务体系形成阶段。在市场需求和证券公司业务创新潮的推动下，我国资产管理业务迎来了爆发式增长，"大资管"业务体系形成。

第四阶段：2016年以来，资产管理行业迎来统一监管。"大资管"下业务规模得到增长，但也暴露了监管体系不统一的问题。从当时的监管权限分配看，中国银行业协会、中国信托业协会、中国证券投资基金业协会、中国保险资产管理业协会分别对各自行业的资产管理业务进行监管；同时，资产管理业务的自由发展、刚性承兑、多层嵌套、资金池操作等问题逐渐暴露。因此，2018年4月27日，经国务院同意，中国人民银行、原中国银保监会、中国证监会、国家外汇管理局联合印发了《关于规范金融机构资产管理业务的指导意见》（银发〔2018〕106号），（以下简称"资管新规"），资管新规的发布在统一资产管理业务监管标准、防范化解金融风险、促进资产管理业务回归本源方面迈出了关键一步。

参考中国证券投资基金业协会公布的数据，2014—2022年资产管理业务总量存量规模见表3-6。

表3-6　　　　　　　　2014—2022年资产管理业务情况

年份	产品数量（只）	产品规模（亿元）
2022	191 730	667 384.54
2021	167 961	678 661.12
2020	138 475	589 873.35
2019	119 623	522 251.80
2018	116 663	514 515.28
2017	114 638	551 375.59
2016	99 944	521 492.66
2015	71 186	373 148.18
2014	34 540	198 610.40

（三）资产管理业务风险点与控制措施

1. 资产管理业务的信用风险和控制措施

资产管理业务的信用风险是指由于交易对手或发行人违约，导致资产管理产品亏损的可能性。

证券公司资产管理业务信用风险的控制措施一般包括以下几方面：

（1）债券发行人与交易对手评级管理。对债券发行人的财务状况和经营状况进行定性与定量分析，对交易对手的资质和交易记录进行审查，审慎评估债券和交易对手的信用风险，并建立债券库和交易对手库，对债券和交易对手进行分类管理。

（2）资产管理业务整体集中度管理。建立所有资产管理计划和单一资产管理计划针对单一债券、单一发行人、低信用等级债券的集中度指标。集中度一般包含投资规模占债券发行市场总规模集中度、投资规模占产品净资产集中度。

2. 资产管理业务的市场风险和控制措施

资产管理业务的市场风险是指因市场价格的不利变动导致资产管理产品投资资产价值下跌，而使投资者发生损失的风险。

证券公司融资类业务市场风险的控制措施一般包括以下几方面：

（1）投资决策管理。要求投资经理在全面分析宏观经济、市场数据、公司基本面的基础上作出投资决策，规范投资决策流程，审慎评估市场风险，通过分散投资、仓位控制等方式管理市场风险。

（2）资产管理产品的风险限额。设置如投资规模、杠杆、止损等限额指标，对产品市场风险进行监测，发现突破风险限额指标或指标出现不利趋势时，及时采取措施。

3. 资产管理业务的流动性风险和控制措施

资产管理业务的流动性风险是指资产管理产品内证券因跌停、停牌、市场交易量不足或减持受限等原因，导致无法以合理的市场价格出售资产以获得资金，使产品无法正常赎回的风险。

证券公司资产管理业务流动性风险的控制措施主要是：投资组合流动性管理。根据各投资组合持仓情况、标的变现率、申赎情况等指标合理安排组合头寸，防止组合发生爆仓、无法支付赎回款等流动性风险。

二、投资银行业务

（一）投资银行业务定义

本书介绍的投资银行业务是狭义的投资银行业务，是证券公司在中国证监会监管下的牌照类投资银行业务。根据《证券公司投资银行类业务内部控制指引》的相关规定，证券公司投资银行类业务包括：（1）承销与保荐；（2）上市公司并购重组财务顾问；（3）公司债券受托管理；（4）非上市公众公司推荐；（5）资产证券化等其他具有投资银行特性的业务。

投资业务中涉及信用风险的业务主要是债券承销业务。债券承销是指证券公司接受客户的委托，按照客户的要求将债券销售给机构投资者和社会公众投资者，达到为客户筹集资金目的的过程。我国债券品种多样，不同债券承销的要求也不同。

（二）债券承销业务流程介绍

证券公司从事债券承销业务，一般包括以下三个步骤。

1. 获得债券承销业务

获得途径有两种：一是与发行人直接接触，了解并分析其需求后，向发行人提交债券发行方案建议书。如果债券发行人认为可以接受方案，则与证券公司签订债券发行合同，由该证券公司组建承销团。二是通过参与竞争性招标获得。许多发行人为了降低成本，往往通过投标的方式来选择主承销商。

2. 组建承销团

主承销商选择承销团成员，组成债券承销团，主承销商与承销团签订承销团协议。

3. 实施发行

组建承销团并明确各成员责任后，进入债券发行阶段。由主承销商开展尽职调查，准备项目申报材料，聘请外部机构进行信用评级，通过相关审批获得发行批文后可正式发行。

债券发行中，债券信用评级是一项非常重要的工作，也是债券发行与股票发行的重要区别。进行信用评级是发行债券的必要前提，是取信投资者和降低发行成本的必要途径。

（三）投资银行业务风险点与控制措施

1. 投资银行业务的信用风险和控制措施

投资银行业务的信用风险是指证券公司在各种债券类业务中作为受托管理人、债权代理人、计划管理人以及承销商，因发行人或融资方的履约能力变化导致公司承担损失的风险。

证券公司投资银行业务信用风险的控制措施一般包括以下几方面：

（1）债券发行人评级管理。通过细致的尽职调查，对债券发行人的财务状况和经营状况进行定性与定量分析，对债券发行人的信用风险进行识别，建立债券发行人准入标准。

（2）债券存续期管理。在项目存续期间，对项目进行跟踪评估和动态管理；对发行人资质发生不利变化的，及时采取措施。

2. 投资银行业务的操作风险和控制措施

投资银行业务的操作风险是指由不完善或有问题的内部流程、员工和信息技术系统，以及外部事件对证券公司造成损失的风险。操作风险事件会给证券公司声誉和市场价值带来负面影响，严重的风险事件甚至会取消证券公司业务资格。

证券公司投资银行业务操作风险的控制措施一般包括以下几方面：

（1）投资银行业务制度和流程管理。适时根据内外部制度修订投资银行管理制度，建立投行业务内部统一的质量控制标准和程序。

（2）投资银行业务内部控制。建立内核机构对投资银行业务的内核审计进行决策，保障内核机构独立研判并发表意见；通过投资银行业务内部控制机制建设，保障合规管控部门和风险管理部门分别履行相应职责。

| 第四章 |

信用风险管理的主要过程

　　信用风险分布极具肥尾效应，风险特征表现为非系统性以及风险度量的难度较高等特点，导致信用风险控制与缓释较为困难，必须采用多层次、立体化的控制手段来对信用风险整个生命周期实施管理，其中生命周期涵盖事前、事中与事后三个阶段，控制手段包括尽职调查、评级管理、限额管理等。本章将系统地介绍不同阶段的主要控制管理手段及其在不同业务场景中具体的应用方案。

第一节　事前管理与控制

一、尽职调查管理

（一）管理目标与原则

信用风险尽职调查又称谨慎性调查，是指证券公司在与客户达成初步合作意向后，综合运用审阅内部资料、参考外部信息、关联人员访谈、现场实地调研等多种途径以获取翔实的资料来对客户的偿债能力及偿债意愿进行识别与评估。核心目标主要围绕三个方面：一是评估客户的资产负债情况或与合约关联资产的内在价值；二是判明潜在的缺陷对信用风险敞口的影响；三是为后续的信用风险应对做前瞻性准备。

尽职调查在实施环节应注重三个原则。

一是全面性。即尽职调查覆盖维度与对象范围要尽量全面，杜绝遗漏关键风险点。比如对自然人尽职调查，其重点应聚焦在担保品或抵质押品以及对自然人资产负债情况的评估等；对法人或产品尽职调查，则需覆盖其经营财务状况、担保品或抵质押品或交易标的情况的评估，以及出险时是否存在相关有效主体或自然人对其风险兜底等。

二是效率性。要求在尽职调查过程中能够视重要性程度合理取舍，注重投入产出比，重要性强的需投入较多资源进行尽职调查，但若有相关缓释工具，也可以减少尽职调查资源投放。比如现券交易中，对现券的尽职调查重要性程度较高，则需要投入大量资源研究其信用风险程度，而现券交易中涉及的交易对手，重要性相比债券逆回购业务中的交易对手要低很多，尽职调查资源投入也应该适当减少。另外对于单笔业务中未提供担保物或质押物的，则需要对法人机构或产品的尽职调查非常谨慎翔实；反之，则可少投入部分资源，以实现资源的最优配置。

三是准确性。要求在尽职调查过程中除了掌握全面翔实的资料外，还需要运用多种尽职调查手段对资料的准确性进行评估，对真实有效的资料予以保留；对存在瑕疵的资料则选择性使用或完全弃用，运用不当极可能会造成误判，给业务拓展与风险把控带来负面影响（见图4-1）。

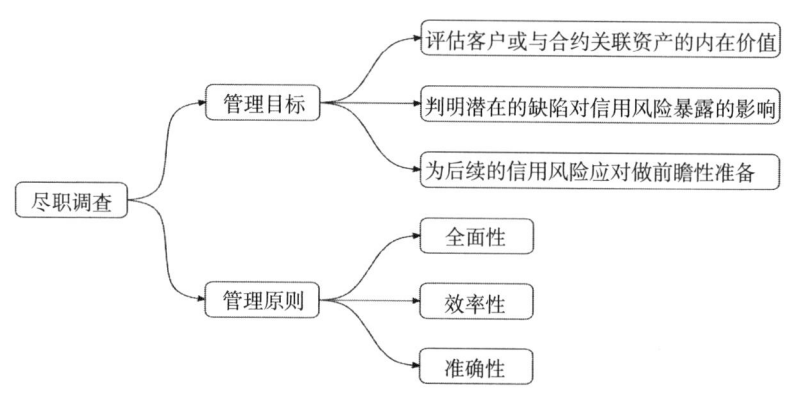

图4-1　尽职调查管理参考思路

（二）管理的具体方案

1. 融资类业务

针对第三章中介绍的融资类业务，尽职调查在这些业务中均具备深度的应用场景，其中因约定购回市场规模有限且与股票质押业务模式大体相近，因此，下文将对融资融券和股票质押业务的尽职调查环节进行重点阐述，对于约定购回业务仅一般性阐述，以供借鉴。

（1）融资融券业务。融资融券业务的信用风险主要表现为客户未履行合同义务而导致损失。客户违约情形包括：一是合约未到期，但履约保障比例跌破预警或平仓线而未及时补足；二是业务到期时，应归还资金或证券，但未归还。在实际业务开展过程中，客户违约时虽然证券公司可进行强制平仓操作以保障自身权益，但存在担保证券流动性不足、难以平仓或平仓后资不抵债的风险，对于剩余负债部分，如追索不成功，证券公司将承担此部分的损失。

对于担保证券范围及标的证券范围需要精细化管理，要结合担保品质量及流动性情况，审慎确定并及时调整担保品范围、折算率、担保品集中度等管理方案，以动态适应风险变化，并需要关注合同条款中对于担保品公允价值的确定及调整可行性，多途径缓释和防范风险。而对于客户的尽职调查，除了征信授信环节所进行的适当性管理与评估及了解基本信息外，还需重点关注大额授信、非自然人客户的授信。

①基础尽职调查。对融资融券客户的尽职调查，可以考虑涵盖自然属性、交易属性与外部信用属性。其中，自然属性尽职调查是指对个人客户与机构客户分别设置不同的尽职调查方案，个人客户考察其基本情况、个人收入与家庭财产情况，机构客户则审查其基本情况、财务状况；交易属性主要重点调查其客户价值情况、投资能力、资产情况、客户适当性等；外部信用属性核查主要涉及征信报告与诉讼、仲裁或行政处罚等（见表4-1）。

表4-1　　　　　　　　尽职调查适用业务明细参考

一、自然属性维度

个人		机构	
一级指标	二级指标	一级指标	二级指标
客户基本情况	年龄	客户基本情况	成立时间
	健康情况		注册资本
	教育程度		投资年数
	从事职业		—
个人收入及其家庭财产状况	个人与家庭年收入	财务状况	净资产规模
	存款情况		盈利能力
	债务情况		偿债能力
	固定资产情况		—
	证券资产情况		—

二、交易属性维度

个人	机构
资产周转情况	资产周转率
投资能力	年化收益率
	收益率波动率
客户资产	证券账户总资产

续表

二、交易属性维度	
个人	机构
客户投资适当性	持仓结构
	交易量结构
三、外部信用属性维度	
个人	机构
信用记录与处罚记录	征信报告与诉讼、仲裁或行政处罚等

②重点关注。考虑到融资融券业务征授信环节可以获取的信息较为有限，应对大额授信、非自然人客户予以重点关注，尤其是产品类客户，由于其较为复杂的投资结构和有限的风险承担能力，自然人有着更高的信用风险，可对该类客户在授信环节予以重点评估，可秉持授信额度越大、配合程度越低，则风控措施愈严的基本原则。对于该类客户提出个性化风控措施要求，如个性化平仓线（或预警线、提保线）、个性化平仓时间（如相较于常规客户更早的平仓处置触发时间）、"两融"负债连带赔偿责任相关承诺书或担保合同等（以防产品类客户违约处置后资不抵债、缺乏风险承担能力的风险）。综合应用各种可采取的措施，在业务发展与风险可控中争取得到平衡，缓释业务展业风险。

除上述基础尽职调查及重点关注审查外，还应关注以下几个方面：一是建议检查拟授信客户是否与现有客户属于同一客户[①]，避免实质为同一客户的关联方单独授信，导致合计授信额度实际突破公司相关风险限额。二是审慎开展涉及上市公司大股东的融资融券业务，需综合考虑融资目的、在发生违约处置时实际可卖出数量、处置周期等，审慎评估可转入信用证券账户股票数量及授信额度，对该类客户信用账户及普通账户进行相关限制等，防止该类客户利用融资融券业务融资套现。

（2）股票质押。随着股票质押业务风险频发，证券公司遭受了巨额的减值损失。回溯案例不难发现，股票质押业务安全性极度依赖于融入方的

---

① 指相同客户以及存在重要关联关系的客户。具体定义参考第五章内容。

偿债能力和意愿，处置担保物一般是协商无果后采取的最终手段，且由于相当一部分的担保物为限售股或减持受限股票，处置难度更大、周期更长，因此，融入方展业前的尽职调查以及存续期的管理非常重要。质押的标的证券资质情况也极大地影响处置回收率，也需要进行详尽的尽职调查。

①融入方尽职调查。对参与尽职调查的人员和方式采取集中统一管理，建议成立尽职调查小组，通过实地调研等方式对融入方及质押标的上市公司进行尽职调查。尽职调查小组一般由经验丰富的业务人员、信用风险管理人员甚至行业研究员等组成，组长可由该项业务的主管部门人员担任。尽职调查小组一般对融入方资产负债情况、过往履约情况等进行综合评估，评估融入方的偿债能力与意愿，即融入方是否有能力和意愿及时履行还本付息以及补足的相关义务。

②质押标的尽职调查。尽职调查小组对质押标的上市公司的考察，主要可关注宏观经济环境、行业市场状况、经营情况、资产负债情况、负面舆情、司法纠纷及诉讼、股权质押比例、商誉及减值计提等情况，综合评估质押标的上市公司的资质情况。具体参考表4-2。

表4-2　　　　担保品（以股票为例）尽职调查维度参考

基本面					技术面
行业	基础情况	经营情况	财务情况	其他	股票指标
宏观经济状况与前景 行业发展景气度状况与前景 ……	企业治理 人员构成 股东背景 市值情况 股票质押 ……	市场地位 产品业态 产品竞争力 业务多元化程度 生产销售情况 客户质量 客户紧密度 供应商情况 未来拓产计划 ……	资产流动性 资本实力 盈利水平与能力 盈利质量 现金流回款情况 运营效率 债务总量与结构 财务质量 ……	诉讼仲裁 征信情况 ……	股价趋势性 股票流动性 股价波动 股价估值 市值规模 成分股归属 ……

因外部信息质量良莠不齐,证券公司在评估担保品质量时,应依据尽职调查三大原则中的准确性原则,可考虑信息与数据的质量问题,诸如行业数据的准确性、经营成果真实性、上市公司财报质量等。对上述问题的识别以往主要依赖于证券公司相关业务及评估人员的专业判断,主观性较强,易出现疏忽或误判,可考虑建立可靠的行业经济数据库,依据专家经验开发经营与财务粉饰识别模型与系统等。图 4-2 以 A 企业为例,预警模型结果提示 A 企业可能基于融资压力等方面动机,有倾向针对财务进行粉饰,重点在于收入粉饰、资本支出粉饰以及会计粉饰,相关业务及评估人员可根据异常图谱在尽职调查过程中有针对性地进行核查。

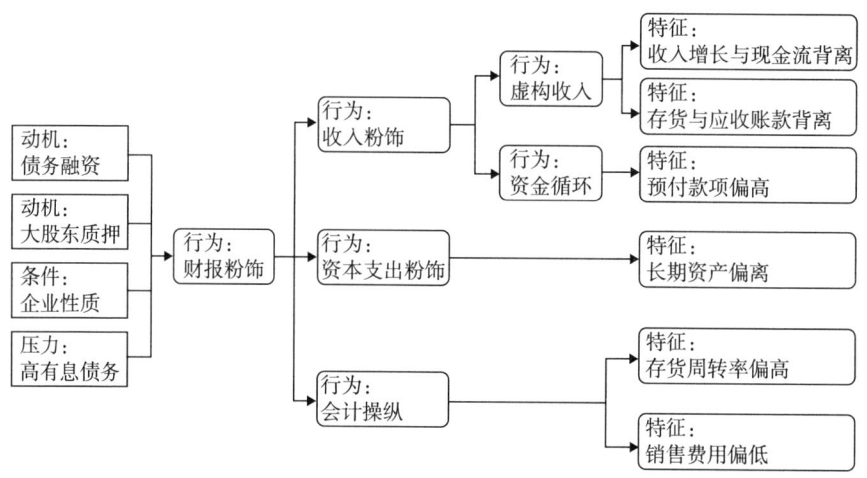

图 4-2　预警模型显示 A 企业异常图谱

除了上述针对融入方及质押标的的尽职调查外,证券公司还应关注融资方案的合理性,包括资金用途、还款来源的合理性与匹配性,尤其关注质押证券的流通性质与处置周期情况,评估是否能在风险处置阶段及时便利且风险相对可控的前提下完成处置。

(3) 约定购回式证券交易。约定购回式证券交易大体与股票质押业务模式相似,区别体现在以下几方面:一是标的券范围不同。约定购回式证券交易标的券包括股票、基金、债券,股票质押则仅包括 A 股股票。二是最长融出期限也存在差异。约定购回式证券交易融资期限最长不超过 1

年,但股票质押最长不超过3年。三是约定购回式证券交易期间融资方因卖出股票而无法自行行使股东身份权利(可以向证券公司申请,由其代为行使),而股票质押式回购期间融资方仍可行使股东身份权利。综上可见,二者本质上并没有太多区别,证券公司约定购回式证券交易业务可沿用股票质押信用风险管理思路与路径来实施。

2. 债券投资业务

债券投资业务涉及尽职调查的细分类型主要涵盖了债券现券交易、债券回购交易、债券借贷与债券远期。其中,债券现券交易尽职调查对象主要是围绕标的券的信用资质展开;债券回购交易与债券借贷需要同时对标的券的信用资质与交易对手的履约能力进行审查,管理的侧重点存在明显差异;债券远期业务具备衍生品属性,本部分不作介绍。

(1) 标的证券尽职调查。在开展标的证券尽职调查过程中,效率性应摆在相对重要位置,主要是由于债券现券买卖、债券逆回购与债券借贷业务均对时效性要求较高,而尽职调查效率的提升可以调研途径选择与债券分层检视作为突破口。对于调研途径的选择,债券回购交易、债券借贷业务,核查的主要途径是参考外部信息,信息包括募集说明书、评级报告、财务报告以及各类研究报告等;债券现券投资则可采取审阅内部资料、参考外部信息、关联人员访谈与现场实地调研等多种方式。债券分层检视意味着对于高等级债券审查可相对宽松,对于中、低等级的债券则须严格审查,投入相对较多的资源。应强调的是,尽职调查过程中准确性应放在较为核心的地位,不能片面追求效率而忽视准确性、进而影响相关评估结论。

从尽职调查维度来看,债券投资需要依据产业类发行主体与城投公司分别设置不同的尽职调查内容。产业类公司需要着重审查宏观与行业景气度情况、发行主体的基本信息、经营与财务信息等;城投公司需要重点分析区域经济债务情况、平台地位、纯度、业务可持续性、财务状况以及外部支持等(见表4-3)。

表4-3 标的证券尽职调查重点

项目	产业类公司	城投类公司
行业或区域情况	宏观与行业发展景气度情况	地方经济与财政情况、债务情况
基础情况	企业治理、企业性质（上市或非上市）、股东背景、市值情况等	企业基本情况、股东背景等
经营情况	市场地位、产品业态与竞争力、业务多元化程度、生产销售情况、客户质量与紧密度、未来产能新增计划等	平台地位、外部支持情况、业务类型与公益性、在建拟建项目情况
财务情况	资产流动性、资本实力、盈利水平与能力、盈利质量、现金流回款情况、运营效率、债务情况	资产质量与规模、流动性情况、经营回款情况、债务规模与期限分布、融资计划等
其他	外部支持（包括但不限于直接提供流动性、股票质押、资产抵质押等）、二级市场估值行情、诉讼仲裁情况、征信情况	外部支持（股东提供救助资金、担保、资产抵质押）、二级市场估值行情、区域金融资源、诉讼仲裁情况、征信情况（包括但不限于信用报告、商票兑付记录与定融兑付记录等）

此外，对于债券尽职调查还需要关注债券的债项基本条款，比如债券期限、是否含权、是否存在特殊的投资者保护条款、交叉违约条款情况等。以债券期限为例，信用资质相对较弱的债券，债券剩余期限不宜过长，若忽视债券剩余期限的影响，很可能会买入剩余期限较长的低等级信用债，会带来较大的潜在信用风险敞口。

（2）交易对手尽职调查。债券回购交易、债券借贷与债券远期业务中交易对手信用风险较为突出，理论上在展业过程中需要对交易对手进行充分的尽职调查。但在实际交易过程中，证券公司能否获得详尽的尽职调查资料要取决于交易环节的交易地位。当面对银行、保险等大型金融机构，或是交易对手提供了中、高等级的质押券，如利率债及中、高等级信用债等，获取交易对手详细的尽职调查信息就相对困难，证券公司可采取合适的应对方案，在提高尽职调查有效性的同时，降低交易对手信用风险。

目前市场上部分机构采用分类管理以实现如上目的。分类管理涉及两个层面。

一是机构分类。可依据机构属性分为法人机构与产品户，对于不同类型机构后续是否强制开展尽职调查、尽职调查的标准要求以及尽职调查内容可适当有所区分。

二是资质分类。对于法人机构的具体管理措施是对交易对手进行分类评级（主要依据市场公开数据），根据内部评级或者外部评级结果划分为高、中、低风险。对于低风险分类的交易对手可不强制要求提供详细的尽职调查资料；对中等风险的交易对手则视质押券的资质，若质押券信用资质较高，则可沿用与低风险交易对手相同的尽职调查要求，但若提供的质押券资质相对较弱，则建议提供详细的尽职调查资料，以方便进一步评估；对高风险分类的交易对手，即使提供了中、高等级的信用债作为质押物，也建议对其进行详细的尽职调查。对于产品类交易对手，是否强制开展尽职调查主要取决于质押券的资质情况，以中、低等级的债券作为质押品的产品户建议开展尽职调查。

法人机构因机构属性差异，核心的信用资质评价维度存在明显不同，因此，调研的重点非完全一致。总体上，对法人机构调研的方向可以依据不同机构内部评级指标涉及的评价维度展开，但还需要增加部分在内评模型指标中未体现或体现不全面的内容。对产品户的尽职调查较为特殊。区别于法人机构，产品户作为交易对手的履约能力一方面要依附于其所属的法人机构的资质情况，另一方面其自身的资产负债情况、持仓质量、集中度与委托人的情况、杠杆率以及其他监管关注的情形等相对复杂，建议通过持仓情况与杠杆情况综合判断产品户的信用资质与违约风险（见图4-3）。

3. 场外衍生品业务

证券公司场外衍生品业务目前主要包括场外期权、收益互换、远期与信用衍生品等。相较于场内衍生品交易因采取中央清算机制而基本消除了交易对手方信用风险，场外衍生品交易以双边清算为主，缺少中央交易对手方，存在一定的交易对手信用风险。虽然近年场外衍生品业务在客户适

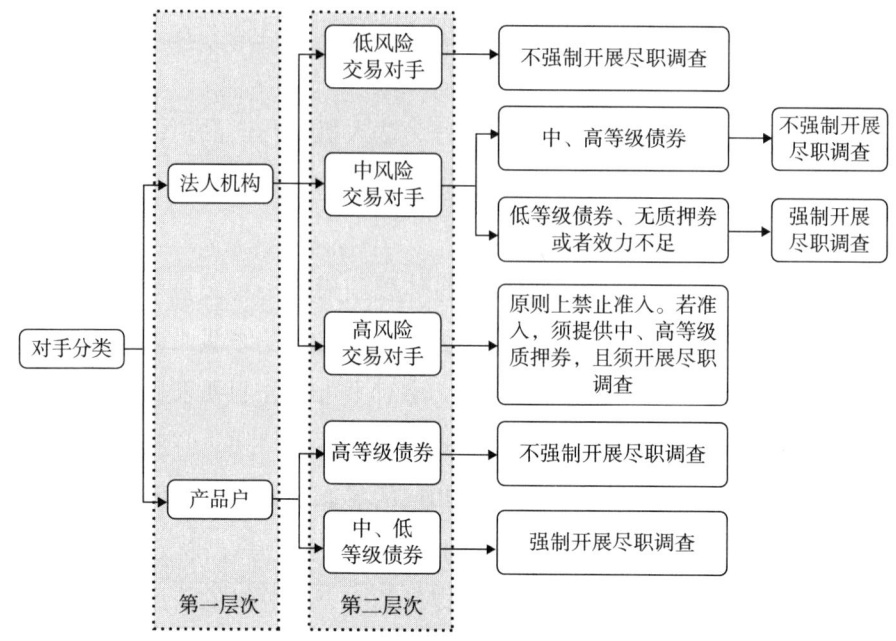

图4-3　不同类型交易对手尽职调查要点

当性管理、盯市及追保机制等方面持续得以完善,交易对手履约风险也有所缓释,但这些措施尚不能充分控制交易对手信用风险,因此,建议在事前对交易对手开展详尽的调查,审慎评估其履约能力。

证券公司等金融机构开展场外衍生品业务,须按照中国证监会、中国证券业协会、中国期货业协会的各类管理办法和通知规定,对交易对手方进行审核并做好风险警示,通过如下渠道重点关注交易对手方的信用风险:

一是应通过全国企业信用信息公示系统、中国证监会证券期货市场失信记录查询平台、中国执行信息公开网、中国裁判文书网的查询等方式对客户的资信情况进行调查、审核。

二是为防止资信不足的实际控制人更换"马甲"参与场外衍生品交易,还需要审核客户实际控制人及实际控制人控制的其他公司的资信情况。

三是审慎核查投资者的真实交易目的。查验投资者是否具有真实的风险管理需求，确认相关投资符合法律法规规定。

四是评估资质。尽职调查是交易对手评级的前置环节，应围绕交易对手内部评级涉及指标展开。比如了解客户资产负债情况、资产变现能力，评估客户承担风险的能力。但因交易对手机构属性的差异，评级指标也会不同，因此，在尽职调查过程中要量体裁衣，根据交易对手的机构属性选择合适的维度。

五是合理授信。准确计量风险敞口，结合业务品种特征实施动态保证金机制，预留充分的风险缓释措施，了解存在担保物或保证金补足需要时其补足能力或意愿，必要时要求交易对手方实际控制人（穿透至个人）提供相关担保。

4. 债券承销业务

"五洋债"诉讼中主承销证券公司败诉并支付巨额赔偿金，影响较大。反思回顾该事件，一方面，反映出债券市场发展过程中，部分发行人为成功发行公司债券，有虚饰报表的动机和手段；另一方面，在市场竞争激烈和信用环境下行的大环境下，业务部门过分追求业绩，而忽视了对潜在风险的把控，同时也反映了承销商内部控制机制的缺失和执行的乏力，以及从业人员风险管控意识不到位。基于此，证券公司开始重新反思、审视其债券承销业务的信用风险管理体系合理性与规范性，并重新制定风险控制策略。目前主要的风险控制手段包括以下几点。

（1）"宁缺毋滥"型风险控制。即严卡项目资质，对于弱资质的债券项目"一刀切"，不予以承销，同时加强对于可立项承销项目的尽职调查力度。显然该种风险控制策略适用于债券承销业务竞争力较强的证券公司，竞争力一般或较弱的证券公司，这种策略无法奏效。

（2）"勤勉尽责，广而告之"型风险控制。要求证券公司在开展债券承销业务过程中按照监管制度与内部制度要求，加大对于发行人经营财务等信息履行审慎核查义务并加强信息披露，审慎核查。即要求尽职调查不能依赖其他中介机构，要对其他中介机构提供的材料进行合理怀疑和审慎核查，重点解决以下几个问题。

一是对审计报告和部分财务重点科目核查的问题。证券公司项目组及质控等内控部门应进一步加强对尽职调查底稿及发行人、中介机构所提供材料的独立核查和验证工作,加强与中介服务机构,如会计师事务所、律师事务所等的有效沟通并核查其提供的相关材料,切实按照《公司债券承销业务尽职调查指引》《公司债券承销业务规范(2022年修订)》《关于注册制下督促证券公司从事投行业务归位尽责的指导意见》等监管规定要求,履行尽职调查的各项责任,对中介服务机构提供的材料切实履行普通注意义务,并对存在合理怀疑的内容进行审慎核查和复核,确保所披露数据真实、准确、完整。

二是内部的自律规则和规定。如果未能严格履行内部规定,也会被界定为未履行尽职调查职责。从行政处罚决定的内容来看,监管机构对于项目核查的范围、深度、广度都是相当强的,问题项目很难逃过监管机构的核查。证券公司内部应建立健全和严格执行投资银行类业务内部控制制度、工作流程和操作规范,确信其所提交、报送、出具、披露的相关材料和文件符合法律法规、中国证监会的有关规定及自律规则的相关要求,内容真实、准确、完整。

三是承销商应该在债券承销业务和投资业务之间实现有效的信息隔离,保证各业务板块在组织架构、人员设施、审批管理权限及业务操作流程等方面实现有效分离,尤其要关注投资业务资金向承销债券的流动。应对承销债券的投资方进行深入调查,尽量知悉最终的资金来源;同时,对旗下投资产品的底层资产进行有效梳理,及时发现并制止可能存在的结构化发行等问题,筑牢债券市场一、二级业务之间的"防火墙"。

不管采取何种风险控制策略的尽职调查的维度大体相同,差异主要在于尽职调查的范围和力度。从尽职调查维度来看,债券承销业务尽职调查思路与债券投资中现券尽职调查分析逻辑基本一致(可参考债券投资业务章节),但区别在于债券承销业务开展过程中可直接对接债券发行人,可充分核查发行人经营与财务的真实性与完备性以审视信用风险,秉持投资的眼光来开展尽职调查,对于发现较大信用风险隐患的主体,应审慎评估是否继续推进项目承销。

5. 非标准化债权投资业务

非标准化债权业务简称"非标投资",产品种类包括债权投资计划、资产支持计划、收益凭证、债权融资计划等,投资底层标的可能是单一的,也可能是多个。非标融资作为企业在银行贷款和债券融资外的一种补充融资方式,本身存在成本更高、风险更大的问题,实践中,证券公司通常要求融资人以未来现金流、资产抵质押及外部增信的方式确保非标产品未来的兑付。基于此,尽职调查工作应围绕三个方面展开:一是确权工作,即对融资人基础资产的确权、抵质押资产价值的检验;二是开展外部增信措施有效性的验证;三是评估融资合理性。

(1) 就确权而言,证券公司在尽职调查过程中不能简单依赖基础资产的公证,应通过实地走访、访谈、追查销货合同、销货发票、产品出库单、运输单、银行进账单或补充函证等方法对销售业务发生的真实性和准确性进一步核查,以尽可能降低融资人的欺诈风险和未来可能的偿债风险。对于价值较大的资产核查,在自身核查手段受限的情况下,应审慎聘用第三方进行资产价值的检测,且应综合至少两家第三方权威机构评估结果,以降低可能的资产价值虚假风险。

(2) 就有效性验证而言,非标投资过程中需要仔细核查标的的信用质量,但产品的安全性除了来源于底层标的情况,还要结合担保人、抵质押资产情况综合评估,当基础资产收益无法保证债权到期本息时,担保人或担保物的追偿或变现就显得至关重要。以债权融资计划为例,因其属于非标准化债务融资工具,违约的信用破坏性远不及标准债券,因此,在尽职调查过程中需更加审慎。除了考虑标准债券投资的尽职调查要点之外,还需考察部分"细节指标",如融资人或担保人公开市场是否存在公开的标准债券,融资计划存续期限是否短于最后一期标债到期时间等。核心逻辑是若非标出现到期未兑付,可利用舆情或存续期标准债券的加速清偿条款倒逼融资人或担保人及时兑付债务资金。

(3) 就融资合理性审查而言,融资人通常是在无法使用银行贷款及债券融资的情况下，才会启用非标融资，因此，证券公司在开展此类业务中具有高风险、高收益的特性。在实际开展业务的过程中，应审慎核查融资企业开展非标融资的必要性及合理性，对其明显不符合商业逻辑的融资需求应合理审慎怀疑并进行严格的尽职调查，防止客户利用信息不对称、金融机构的逐利性等进行融资。

二、内部评级管理

内部评级管理在整个信用风险体系中处于核心地位，从管理对象来看，可划分为工商企业评级管理和交易对手评级管理，有时还会对重要业务的权益类证券类担保物进行评级或者分类管理。内部评级管理过程包括建立模型、业务限额、授信管理、风险计量等多环节管理，是信用风险管理与计量的重要手段，具体内容在第五章展开介绍。

三、限额管理

（一）目标与原则

限额管理是指为强化风险管理而设定的风险关键指标的底线要求，是对风险容忍度的进一步量化。限额管理设立的背景主要是基于风险承担的边际收益递减、风险分散的考虑以及追求收益的考虑三个维度。其中风险承担的边际收益递减、风险分散的考虑容易理解，追求收益主要是指综合考虑不同资产的风险收益，把资源进行合理配置，以增进整体的收益实现。

在实践中，风险限额会在不同风险类别、业务单元、产品类型特征等维度上进行设置，目标是确保风险控制在容忍度范围内。另外在某种程度上，若尽职调查与评级管理过程中出现误差，导致购买或承销个别信用风险较高的标的证券，还可以通过限额管理最大限度地减少误差带来的损失，因此限额管理是控制信用风险不可或缺的工具。总体来看，限额管理是最常见的风险事前防控手段，是推动业务发展和风险防控转型的重要抓手，能有效提升风险防控的前瞻性、全局性和主动性。

限额管理的原则主要包含以下两个层面。

第一层面是分类管理原则。从业务类型方面有融资类业务、债券投资交易业务、衍生品业务等，从不同的属性特征方面有客户、行业、区域与产品等，需针对不同的业务类别、不同属性特征设置更加细化的分类管理指标。

第二层面是指标适用性原则。适用性原则内涵主要包含以下四个方面：

一是要求指标具备相关性，即要与风险偏好相关并能够有效地传导风险偏好；

二是敏感性，即要求指标对风险具备较强的敏感度；

三是匹配性，即判断指标能否被准确地计量和监测；

四是有效性，即指标能否通过有效的管理措施进行改善。

在实践过程中，若选取的指标无法同时满足这四个标准，则会根据优先级以及管理的需要对指标进行取舍（见图4-4）。

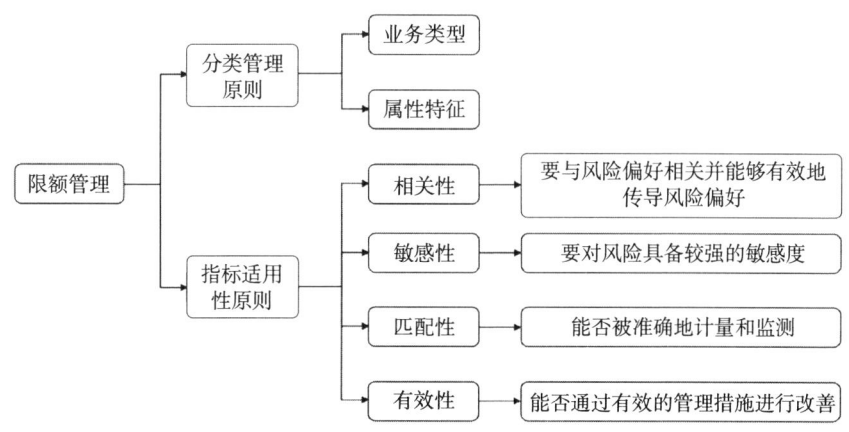

图4-4 限额管理

（二）具体方案

限额管理主要的管理手段包括授信限额管理、集中度限额管理、担保比率类限额管理与杠杆率限额管理。其中，授信限额管理分为单客户或集团客户授信限额、组合授信限额；集中度限额管理分为行业或区域集中度限额、评级集中度限额、单券或单主体集中度限额、板块集中度限额管理等；担保比率类限额管理主要为质押率的限额管理与保证金折扣率的限额管理。需要说明的是，限额管理的手段较多，受制于本书篇幅，无法一一列举，上述仅是日常信用风险管理工作中最为常见的管理手段。

1. 客户授信限额管理

（1）适用业务。授信限额管理适用业务主要是自有资金类业务中具有信用风险的业务。具体授信管理参考第五章内容，这里仅介绍授信管理在不同业务管理方面的应用。

（2）管理方案。授信限额管理从管理对象来看，可以分为单客户授信限额管理、集团客户授信限额管理以及组合授信限额管理。其中，集团客户授信限额管理与组合授信限额管理相对复杂，方案实现本身具备多种路径，需要证券公司仔细评估。从授信限额管理的构建方案来看，可以考虑以下几个关键点。

①单客户授信限额管理。单客户授信限额管理需要同时考虑客户的偿债能力与证券公司的损失承受度两个维度。就客户的偿债能力来看，事前需要对客户的偿债能力做出评估，并通过合适的授信计量方式确定客户的基础额度，该额度的上限不能超过客户的偿债能力对应的阈值。需要说明的是，目前市场上通用的授信计量方式主要包括资产负债比例法、现金流量法与实收资本测算法等。基础额度确定后，还需要考虑行业内业务竞争的问题，如该客户在其他证券公司也获取了授信额度，那么评估工作就需要结合市场上其他证券公司对其发放的授信额度来确定其最终的授信额度限额；除了业务竞争层面考量外，还需综合考虑证券公司的战略导向以及国家政策等。最终这些因素可以用调整系数的形式在授信计量层面进行标准化体现。

损失承受度考量主要基于证券公司对某个客户所愿意承受的最大损失额，该损失额是最大愿意承受的，超过该损失额即是不能容忍的，因此也称为损失限额。可以考虑以经济资本作为基础，通过经济资本在各个业务条线或各个行业、区域进行分配，再进一步细化到单个客户，总体思路是经济资本在单个客户层面的再分配。最终以客户的偿债能力与证券公司的损失承受度分别确定的授信限额的孰小值作为单个客户的授信上限额。

依据从前面两个维度分别确定的授信限额,取二者孰低值作为单个客户最终的授信限额,并将该授信限额应用于该客户在公司的各项业务中,一旦出现超标或者预警的情况,应采取停止新增额度等风险应对措施(见图4-5)。

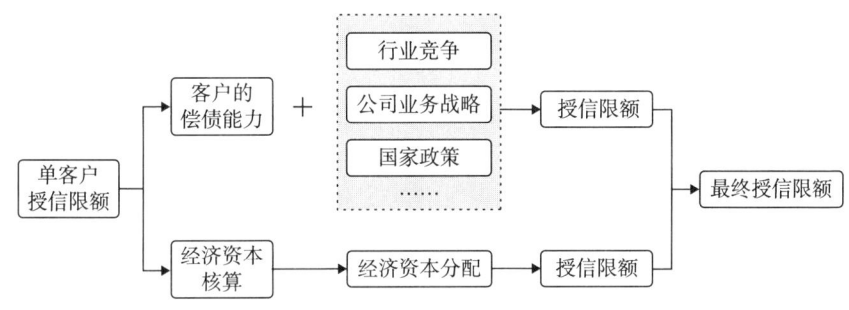

图4-5 单个客户授信限额管理思路

②集团客户授信限额管理。集团客户与单个客户授信限额管理有相似之处,但也存在难点,主要体现在集团客户内部的企业架构庞大且复杂,若仅按照前述的方法,可能会出现母子公司重复授信的情况。为解决这一问题,同一客户的识别尤其重要,并且同一客户识别不仅仅在初始授信额度的确定环节作用重大,在后续授信占用监测过程中也至关重要。在解决同一客户认定问题后,集团客户授信限额的确定可以通过两种途径。

第一种是利用单个客户授信限额的计算方法先测算集团授信限额,再结合成员企业的具体情况测算其各自的额度限额,以此即可以获取集团公司与成员企业的授信限额情况。

第二种是采取前述相同的计算方法首先测算成员企业的授信限额,再将各个成员企业的授信限额进行汇总,即可以得到集团客户的授信限额,整个集团与成员企业的授信限额情况也就可以获取。

需要说明的是,不管是第一种途径还是第二种途径均具备优缺点。对于前者,操作难度较低,只要掌握集团层面的财务信息等即可展开授信限额测算,但缺点是:对于控股型公司,集团层面无实质性业务,若按照合并报表的财务信息来测算其授信限额可能会高估；后者的优点在于避免前者的缺点，但其缺点也很明显，就是测算集团授信限额时需要掌握成员企业的报表数据，操作难度系数较高。因此，在选择合适的方法开展集团客户授信限额管理时应结合具体业务与客户特点，避免出现误判以导致风险的漏判等。

在掌握集团客户授信限额确定方法后，下一步就是应用。和单个客户授信限额管理相同，重点应主要聚焦在授信限额的监测以及超标应对方面。

③组合授信限额管理。组合授信限额管理通常包括限额设定、限额监测和限额控制三个环节，本部分仅介绍限额设定环节。组合授信限额管理涵盖范围广泛，不仅包含不同业务大类组合限额，也包括行业、区域、产品等资产组合限额。某种程度上，组合风险限额设定是整个限额管理流程的重要基础，也是限额管理最复杂的技术环节。组合授信限额的设定包括两种方案：一种是自下而上方法，另一种是自上而下方法。

方案一：自下而上方法。

自下而上方法的主要思路是在核定单一客户授信限额基础上，结合行业授信、区域授信结果进行调整，在此方法中，信贷组合限额等于单个客户授信限额总和。自下而上方法分为三个步骤：

一是根据客户信用等级和净资产总额确定单一客户授信限额。

二是确定组合分配系数。以行业与区域组合为例：建立内部行业评级模板，如评级维度主要包括准入门槛、替代风险、周期性风险、发展前景、行业集中度等因子；区域评级的核心变量主要包括经济实力、财政实力、债务水平、资源禀赋（包括金融资源）等。

三是计算组合授信限额。同样以区域与产业组合为例：在综合考虑市场风险情况以及收益目标等要素后，将证券公司总可投资额分配至城投行业与产业行业，再根据行业评分确定产业投资额度在不同行业的分配情况，区域评分决定城投投资额度在不同区域的分配情况。总体原则是行业或区域的风险分值越小，其分配的额度越高。在后续投资业务开展过程中，各个业务板块行业与区域的投资额度不高于该限额。

方案二：自上而下方法。

自上而下方法的主要思路是利用预期收益、预期损失以及经济资本等参数来测算风险调整后收益率（RAROC），通过诸如非线性规模模型等计量方法来确定不同组合经济资本分配系数，进而获取对应的经济资本分配额，再通过资本转换因子，转化为不同组合的授信限额。具体的计算步骤在此不赘述，详见第五章。

上述两种方案各有利弊。自下而上方法没有考虑同业竞争因素，也未考虑行业、产品和区域的相关性，无法准确反映组合风险的真实状况。自上而下方法虽然考虑了相关性，但其相关性的合理性以及核心参数都是基于其他计量模型来获取，而其他计量模型的应用均存在一定的前提与适用范围，也存在一定的不确定性。因此，证券公司在应用时需要结合自身实际，采用合适的技术路线来应用授信限额（见图 4-6）。

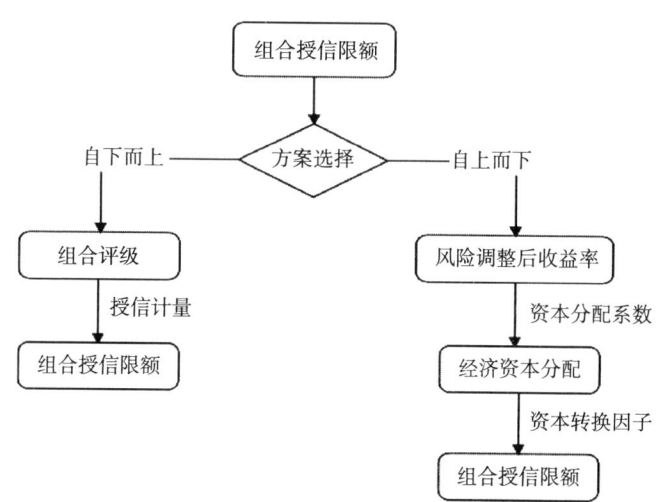

图 4-6　组合授信限额管理方案

2. 集中度限额管理

（1）适用业务。集中度限额考虑的指标较多，比如区域与行业集中度限额、评级集中度限额、单券或单主体集中度限额、板块集中度指标限额等，但不同的集中度限额指标适用的业务存在一定的差异。表 4-4 仅列示主要的集中度限额指标以及其对应的主要适用的业务场景。

表 4-4　　　　　　　　不同集中度限额指标适用业务情况

指标	适用业务
区域与行业集中度限额	融资类业务、债券投资交易业务、非标准化债权资产投资业务、债券承销业务、资产管理业务
评级集中度限额	债券投资交易业务、资产管理业务
单券或单主体集中度限额	融资类业务、债券投资交易业务、资产管理业务
板块集中度指标限额	融资类业务

（2）管理方案。

①区域与行业集中度限额。区域集中度管理可以借助评分对全国省域从低到高排序分类，可划分为若干阶梯，并针对不同梯队设置不同的区域集中度限额。例如，将全国省域划分为三个梯队，其中第一阶梯属于低风险，第二阶梯属于中风险，第三阶梯属于高风险。对于不同风险等级设置不同的集中度上限标准，低风险地区可不设置或设立相对宽松的集中度上限值；中风险地区与高风险地区则需要设置与风险相匹配的集中度上限值。

行业集中度指标管理是证券公司为了规避单一行业景气度下滑等情况引发的违约风险敞口。具体的管理方案为：与区域集中度管理方法类似，借鉴行业风险评分逻辑与方法，借助评分对产业行业从低到高排序分类，可划分为若干类别，并针对不同类别设置不同的行业集中度限额（见图4-7）。

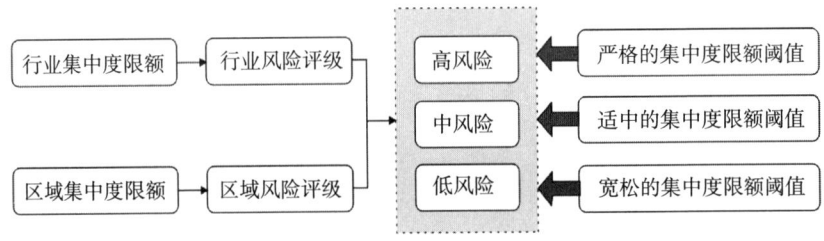

图 4-7　区域与行业集中度限额管理方案

②评级集中度限额。在评级准入管理环节已阐述通过设置准入门槛来控制债券买入,使得低等级债券无法进入投资池,但仅靠评级准入管理尚无法控制整体持仓的质量。通过设定评级集中度可以有效控制限制性投资级这类相对较低等级债券的持仓占比,显著提高持仓的评级中枢,相应地,投资的安全性也得到极大的提高。

具体到方案实施层面,区别于监管对公募基金投资债券类的评级提出了集中度的要求,比如 AA+评级的信用债,不能超过信用债合计投资规模的20%;AA评级及以下的信用债不可投等,对于证券公司,在设定评级集中度管理指标下限(或上限)要求时暂无明确标准,各家证券公司在设定指标时会有不同的方案。

方案一:证券公司会依据其风险偏好与风险容忍度等情况、结合行业内其他证券公司阈值设置情况、监管政策以及检查处罚导向等综合确定。该种方案是最常见的。

方案二:对于涉及自有资金投资的证券公司债券投资交易业务,公司可根据年度设定目标收益情况、不同期限的债券收益率情况以及杠杆空间等来确定各个内评等级的债券占比;对于证券公司资产管理业务中固收投资业务,则可依据市场同类产品收益率水平、杠杆空间等情况来确定不同内评等级债券占比。

在实操过程中,可以以一种方案为主,另一种方案作为修正、补充的手段。

③单券或单主体集中度限额。单券集中度主要是应用在具有担保物的业务中,证券公司为分散信用账户中单一担保证券的风险,通常会设置相关限额指标来降低集中度风险;而单主体集中度主要应用于债券投资交易业务与资产管理业务中,主要是基于在债券市场中,同一主体可能发行多期债券,或同一集团下母公司与成员企业可能均发行债券现象非常普遍。这种情形下,不同债券之间或不同主体之间其实是信用一体化的,即同一主体发行的债券A与债券B,若债券A出现违约,那么债券B也会面临违约;若同一集团的子公司甲出现债券违约,那么集团内的子公司乙可能违

约的概率也非常高。从管理目标来看，设置单券或者单主体集中度限额管理指标主要是为了防止单一标的券出现价格大幅下跌或发行主体出现偿债危机等情形引发的信用风险，即"将鸡蛋放在不同的篮子中"来分散风险。

具体到管理措施，融资类业务与债券投资交易业务、资产管理业务总体的管理逻辑是一致的，即分层管理，但管理细节存在一定差异。对于融资类业务，证券公司采用维持担保比例与担保证券风险分类挂钩的单券集中度上限。具体操作流程为：首先，证券公司会根据权益工具风险评估结果，在每个类别下面根据客户的维持担保比例来确定每个类别下单券集中度上限阈值。在债券投资业务与非标准化债权投资业务中，在设定单主体集中度上限值时需要结合主体的内评等级来确定，总体原则是内评等级越高，原则上越鼓励。但考虑内评也可能出现误判情况，仍需要对单主体集中度设立最大上限值，如内评等级 AAA 对应的单主体集中度上限值为 35%，以此为基础，随着内评等级降低，集中度上限值也应逐步压降。

④板块集中度指标限额。板块集中度是指单一信用账户中对于担保物风险评估结果分类，如针对融资类业务的某类股票市值合计占其信用账户总资产的比例，或者对于涨跌幅上下限较高的板块。

3. 担保比率类限额管理

（1）适用业务。担保比率类限额指标主要包括质押率、抵押率、抵扣率与保证金率等。其中，质押率主要应用于债券投资交易业务、资产管理业务、非标化债权资产投资业务、债券承销业务、融资类业务；抵扣率主要适用于融资类业务；抵押率主要适用于非标化债权资产投资业务、债券承销业务；保证金率适用于衍生品业务。

（2）管理方案。

①质押率限额。质押率限额指标在债券投资交易、资产管理业务中主要是应用于债券质押式回购业务，质押式回购是一种短期资金融通业务。在整个业务流程中，不同信用评级的债券对应不同的质押率，即债券资质越好，质押率越高，正回购方就可以融入更多的资金。证券公司对于折算

率的确定会综合考虑回购债券的集中度、流动性和信用情况等相关因素，其中信用状况评估主要是基于内部评级，当质押券满足准入要求后，再根据质押券的内评等级挂钩固定的质押率，并且每年度根据市场上其他机构不同资质债券的质押率水平、公司的风险偏好以及市场上债券整体信用风险的状况来确定具体的质押率水平。

质押率实际是为了控制相关资产对负债的覆盖程度。以70%的折算率为例，100万元的质押券，折算后可融资70万元，即资产/负债×100% = 100/70×100% = 142.86%，这在非标化债权资产投资业务、债券承销业务与融资类业务中均有广泛应用，目的是为弥补融资主体的偿债能力不足。通常情况下，会设置质押率下限阈值，但阈值不是固化的，需要结合业务以及标的券的种类、资质等情况综合确定。如债券承销业务中可转债承销，通常对于维持担保比例要求140%以上，即质押率为100/140×100% = 71.43%。但140%这个数值并非一成不变，小市值、经营稳定性一般的企业在做压力测试时，140%作为下限阈值就明显偏小，需要提高到150%。

②可冲抵保证金折算率。在融资类业务中测算客户维保比例会涉及如何将客户信用账户中的权益工具折算为保证金的问题，那么折算过程中最核心的参数就是可冲抵保证金的折算率，借助于权益工具市值乘以折算率即可以获取可冲抵保证金金额。通常情况下，权益工具的风险评估结果不同，折算率会存在差异。

部分客户信用账户中资产种类较多，比如现金、股票、债券、交易所交易基金（ETF）等，其中股票与ETF可以根据风险评估结果直接确定折算率上限，现金资产直接按照100%记入保证金，债券类资产折算率的确定可参照债券质押式回购业务中的质押率来确定，以保留充足的安全垫。

③保证金率。在衍生品业务中会涉及保证金。衍生品业务天然的属性是通过提交部分保证金进行杠杆性投资，对于资金具备撬动作用。对证券公司而言，设置保证金是缓释信用风险的重要手段，但因保证金未足额覆盖合约价值，还需要加上净额结算制度以及逐日盯市制度来作为补充的风

控手段。表面上看，衍生品的担保品对于合约价值是形成的杠杆撬动，但从净额角度，保证金与当日应结算的净额大致匹配。在上述风险控制机制安排下，在设置保证金率时应综合考虑在不同场景下评估净额变动情况，理想的状态是保证金能够覆盖净额潜在的变动头寸，若保证金不足以覆盖变动净额出现穿仓等，则应及时采取履约追保或强行平仓手段，以规避信用风险敞口进一步扩大（见图4-8）。

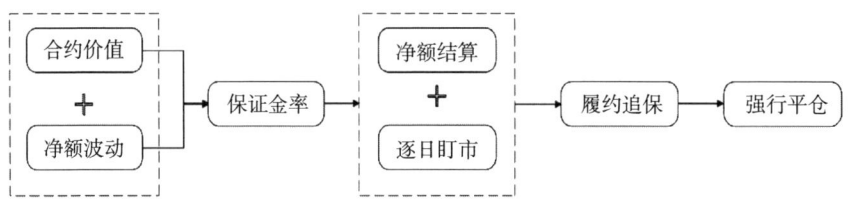

图4-8 衍生品保证金率限额管理方案（示例）

④抵押率。抵押率主要针对以固定资产、无形资产等作为担保品而设立，要求担保品的价值能够差额覆盖融资金额。与质押率一样，抵押率也无明确的标准，主要视担保资产的质量与状态。对于保值率较高的担保资产可以设置相对宽松的抵押率，但对于资产存在瑕疵或者保值率一般的资产，则需要设置严格的抵押率。设置比率的绝对值可以采用压力测试方法来进行评估。

4. 杠杆率限额管理

杠杆率是把双刃剑，在资金面宽松、违约风险不大的情况下，杠杆的作用非常明显，可以起到撬动收益的作用。但如果信用风险爆发或者资金紧张时，杠杆滚动的压力就明显上升，即面临压降杠杆的压力。极端情况下，当杠杆滚动受限，必须采取砍仓卖券来偿还融入资金时，可能还面临不同程度的损失。因此，杠杆交易能否顺利延续依赖于两个维度——货币市场与发行主体的稳定，二者缺一不可。

监管部门对于证券公司资管部门（子公司）管理的产品户杠杆率上限有明确要求，如非分层的产品户杠杆率不能超过200%。但在实践中，监管口径的杠杆率上限只是作为底线，尚无法满足证券公司实际的风险管理需求,因此,在确定内部杠杆率限额时,应综合考虑内评准入等级、开放频率、委托人等要素。如内评准入等级要求比较低,可能导致整体持仓质量不佳,则杠杆率上限设定应相对较低,开放频率为每年一次的,可以适当放宽杠杆率的上限要求;委托人为自然人的,则杠杆率上限应适当降低,总体原则是要保持产品的流动性。

第二节 信用风险事中管理

一、信用风险监测

(一) 风险监测要求

《证券公司信用风险管理指引》要求证券公司应建立信用风险监控、报告及预警机制,设置并监测各类信用风险指标,动态、持续地监控信用风险状况、管理水平及效果。监管要求仅是基本性、底线性要求,尚无法满足证券公司控制信用风险的实际需求,真正有效的风险监测系统需要满足以下三个方面:

一是监测的及时性。指监测系统发出预警信号到出现实际风险需要具备一定的及时性,给予业务部门足够的对冲、转移、处置时间。

二是监测的有效性。指监测系统应有重要性分层,准确且有效,避免误报、错报等情况而导致不必要的人力与物力投入。

三是监测的全面性。要求监测系统对于风险信号无漏报,对于证券公司信用风险管理重点关注事项或相关指标能够充分覆盖。

(二) 风险监测指标与工具

1. 监测指标

信用风险指标可以分为前端控制指标与监测指标。前端控制指标一般指当业务行为触发了前置指标阈值,前端控制系统会自动给予预警或禁止指令,尤其禁止指令下达可阻止业务行为的实施,若继续推进业务流程,则必须执行特殊的审批流程;监测指标是指在业务行为发生时不给予禁止指令,但业务行为发生后业务数据会传输至监测指标,指标会显示预警提示,后续风险监测岗位与业务执行岗位要及时地对预警指标予以关注或处理。针对监测类指标,若遇到指标超限情况,或涉及的融资主体、发行人、交易对手等存在风险隐患,或者相关合约履约保障比例不足,证券公司一般需要根据风险监测及报告的相关制度流程,督促相关方补足,或者根据紧急程度及时报告并做好应对处置。

2. 监测工具

专项监测是根据信用风险的总额控制与结构控制目标而设立的。其中,总额控制依赖信用风险计量,定期检视各项业务的信用损失敞口,避免损失敞口超限,同时针对风险收益失衡的业务及时予以限制;结构控制要求风险管理过程中要聚焦核心风险驱动因子,持续追踪因子演变情况,并且追踪过程对及时性与准确性的要求较高,为此,需要专门开发监测工具来满足管理要求,比如评级预警监测、财务风险监测以及舆情监测系统。

从监测频率来看,信用风险计量监测、财务监测与评级监测中的内部评级监测均为中低频,基本上可以与财务报表披露的频率保持一致,但是在发生重大的信用风险时需要立即调整内部评级结果,保证评级结果的及时性、有效性;评级监测中的隐含评级监测、舆情监测均为高频监测指标,可每日持续跟踪相关主体或业务的信用变化(见图4-9)。

(1)信用风险计量。信用风险计量是指对可量化的信用风险因素进行计量和评估,证券公司应充分认识到所选方法和模型的局限性,并采用有效手段进行补充。证券公司应对信用风险计量模型进行建设、验证和维护,确保相关假设、参数、数据来源和计量程序的合理性和可靠性。证券公司可根据自身管理需要将信用风险计量结果运用于准入管理、限额管理、风险报告、风险预警等方面。信用风险计量涉及自有资金投资的业务或当前不涉及自有资金投资但属于或有负债类型业务,对信用风险相关敞

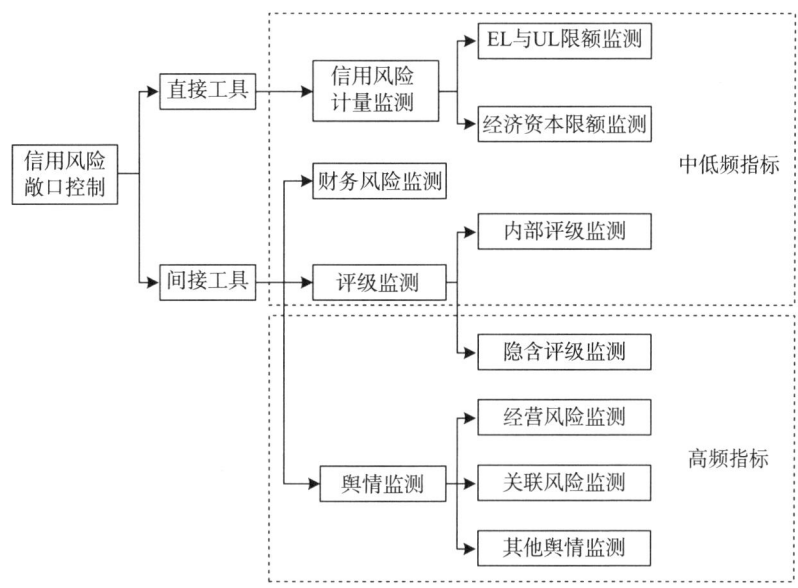

图4-9 信用风险监测工具

口进行估算（见图4-10）。

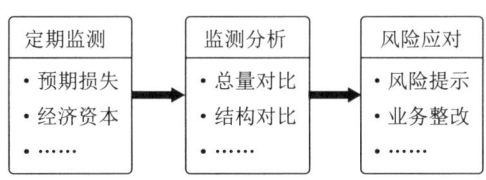

图4-10 风险计量监测管理方案

以预期损失和经济资本为例，其与传统意义上的规模类统计相比，其优势包括：一是可以定量核查各项业务的预期及非预期信用风险是否触及限额预警线或红线，只要未触及预警线或红线，则表明信用风险敞口尚在容忍度范围内，若某项业务信用接近或超过预警线或红线，则后续该项新增业务将面临限制，存续业务也可能优化整改；二是结构性对比核查本期预期损失或信用经济资本占用与上期情况，若提示本期数值异常变动，则须进一步分析是否存在某项业务，或者某类投资品种投资规模大幅增加，但该业务或该类投资品种风险收益匹配性不佳，此种情况下应针对分析结果采取应对措施。以预期损失定期检视为例,假设某证券公司固收部门投资主要采用"黑白名单"制度,白名单是每年度风险管理部门根据市场债券信用资质情况批量核准确定,原则上白名单中债券均属于可投资范畴。该证券公司开展定期检视,发现本期的预期损失大幅增加;进一步核查发现,固收部门新增了低等级信用债的投资,从投资收益率的角度分析,该类型债券的到期收益率水平很高,业务部门有天然的偏好,但从风险角度来看,该类型债券预期损失率也很高。从数值上来看,假设低等级信用债与高等级信用债投资额度均为1亿元,低等级的信用债杠杆后收益达到13.70%,高等级信用债杠杆后收益为7.07%,前者具备绝对优势;但反观预期损失率,低等级的预期损失率高达9.6%,高等级信用债预期损失率仅为0.22%。回到利润贡献层面,低等级信用债投资收益扣除预期损失后收益率(4.10%)显著低于高等级信用债(6.85%)。基于上述情况,风险管理部门可反馈计量监测结果情况并针对上述投资行为给予风险提示,或采取相关应对措施。

(2)评级监测。常规的信用评级模型主要包括打分卡模型、流动性评价模型等,均能够对信用风险起到量化排序作用,但缺点也很突出,就是模型本身无法起到高频量化作用,在信用风险监测场景中应用受限,无法满足实际需求。应考虑补充高频指标作为补充性指标,比如隐含评级[①]变动,隐含评级指标依托于债券的价格信息,可以实现T+1监测,利用收益率水平对市场发行主体进行排序。若在某日某只债券收益率突然走高,隐含评级出现下滑,也就反映出该债券信用资质出现恶化,风险监测信号就会进行提示,证券公司可据此做好风险应对与处置工作。目前隐含评级数据主要来源于中债隐含评级与中证隐含评级。中债隐含评级与中证隐含评级均会定期每日更新市场上所有发行主体的隐含评级,若某日发现某个

---

① 隐含评级的理论基础是假设金融市场是有效的,市场是参与者信息的集散地,交易要素则是信息的综合反映,尤其是价格信息,包含着参与者对标的预期违约率、预期损失率与流动性等的综合判断,但市场交易要求隐含的信息往往并不直观,需要对其进行提炼对比,翻译成可以理解和利用的信息,从而为风险管理监测和预警提供重要的市场参数和决策依据。

主体的隐含评级被下调,则可以作为一种预警信号。证券公司也可选择自建隐含评级。自建隐含评级一般可分为三个阶段:第一阶段是初始化构造。通过筛选出公开发行、非特殊品种与非含权的样本券,利用插值方法对其离散点进行插值,变成连续的收益率曲线。第二阶段是日常迭代维护。需要接入全市场交易数据,每日对 T-1 的交易数据进行清洗,剔除异常交易数据,再对收益率曲线的关键期限点进行迭代形成 T 日的收益率曲线。第三阶段是应用阶段。借助收益率曲线可以刻画出受评主体的隐含评级,若受评主体的信用资质出现变化,其隐含评级结果也会出现变动。在自建隐含评级过程中,可根据证券公司风险偏好与业务需求设置合适的利差区间,在应用过程中可持续监测预警结果的钝化程度并根据风险管理需要灵活调整,满足自身的监测需求(见图 4-11)。

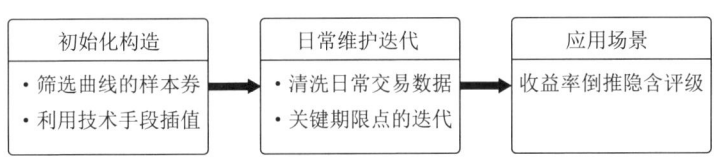

图 4-11 隐含评级的技术方案

证券公司也可以结合一系列高频信号合成符合证券公司风险偏好的高频预警指标,可选的预警指标包括不限于隐含评级、信用利差、价格偏离度(包括企业以及行业)、可量化的舆情信息等。证券公司根据自身的风险偏好建立预警体系,综合考虑指标预警的有效性、指标之间的关联性等,将多个指标形成综合的风险预警指标,根据预警程度,动态调整内部评级结果,提升内部评级结果的及时性、有效性。

(3)财务风险监测。

①财务预警体系。企业财务指标的变动情况能有效反映出企业当前的财务状况,对企业风险具有一定的预警作用。传统模型参考国内外财务预警模型的构建方法,包括单变量分析模型、多变量模型(Z-score 模型)、条件概率分析模型中的逻辑回归模型等。从预警效果来看,预警模型早年的违约主体预测效果良好,但随着债券市场投资人对违约风险的关注度加

强,存在部分发行人根据投资者偏好对财务报表进行修饰,甚至出现不少财务报表造假的情况,财务指标预警模型效果逐步减弱。随着机器学习、数据挖掘等技术的进步,当前神经网络模型和基于核方法的 SVM 模型也逐步在财务预警中得到应用。但神经网络模型因其模型本身黑盒子属性、对数据量要求比较高等缺陷,应用也受到一定的限制;核方法的 SVM 模型最大的缺陷是过度优化的问题,训练集之外预测效果会大幅降低。基于此,当前财务预警系统均存在不同程度的缺陷与不足,容易产生误报或漏报,需要多种模型方法联合预警,或者针对某个模型设置较低的预警线,结合专家经验进行二次筛选。

以阿特曼 Z-score 模型[①]为例。此模型构建以 X_1、X_2、X_3、X_4、X_5 为自变量的模型,自变量可以选择财务指标,也可以选择市值相关指标等作为入模指标,模型公式如下:

$$Z = 1.2X_1 + 1.4X_2 + 3.3X_3 + 0.6X_4 + 0.999X_5$$

其中,$X_1 = \dfrac{\text{净营运资本}}{\text{总资产}} = \dfrac{\text{流动资产} - \text{流动负债}}{\text{总资产}}$

这一指标反映流动性和规模的特点。流动资本 = 流动资产 - 流动负债,流动资本越多,说明不能偿债的风险越小,并可反映短期偿债能力。

$$X_2 = \dfrac{\text{留存收益}}{\text{总资产}}$$

这一指标衡量企业积累的利润,反映企业的经营年限。

$$X_3 = \dfrac{\text{息税前收益}}{\text{总资产}} = \dfrac{\text{利润总额} + \text{财务费用}}{\text{总资产}}$$

这一指标衡量企业在不考虑税收和融资影响时生产能力情况,是衡量企业利用债权人和所有者权益总额取得盈利的指标。该比率越高,表明企业的资产利用效果越好,经营管理水平越高。

$$X_4 = \dfrac{\text{优先股和普通股市值}}{\text{总负债}} = \dfrac{\text{股票市值} \times \text{股票总数}}{\text{总负债}}$$

---

① 纽约大学斯特恩商学院教授爱德华·阿特曼(Edward Altman)在 1968 年对美国破产和非破产生产企业进行观察,采用了 22 个财务比率,经过数理统计筛选建立了 5 变量的 Z-score 模型。

这一指标衡量企业的价值在资不抵债前可下降的程度，反映股东所提供的资本与债权人提供的资本的相对关系，反映企业基本财务结构是否稳定，如果比率高，则是低风险低报酬的财务结构；同时这一指标也反映债权人投入的资本受股东资本的保障程度。

$$X_5 = \frac{销售额}{总资产}$$

这一指标衡量企业产生销售额的能力，表明企业资产利用的效果。指标越高，表明资产的利用率越高，说明企业在增加收入方面有良好的效果。

进一步，对 Z 设定区间值，在不同的区间会有不同的风险释义，随着自变量数值的变化，根据其计算得到的 Z 所处的区间，判断此企业的风险状况（见表 4-5）。

表 4-5　　　　　　　　　Z-score 模型阈值与释义

Z 值	短期出现破产的概率
Z < 1.81	破产区
1.81 ≤ Z < 2.67	灰色区
Z ≥ 2.67	安全区

②财务造假预警。财务粉饰模型从舞弊三要素理论出发，包括舞弊动机、舞弊机会和舞弊借口。典型的造假行为模式可总结为由舞弊机会带来虚增业绩的可能性，而后再通过舞弊借口使得前期被虚增的业绩成为伪造的虚假资产。与实质违约样本相比，财务造假学习样本更为稀疏，目前广泛使用的是监管机构公布的造假处罚名单，并不适合直接套用机器学习模型对样本进行分类学习。为解决这一问题，财务粉饰模型结合专家经验沉淀并通过知识蒸馏的方式让机器来学习。第一步是专家规则沉淀。通过沉淀专家的分析逻辑并进行演绎，设计更为复杂的规则来识别造假企业，得到精度较高但覆盖率较低的可疑造假样本。第二步是机器学习泛化。通过机器学习模型对第一步所得到的信度较高的财务造假可疑样本进行泛化学习，找到无法通过简单规则直接抓出的疑似造假样本。上述两个步骤彼此

相辅相成，构成了一个正循环的自增长过程，并在此基础上研发更为精准的财务粉饰模型，旨在发现企业财务造假的完整证据链（见图4-12）。

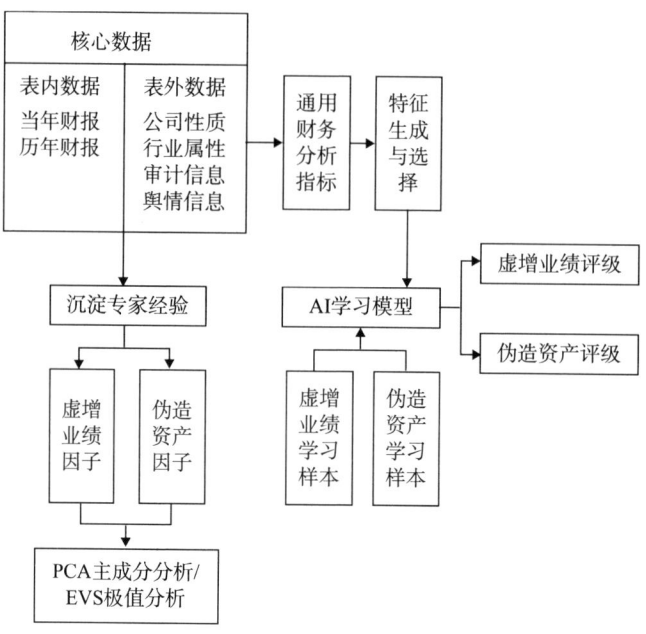

图4-12 财务造假识别系统技术

（4）舆情风险预警。

①舆情监测内容。舆情监测跟踪是证券公司信用风险管理监测的重要抓手，证券公司一般会根据内部管理建立舆情监控机制，确定舆情监控的业务范围和对象，建立具备舆情监控功能的信息系统或其他合理有效手段，加强业务存续期间的舆情管理。此项工作主要是通过设置一定的舆情预警规则，利用网络信息技术手段自动抓取标的公司舆情信息，并进行分类和筛选，再提供给使用者。舆情监测的原理是通过关注企业的蛛丝马迹发现企业在经营中的风险，包括行业风险、公司治理风险、财务风险、债务风险以及关联风险等。其中，关联风险相较于前面几种风险较为复杂，企业主体之间的关联往往包含多种关系，因此仅使用基于一种关联关系的网络分析方法并不能很好地适应实际企业主体间的风险传导方式。对包含多种不同关联关系构成的复杂网络，常用的解决方案是通过采用神经网络

的方法构建风险传导模型，比如图4-13显示的风险传导图谱，风险传导维度包括管理层关联传导、主要股东关联传导、供应商关联传导、客户关联传导、担保关联传导、对外投资关联传导等，理论上可以根据实际需要穿透至N层，但到第三层后关联关系就显著弱化。

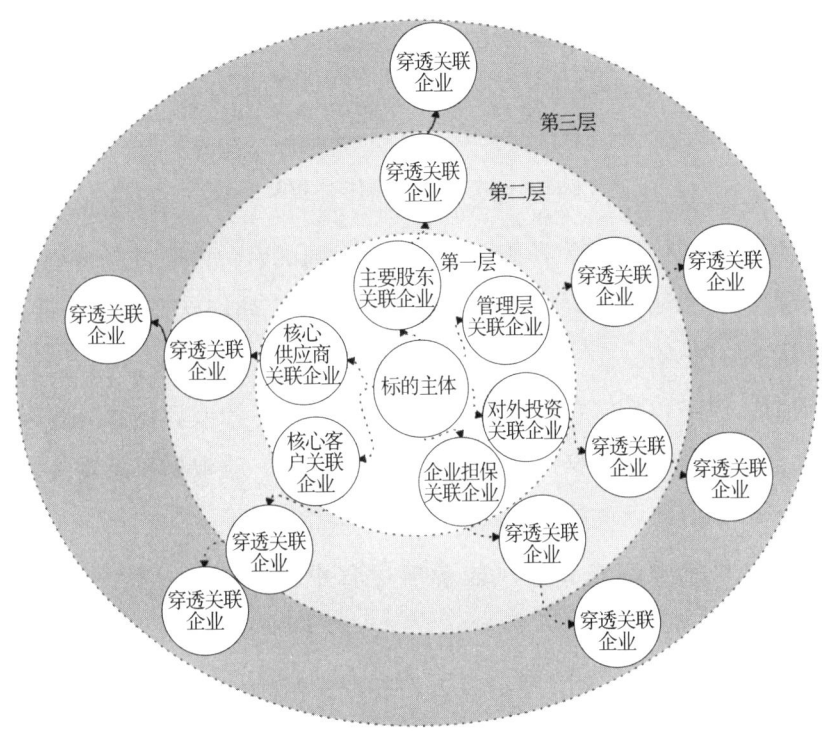

图4-13　企业关联关系图谱

②舆情监测技术实现方式（见图4-14）。

首先，应建立信源池。信源来源可以是泛财经媒体、垂直门户网站、官方公告、各省市土地网站、统计局网站等信源库，针对信源库发布的舆情信息，进行全天候的信息搜集，并对重复信息进行初步去重。

其次，进行数据处理。主要涉及三个方面内容：模型选取、机器学习与风险标签。模型选取主要是采用TF_IDF、BERT等NPL语义解析技术，识别舆情内容，赋予该舆情事件标签。机器学习则是在已标注事件标签的舆情基础上，对其划分为测试集合与学习集合两类，机器模型先通过学习

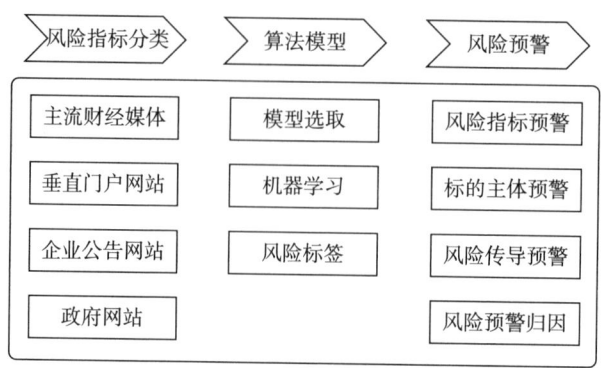

图 4-14 舆情监测技术框架

集对舆情信息的标签进行学习,对参数进行调试后,再通过舆情测试集对舆情数据进行回测。风险标签则是对风险事件,如经营风险、关联风险、治理风险等打标签。

最后,风险预警信息的去重与应用。由于信息源或者信息内容存在重复性,为了提高信息接收与处理人员的处理效率,应根据信息重复性以及信息语义的相似性进行信息的去重。

(三) 风险监测在业务风险管理过程中的应用

1. 融资类业务监测

在融资类业务中,虽然客户在开户初期的可用信息较少,初始评级的参考意义较弱,但是客户开展交易后,可以通过建立后续评级模型的方式提升评级预警的及时性、准确性,对于机构类客户,还可以通过搜集其舆情信息实现舆情风险的及时预警;此外,可以通过技术手段加强对关联账户、趋同交易行为的识别管理,通过对担保品相同、交易行为高度一致的客户进行重点关注和合并管理,对交易站点一致等账户异常情况不能提供合理解释、对资金和交易明细基本不清楚或因联系方式失效无法联系,初步判定存在账户出借、借用嫌疑的,视情节要求客户立即归还融资融券负债、禁止展期、授信额度调为零直至终止与客户的委托交易关系等。除客户风险外,证券公司应对担保物进行事中监控与评估,通过建立差异化打分、预警体系的形式,及时通过市场信号的变化对担保物进行差异化的分类，根据担保物的分类结果采取差异化的风险控制措施。

2. 债券交易类业务监测

债券投资监测主要针对的是债券投资交易业务、资产管理业务及非标化债权资产投资业务中的债券或债权投资。证券公司应建立动态持仓债券信用风险监测及信用风险计量机制，结合发行人相关舆情信息，及时分析、评估信用风险损失情况，并及时制订止损或处置方案。其中，监测内容可包含但不限于估值与价格异动、评级负面变化、处罚、业绩负面变化、重大诉讼等；对于信用风险监测主体也不应仅局限于发行人本身，应扩展至发行人关联方、担保方，甚至是发行人上下游重要厂商。另外，可以考虑加强投资部门投资模式、投资行为监测，关注投资部门投资偏好的变化，特别是关注过分偏好资质下沉的投资行为，及时向其发出风险提示，督促其关注，并考虑进行资产处置。

3. 场外衍生品业务监测

针对衍生品业务监测，建议证券公司定期复核交易对手方的资质，并通过定期回访、监测评估等方式确保交易对手方持续符合公司准入要求，关注交易对手方资信变化、履约能力意愿变化等；持续监测分析交易对手交易行为，对同一主体控制的机构、产品应当集中统一监测监控。发现交易对手涉嫌存在利用场外衍生品从事规避监管以及涉及违法违规行为的，应当立即停止合作并及时向监管机构报告。

针对场外衍生品业务可能发生的风险情况提前预警，根据上一日收盘及隔夜外盘的情况，进行波动情况分析。若出现大幅波动，提前开始进行风险提示，并每日测算结算时的客户状态，及时做好客户的风险提示工作，让客户做好及时入金的准备；当市场发生重大风险事件时，预判可能造成的波动幅度，提前做好风险应急处置方案。在市场行情剧烈波动的情况下，及时测算发生极端情况时客户可能产生的资金风险，根据风险程度制订相应的处理方案。对于当日结算后处于追保状态的客户，要及时发出追加保证金通知，约定明确的风险处置事件，并告知客户，若未能及时降低风险则将强行平仓。

4. 债券承销业务监测

针对债券承销业务监测，建议承销商定期对受托管理项目持续进行监测与关注，跟进发行人的偿债能力及偿债意愿变化情况。当发行人存在经营方针的重大变化、重大资产划转、违约情况、重大损失、重大资产冻结、管理层重大变动等事项时，受托管理人应及时排查并评估上述事件可能带来的影响，及时履行相关信息披露及报告义务。

二、信用风险报告

（一）风险报告机制

证券公司应建立信用风险监控、报告及预警机制。第一，证券公司应通过设置并监测各类信用风险指标，动态、持续地监控信用风险状况、管理水平及效果。第二，证券公司应建立健全存续期业务后续管理和跟踪机制，并明确业务覆盖范围和管理方式。证券公司对存续期业务的管理可采用实地调查、客户访谈、查阅核对、舆情监控等多种方式，以便及时掌握业务风险情况，并根据风险程度采取必要的应对措施。第三，证券公司应明确信用风险报告的种类、路线、内容、格式和频率。各报告主体应当根据报告制度规定，及时、准确、真实地提交信用风险报告。证券公司应建立重大信用风险事件报告机制，规范重大信用风险事件报告流程，当发生重大信用风险时，及时掌握重大风险信息，并启动应对处理程序。

（二）风险报告

证券公司通过风险战略的执行、各类指标的分解下达等，实现了自上而下的风险偏好传导，而风险报告则承担着自下而上的风险信息的反馈，风险管理工作由此形成信息交流闭环。风险报告既包含风险治理架构中"对谁负责、向谁报告"的体制安排要求，又包括风险管理流程中要求报告风险状况的工作要求。

1. 报告层级

不同类别的风险事件应根据事项影响的重大程度确定需要报告的对象

层级，如短期无重大影响，但需要继续跟踪关注发行主体舆情、区域舆情、行业舆情等；中度事项，如指标超限、单券违约风险明显暴露等，需要提高汇报层级；重度事项，如大额交易对手违约、持仓债券违约、融资人违约等需根据全面风险管理要求以及证券公司内部规范要求向公司经营层汇报。出现信用风险相关事项时，证券公司还应结合监管相关业务规则或管理要求，履行相关信息披露义务或向监管报告的义务。

2. 报告方向

风险事件沟通应本着双向的原则，业务部门是业务的发起方，应是风险管理的第一责任人，在业务存续期内要密切关注风控指标、投资标的或交易对手、融资人等信用事件，若出现信用风险事件或指标超限等情况，需评估事件的潜在影响程度，从而决定是否向相关对象进行报告。风险管理部门作为信用风险专门的监督管理部门，应在首席风险官的领导下推动信用风险管理工作，监测、评估、报告公司整体信用风险情况，并为业务决策提供信用风险管理建议，协助、指导和检查各部门、分支机构及子公司的信用风险管理工作，发生符合风险报告情况的，应根据内部管理需要及时向上一层级汇报情况。

三、信用风险应对

风险应对是指证券公司为了最大限度减少信用风险带来的损失而采取的应对手段。一般来说，主要包括规避风险、分散风险、转嫁风险、抵补风险等。

（一）规避风险

针对监测到的风险事件，在进行风险评估后发现风险、收益倒挂，此时适合采用压降敞口或限制开展该项业务来规避风险。在某种程度上，压降敞口是限制业务的前置动作，但二者也有区别：压降敞口可能针对的是单只券，偏向于结构性调整，而限制业务倾向于整体业务，是基于业务风险收益严重失衡而采取的整体管控。

1. 压降敞口

在监测过程中，若发现某笔交易或某项业务信用状况显著恶化，潜在的损失敞口迅速增加，温和的控制手段是压降风险敞口。比如在现券投资中，标的券出现负面舆情，信用资质恶化，二级市场价格持续走低，针对该信用事件，可督促业务部门综合评估风险事件影响的大小以及市场估值，合理制订有序的压降计划；股票质押业务也同样可以采取上述风控路径，当维持担保比例低于合约要求或监测到融资人偿债能力意愿存在重大负面不利变化时，证券公司可以考虑要求融资人归还融资借款或按合约约定执行强制平仓，以减少信用风险敞口或提前处置风险。

在实际操作过程中，需要考虑较多的实施细节。例如，强行平仓执行前需对标的券的信用风险演变趋势有准确的预判；股票质押业务要求融资人提前归还借款，融资人可能陷入财务困境，因无力提前偿还而导致合约提前违约等情况。基于此，实施压降敞口的风控策略还依赖更加细化的执行标准或者是组合配套策略。针对债券投资类业务，应依据风险偏好设定证券的浮动盈亏比例线或绝对数值，超过阈值则刚性止盈止损；对于融资类业务与衍生品业务，可采取强行平仓手段，这是化解客户违约风险的重要手段，对于触发强制平仓等风险处置条件的，应按照制度要求严格执行，并可同步要求交易对手方及时提供充足的担保品；对于平仓后尚未偿还的剩余负债，证券公司等金融机构可对掌握的交易对手相关资产信息及时进行查封冻结，确保掌握处置主动权；对于资信不良、逃避履约义务的交易对手方，应建立交易对手方黑名单机制，采取授信额度调减为零、不再合作以及向行业协会报送黑名单等措施。

2. 限制业务

限制业务情形主要适用于风险收益比倒挂较为显著的业务，暂停的原因可能是基于市场的原因，也可能是基于证券公司自身相关业务资源或管理手段不足等。比如针对单笔业务，业务部门开展高收益债投资，公司发现该种业务投资收益方差较大且收益均值较低，且已经出现一定幅度的亏损，若判断该项策略以及人员支撑存在缺陷，后续投资风险收益仍可能继续倒挂，可限制该种类型的投资业务，以规避信用风险敞口的继续增加。

（二）分散风险

分散策略是组合投资中规避集中度风险的重要手段，当面临不确定事件时，该事件带来的潜在影响可能增厚收益，也可能加大风险，从谨慎角度考虑，可以适当增加资产的分散性。如在债券投资业务中，当 A 省份产业类国有企业出现较为严重的负面舆情，虽发生大面积违约的风险不大，但不排除个别地级市会出现黑天鹅事件，基于上述判断，可采用的风控策略是维持 A 省份集中度限额，但降低 A 省份所属地级市的集中度上限，引导投资部门分散投资。此策略带来的效益是投资部门获取利差收益，也适当规避了单个地级市违约带来的损失。

（三）转移风险

1. 增加信用缓释工具

在信用风险事前管理环节中，证券公司拟买入某个低等级的债券以获取信用利差与流动性利差，恰好市场上存在挂钩标的债券或债务人的 CDS、CRMV 等缓释工具，购买该债券及相应的缓释工具，如果债券利率扣除购买此缓释工具成本后的收益大于直接在市场中购买缓释工具发行方（保护方）的收益，那么此笔组合存在套利空间，并且会拓宽后续信用风险管理空间。但对于事中管理而言，主动转移风险管理相对较为被动，主要体现在管理工具有限，当持仓的标的券出现较大的风险敞口时，若要实现风险转移，就必须要求市场上存在创设机构设立挂钩标的公司或标的券的标准化的衍生品，如 CRMW、CLN 与信用保护凭证。结合当前国内缓释工具的有限市场规模与结构，在当前市场中实现完全匹配的难度较大，但不可否认，主动转移风险仍然是应对信用风险的重要思路（见图 4-15）。

2. 增加担保品

担保的方式主要分为信用担保与物权担保。其中，信用担保主要为保证担保，物权担保包括抵押担保、质押担保、保证金担保等。当发生信用事件时，不同的业务可能要求的担保品类型也存在差异：非标准化债权投

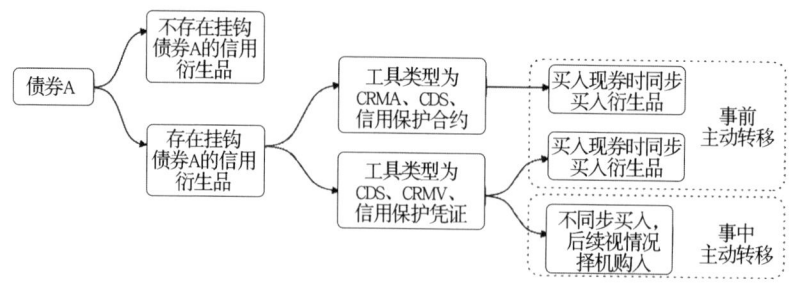

图 4-15 不同阶段实施信用风险缓释管理的实施路径

资与债券承销业务可要求融资人或债权发行人提供信用担保与物权担保，债券投资业务一般只有在债券出现展期时，可提请债券发行人补充增信手段；除此以外，较难要求发行人补充担保品。在融资类业务与衍生品业务类型中，增加的担保品类型主要是物权担保，最常见的是保证金担保与质押担保。增加担保品需充分评估担保品的流动性与足值程度，二者缺一不可，否则无法达到增信及缓释风险的效果。

（四）抵补风险

抵补风险指证券公司利用盈利、减值和资本等，为各类风险可能造成的损失做好补偿准备。即风险损失一旦发生，可用于弥补损失的资金主要来源于利润、减值准备和资本三个方面。

减值准备是对资产价值减损情况的风险估计和会计反映，通过定期计提拨备，证券公司可以及时识别风险损失，预留财务资源应对未来冲击，为稳健经营和持续发展奠定可靠基础。为进一步规范证券公司资产减值准备计提和核销管理，确保证券公司财务报表真实、准确地反映公司财务状况和经营成果，有效防范和化解公司资产损失风险，证券公司可根据《企业会计准则第 8 号——资产减值》《企业会计准则第 22 号——金融工具确认和计量》及中国证券业协会《证券公司金融工具减值指引》等有关规定，对减值计提相关工作原则及流程、方案进行规范。

金融资产的减值以预期信用损失为基础。预期信用损失，是指以发生违约的风险为权重的金融工具信用损失的加权平均值。信用损失是指企业按照原实际利率折现的、根据合同应收的所有合同现金流量与预期收取的所有现金流量之间的差额,即全部现金短缺的现值。对于购买或源生的已发生信用减值的金融资产,应当仅将自初始确认后整个存续期内预期信用损失的累计变动确认为损失准备。

金融资产已发生信用减值的证据包括下列可观察信息:发行方或债务人发生重大财务困难;债务人违反合同,如偿付利息或本金违约或逾期等;债权人出于与债务人财务困难有关的经济或合同考虑,给予债务人在任何其他情况下都不会做出的让步;债务人很可能破产或进行其他财务重组;发行方或债务人财务困难导致该金融资产的活跃市场消失;以大幅折扣购买或源生一项金融资产,该折扣反映了发生信用损失的事实以及其他表明金融资产已发生信用减值的情形。

具体至资产类别来看,债券投资业务一般使用违约率或违约损失率方法估计预期信用损失,在违约概率、违约损失率及前瞻性调整系数的计量方法上有所区分;股票质押业务使用损失率法计量预期信用损失的一般设置基准损失率,通过不同维度的调整系数对基准损失率进行调整得到计提比例;融资融券业务预期信用损失的计量方法和过程与股票质押业务相似,可使用损失率法和违约率或违约损失率法;货币市场业务(如逆回购和拆出资金业务)大多参照债券投资业务计量预期信用损失。

第三节 信用风险处置

违约事件发生后,如何采用合适的手段去提高违约回收率,国内债券违约的处置实践遵循以下路径:一是自主协商;二是司法诉讼。其中,自主协商是债权人与债务人协商就延迟兑付事宜达成一致意见,实现债务的处置,采用谈判的方式处置可避免诉讼较长的等待时间及诉讼费的开支,提高处置效率、降低处置成本;司法诉讼主要包括违约求偿与破产诉讼,针对协商无果或者协商进展缓慢而采取的司法手段。

上述方案的实施效果，取决于证券公司对于相关违约债务人或融资人、交易对手所采取的限制措施。采取冻结其相关资产的措施越早，后续协商或司法处置的主动性、回收程度均会越高（见图4-16）。

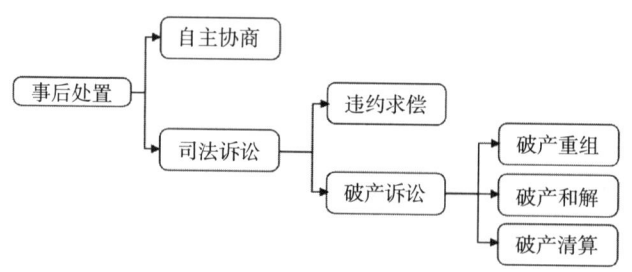

图4-16 信用风险处置方案

一、自主协商

自主协商下的债务重组核心依赖债务主体具备持续经营能力，或者具备优质资产且该资产具备融资弹性，更多的债务危机体现在流动性风险方面，通过适当展期、股东支持以及抵质押融资等途径，债权人给予债务人适当的时间，可以缓解其流动性压力；相应地，债权人的债务回收率也会处于相对较高的水平。结合市场情况，协商展期成功或大比例兑付的债务主体主要分为以下几类：一是通过经营资金偿还。这类主体债务危机更多的是公司治理层面导致的，虽然企业本身债务结构等方面也存在不合理，但仍具备持续经营能力，债权人通过协商方式给予企业债务化解时间，其通过分期方式逐步兑付全额或大部分债务。二是通过自筹资金方式兑付偿债资金。如通过资产抵质押、转让股权等从外部融取资金，但通过该途径获取外部流动性支持的普遍债务余额不大、相对灵活，若存续大额债务，则较短时间内获取较大规模的外部融资操作难度较大。三是第三方代偿的方式。代偿主体可能是股东、政府协调下的第三方投资者等。四是抵押物处置，即处置抵质押资产，回收率视抵质押资产的变现情况。

需要注意的是，谈判与诉讼并不是完全对立的两种处置方式，实践中，通过以诉促谈的方式，最后实现债务违约处置的情况也较为常见。有担保债权的可以要求法院裁定担保人偿付或强制执行抵押资产；无担保债权的可根据债务金额对发行人实施资产冻结保全，具体形式包括资产的查封、冻结等（见图4-17）。

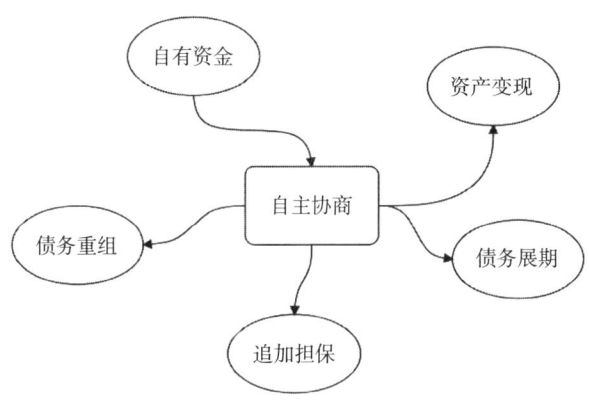

图4-17 自主协商的主要方案

二、司法诉讼

司法途径主要包括求偿诉讼与破产诉讼。其中，破产诉讼中主要涵盖破产和解、破产重整与破产清算三个维度；求偿诉讼主要适用于债务人仍有一定偿付能力或适合于先到期债权人，通过此方法争取更靠前的偿债优先顺序及更高的清偿率。破产诉讼涉及范围比较广，破产和解案例比较少，西王集团通过该途径实现重组；破产重整是较为常见的方式，重整是相关利益方本着收益共享、损失共担原则进行，主要的重整手段通过债转股清偿、留债展期清偿、现金清偿等，目标是为了最小化债权损失、降低企业金融债务、提高回收率；破产清算是最后环节，主要针对债务重组方案无法获取债券持有人大会批准，企业失去持续经营能力，法院驳回重组方案，走向清算意味着债券回收率水平极低。

破产重整司法程序给予债权人两次重组方案表决机会，即第一次重组方案未获得债权持有人大会批准，可继续修订完善再实施第二次表决；若第二次表决仍未通过，则法院可依据实际情况实施强裁，强裁的核心标准是法院认为破产重整实现的回收率水平高于破产清算的回收率水平。显然司法程序流程节点比较明确，会极大地缩短重整时间。

回收率方面，进入破产重组阶段，法院会对所有的债权与资产进行冻结，所有债权人都无法通过抢查封、担保债权处置抵押资产，以此保证债务主体的资产完整性以及正常运营，通过管理人设计一揽子偿债计划以保障债权人都能得到公平的偿付。但与此同时也不难发现，不同债务主体破产重组回收率差异较大，存在较大的不确定性。

第四节 信用风险管理案例

一、融资类业务风险案例

融资类业务作为证券公司开展较早、较为传统的业务，其息费收入占证券公司营业收入的比例平均达到20%，是证券公司重要的收入来源；此外，融资类业务还活跃了客户交易，提升了经纪收入、增强了客户黏性，有利于证券公司优化收入结构、保持业绩稳定；但另一方面，随着融资类业务的快速增长，业务风险也随之暴露。下文将结合具体案例，分析融资类业务的风险管理思路。

（一）授信及集中度管理不当、流动性萎缩

> **案例4-1**：RD控股因涉嫌信息披露违法违规，从2020年11月末开始连续14个跌停。根据S证券公司的公告显示，RD控股彼时的前十大股东中的两名自然人股东为其融资融券客户，自2020年12月初开始，该两名自然人客户因RD控股连续跌停，导致信用账户被强制平仓。2020年12月15日强制平仓成交后，尚欠S证券公司融资本金分别为8 500余万元、10 700余万元。

案例分析：该案例中，客户融资额度较大，均为上市公司前十大股东,实际融资过程中涉及标的在信用账户内资产中占比均较高,交易趋同,在涉及标的存在极端风险、丧失流动性而无法平仓时,可供平仓的其他资产不足,最终丧失风险处置窗口期,导致较大的潜在损失。最终损失是否能够追回,依赖于对融资客户可供执行财产的掌握及执行情况。

随着 2016 年以来股票质押风险的逐步释放,证券公司股票质押业务实施了几年限制新增、以处置存量为主的业务管理模式,部分上市公司股东无法进行股票质押融资时,会考虑改道融资融券业务,以大幅高于可减持比例的股份为担保融资交易,但是一旦股价超预期下跌,证券公司违约处置节奏可能受限、债权追偿难度更大,此项潜在风险也不容忽视。

(二)担保券管理不当、叠加绕标套利

> **案例 4-2**:2019 年 6 月,H 私募基金管理人,以其管理的私募产品(以下简称"J 产品")向 M 证券公司申请融资融券授信,J 产品账户现金 1 亿元,获得授信 1 亿元。J 产品获得授信后,即通过绕标的形式融资买入非融资融券标的 XH 债,最终信用账户内担保物为 2 亿元 XH 债(按面值 100 元计算),而 XH 债发行人为 J 产品委托人的母公司。M 证券公司在 J 产品信用账户内担保资产均为 XH 债时,评估存在较大的风险隐患,认为市场估值已不能反映其真实价值,要求 H 私募基金管理人提前了结合约或替换担保物,但因 M 证券公司融资融券合同协议条款灵活性不够,不支持在发现风险时对 XH 债进行担保品市值调整,无法提前平仓处置。
>
> 6 个月后 J 产品融资合约到期未偿还融资负债,在 M 证券公司执行强制平仓前夕,XH 债发布临时公告进入临时停牌,M 证券公司无法执行强制平仓;4 个月后 XH 债的发行人名下其他债券开始陆续违约,随后 XH 债也因未按时兑息而违约。最终 M 证券公司通过种种努力,在一年多以后从交易所固收平台实现该违约债券交易平仓,完成风险处置,处置价格为 18 元左右(参照彼时中证估值),M 证券公司在 J 产品融资合约上损失 6 000 余万元。

案例分析： 该案例暴露出 M 证券公司存在对担保品范围管理较为宽松、未能进行业务精细化管理的弊端，在无相关担保品集中度管理要求的情况下，允许信用债券作为担保品，导致客户套现绕标规避标的范围、融资买入后更换担保品等，通过信用账户加杠杆买入高风险信用债，将套利风险转嫁给融出方，加大 M 证券公司潜在信用风险及合规风险。

该案例还暴露出 M 证券公司合同协议条款僵化，在发现风险时无法及时进行风险处置，被动等待导致风险隐患演变为实质风险。

（三）业务管理不力、处置不及时

案例 4-3： 融资人赖某于 2017 年 7 月在 G 证券公司进行了股票质押式回购业务，将其持有的股票 SL 股份作为质押标的，向 G 证券公司融资 1 亿元，合约未执行强制公证。2017 年 11 月，G 证券公司风险管理部门在存续期排查中发现，赖某近期对其名下的私立学校增加投资，投入资金较大且提供个人连带责任担保，该投资行为可能影响其长短期偿债能力，但未引起业务部门及承揽人的足够重视。2018 年 4 月，SL 股份持续下跌，赖某未能按约补充充足的担保物，项目实质违约。经双方协商，G 证券公司给予赖某宽限期，双方约定将签署补充协议，由赖某在宽限期内解决冻结事项。但宽限期届满，赖某未按约签署补充协议，仅提供某购物广场的部分股权作为连带责任担保。2018 年 5 月，赖某质押股份因案外其他担保事项被某地法院司法冻结。

为尽快推进该项目风险处置，G 证券公司经过多次摸底排查，发现赖某因其他经济纠纷已无其他可供执行的财产，其提供的某购物广场的部分股权也早被其用于抵押融资，并被多轮查封，无实际价值，赖某对 G 证券公司债务的还款来源只能依靠 SL 股份的股票处置，而该股票已被第三方冻结，G 证券公司虽作为质押股票的优先受偿人但无法处置股票，需通过诉讼程序获得有执行力的司法裁判。另外，由

> 于该股票的股价呈现不断下滑的趋势，质押股票市值存在无法覆盖全部负债的风险，尽快处置股票为当务之急。但依据原协议的约定，争议解决方式为G证券公司所在地法院诉讼解决，程序上较为冗长，加之赖某采取管辖异议、上诉等不配合的方式拖长整个诉讼周期，无法尽快进入可处置股票的执行阶段。
>
> 此外，G证券公司在风险处置过程中，申请的执行证书中的执行事项，因经办人员疏忽遗漏部分股票补充质押股数，导致执行法院在向首封法院申请转移执行处置权过程中受阻，也耽误了处置进程并错过较优的处置窗口期，最终G证券公司通过司法拍卖的形式完成质押股份的处置，司法拍卖所得款项较融资本金损失约6 000万元，G证券公司针对剩余负债敞口的追偿希望渺茫。

案例分析：该案例暴露了G证券公司内控管理存在不足，增加了信用风险敞口，表现在以下几方面：

一是对融资人的资产负债及诚信情况尽职调查不到位，存续期管理中对于发现的潜在隐患也未引起足够重视，未能及早发现与处置；

二是风险处置不及时，被动等待融资人履约，没有第一时间申请冻结，未能获得首封权，直接影响了处置进程。

三是经办人员的操作风险（执行证书遗漏部分股票补充质押股数）也影响了风险处置效率，导致错过更优的窗口期，加大了损失规模。

上述三个案例，一方面反映出市场发展过程中，投资者为追逐高风险高收益，有规则套利的需求和动机，证券公司在事前风险揭示、事中风险发现和处置方面存在漏洞；另一方面体现出行业对于业务风险的认识仍不到位，主体责任和主动管理意识不足。后续应做好事前风险评估，健全担保品管理框架；强化事中风险监测，前瞻性识别和处置风险；完善事后风险处置，健全债务追偿体系。

二、债券投资业务风险案例

(一) 准入及存续管理不当,处置不及时

案例 4-4：ST 集团于 2016 年 9 月发行"ST 债",并于 2016 年 12 月上市交易。L 证券公司自该债券上市交易起,对该债券进行二级撮合交易及自营投资。2017 年 8 月 25 日中债资信将 ST 集团主体评级由 A 调至 BBB+；2018 年 5 月 21 日,惠誉评级机构将 ST 集团长期外币评级由 BB+调至 BB。但 L 证券公司并未重视 ST 集团风险舆情,未及时处置其持有的 1.5 亿元"ST 债"（Wind 显示,2018 年 5 月至 2018 年 10 月,ST 集团发行的债券在二级市场尚有交易,价格 98 元左右）,甚至继续买入 ST 集团后续新发行的其他两只债券,合计 1.6 亿元。2018 年 10 月 31 日,ST 集团被爆违约,最终进入重整程序,L 证券公司持有 ST 集团 3.1 亿元,仅兑付 10%左右。

案例分析：该案例中,发行人与当地其他多家公司存在交叉对外担保,信用传递风险较高,L 证券公司在投资时并未对此事项进行重点关注；同时,在债券持有期间,L 证券公司未动态关注发行人的负面舆情及其债券二级市场交易行情,评估其违约风险及是否符合继续持有或再投资的准入标准,以及时采取止损措施,导致错失风险处置窗口期。

(二) 集中度管理不当

案例 4-5：2017 年 9 月,原始权益人 GD 集团以其名下商业地产未来收费权为基础资产设立资产支持专项计划（以下简称"专项计划"）,并陆续分期发行,合计发行规模 9.5 亿元。

S 证券公司投资于该专项计划份额共计 1.7 亿元,合计投资占总发行规模比例达到 18.42%。2018 年 4 月,专项计划因基础资产收费权现金流归集不足,未按期全额兑付第一期专项计划投资者本金及利

息而违约，连带其余几期专项计划全部违约，专项计划募集资金宣传的差额补足、连带责任担保等增信措施均全部未得到履行，原始权益人、差额补足人及担保人已进入破产重整，而专项计划底层抵押资产因种种原因，迟迟无法得以推进处置，后续整体回收受偿情况并不乐观。

案例分析：该案例中，证券公司持仓占比较高，信用风险过于集中，而专项计划的相关担保措施形同虚设，原始权益人、差额补足人、担保人为同一集团体系，业务及经营实际存在混同或高度相互依赖，发生兑付风险时风险难以割裂、阻断与缓释。

这两个案例反映证券公司在事前风险把控、事中风险监测和事后处置方面存在管理漏洞，后续应明确投资准入及限额标准，降低信用风险发生的可能性，强化信用风险动态监测，及时采取应对措施。

三、场外衍生品风险案例

近年国内期货、期权等衍生品市场发展迅速，在配合国家宏观调控，确保粮食、生猪供应，保障能源市场安全等方面发挥了重要作用，众多实体企业通过衍生品市场进行套期保值，买入原材料或卖出产成品，起到平抑成本或利润波动的作用。

由于杠杆效应，加之地缘政治影响，国内外期货市场频频出现大幅波动，一旦风险激化就可能在短时期内造成巨额损失，2019年"中拓系"PTA期货爆仓事件、2021年Archegos对冲基金爆仓、2022年青山集团LME镍期货濒临爆仓事件就是其中的代表。青山集团LME镍期货濒临爆仓事件主要是资本恶意做空企图猎杀而导致，而Archegos对冲基金爆仓、"中拓系"PTA期货爆仓更多是由于金融机构对于交易对手风控措施不足、授信敞口过大叠加意外行情导致，下文主要分析这两次信用风险管理失当导致的事件。

（一）交易对手违约，累及期货风险管理子公司

案例 4-6：2019 年 6—7 月，化工系期货走势连续大涨，尤其是 PTA 期货 7 月 1 日、7 月 2 日连续两个涨停，多家重仓做空的机构爆仓。中拓（福建）实业有限公司（以下简称"中拓系"）和关联企业卖出了大量 PTA 看涨期权，最终爆仓，且穿仓后无力支付拖欠多家期货公司旗下的风险管理子公司的本金差额，造成多家期货公司的巨额损失。如 T 期货 2020 年底的公告显示，尽管胜诉，但"中拓系"名下已经没有可执行资产，公司对拖欠的 9 000 多万元交易价款全额计提，以至于 2019 年出现约 1.5 亿元巨额亏损。除衍生品爆仓外，法院刑事判决书显示，"中拓系"通过向两家大型上市国企、一家化工业头部上市公司的多位管理层员工、骨干贿赂，得以虚开信用证套取占用金融机构逾 60 余亿元资金，实际控制人陈志涉嫌合同诈骗罪、行贿罪等多项罪名，被判处无期徒刑。

据媒体报道，"中拓系"场外衍生品业务交易量很大，在与国内期货公司风险管理子公司合作时具有较强的议价权，对合作方的要求是授信交易，即在一定额度内不向其收取保证金，但如果有盈利必须能当天出金。部分期货公司风险管理子公司希望与其合作来保障自身的业务量，给予其大量授信，而行情走势也有所印证。2019 年 7 月 1 日、2 日 PTA 虽然均以涨停收盘，但盘中仍有较多平仓机会，若"中拓系"为保证金交易，在其账户风险度较高时，期货公司可通过平仓来避免客户产生透支，而实际上此次爆仓事件发生后，多家期货公司发生了大额亏损。

案例分析：该案例暴露出在场外衍生品蓬勃发展的阶段，提供交易服务的金融机构风险管理措施还存在一定的不足，存在"重业务、轻管理"的情况，未充分审视客户的信用风险状况，在发生风险隐患时处置不及时，导致客户的信用风险转化为自身的经营损失，无法有效缓释、防范风险。

（二）追求利润、管理防线失效导致巨额损失

案例4-7：2021年3月，美国家族理财基金Archegos巨额平仓引发市场波动。相关投资银行发布了基于该风险事件的调查报告，全面回顾了其与Archegos的客户关系、业务合作、风险管理、损失发生的历程，对进一步理解和反思风险管理具有借鉴意义。

1. 事件概述

2021年3月26日，通过"价差合约"将持仓杠杆提高了6倍，名义本金敞口超过600亿—1 000亿美元的Archegos基金发生爆仓，造成超过300亿美元股票的抛售，影响到高盛、摩根士丹利、瑞士信贷集团、野村控股、瑞银集团和德意志银行等大型投资银行机构，Archegos自身损失上百亿美元。

（1）价差合约。投资者在T=0时刻根据对金融产品未来价格的变化做出判断，并从交易商处通过杠杆买入或卖出该标的对应的"价差合约"，在T=1时刻将合约买入或卖出给交易商，从而赚取其标的资产在此期间的价差。

从交易商、投资者在该合约中的角色分析，价差合约可看作是一系列收益互换合约的打包组合并经过标准化后的衍生工具。在整个交易过程中，价差合约的投资者从未持有合约中所对应的底层资产，而交易商则需要根据其多空合约数量计算其单一标的净持仓并从交易所买入相关底层资产对冲其单个底层资产的净风险敞口。因此，价差合约的投资者实际上根本不受交易所的监管，而交易商则会汇总其在单一标的资产的净敞口，并在交易所买入或卖空进行对冲。

（2）事件分析。为了扩大杠杆，Archegos与野村控股、摩根士丹利、德意志银行和瑞士信贷等多家投行的经纪业务部门运用价差合约建立了合作关系。

Archegos基金重仓的股票包括维亚康姆（VIAC）、DISCA、跟谁学、腾讯、百度、雾芯科技等，尤其是中概股头寸较大。全球科技股

在2021年2月创出股价新高后回调，中概股更是由于一些因素而大幅波动，如雾芯科技，叠加国内电子烟监管政策收紧等利空冲击，2021年3月22日单日跌幅40%以上。同日，Archegos基金重仓股之一的维亚康姆宣布增发30亿美元的股票，被分析师看空，其股价随后2天暴跌了30%。持仓恶化导致采用高杠杆策略的Archegos触及平仓线。伴随股价回调，放大的杠杆和集中持仓加剧了Archegos亏损，投行开始要求Archegos主动抛售，以满足其不断扩大的保证金要求。

Archegos合作的多家机构在面临风险时，为了利益最大化选择抢跑。2021年3月26日，早在开盘之前，高盛就已经通过大宗交易方式出售其持有的33亿美元头寸，摩根士丹利和富国银行等投行紧随其后。由于量大，这些投行只能通过大宗股票交易减仓，这也导致了在美国上市的中概股纷纷出现崩盘式下跌，平均跌幅高达20%到30%。受Archegos爆仓事件的影响，几家全球知名投行都公告了巨额损失，瑞士信贷因此遭受了超过55亿美元的损失，风控主管主动辞职，股价骤跌14%；野村控股也承受了超过29亿美元的损失，股价下跌超过16%；摩根士丹利损失10亿美元，UBS损失7.74亿美元，而抢跑的高盛、富国银行等无重大损失。

2. 责任反思

（1）业务部门没有充分理解和重视Archegos所持组合的风险。

一是未充分重视组合的集中度风险。2020年4月，Archegos前五大头寸已经达到其净资产的150%，该情况在客户周报中一直在向权益部门负责人和主营业务部门（Prime Services，PS）负责人报告；瑞士信贷内部了解到Archegos在其他主要经纪商持有类似头寸，2021年2月，前台风险团队（PSR）分析员向负责人报告，警示了集中度过高可能引致的流动性风险，PSR负责人未予以重视、未向上级报告。

二是未充分重视保证金不足的风险。2017年、2019年，瑞士信贷对Archegos降低保证金要求，都是基于一定的前提，但是这些前提假设在随后的业务中都发生了明显的变化，业务部门知道这些变化但未予以重视，且未执行流动性附加条款，未实施2020年7月针对Archegos制定的保证金机制；业务部门清楚了解固定保证金机制存在"Margin Erosion"问题（即敞口增加但保证金固定，保证金变相缩减被"侵蚀"），但是未予以重视；2020年秋季以后，业务部门虽然提高了部分新交易的保证金，拒绝了部分重仓头寸，但是并没有根本改变保证金比率过低的情况。因此，没有改变固定保证金机制，存量交易仍按低保证金比率续期，部分新交易仍然执行低保证金比率。

（2）业务部门没有采取有效行动降低Archegos的风险。

一是未有效运用合约权利。瑞士信贷与Archegos的合约中始终拥有提前3天通知增收保证金的权利，业务部门从未认真考虑过使用该权利；业务部门从未履行过与2019年下调保证金比率相关的流动性附加条款。

二是未有效控制限额。2020—2021年，Archegos持续突破潜在敞口限额（Potential Exposure Limits）、压力敞口限额（Scenario Exposure Limits）等限额指标，业务部门没有采取行动控制限额，反而一再推动风险部门扩大限额。

三是未推动动态保证金。在风险部门的一再坚持下，业务部门才考虑将Archegos转向动态保证金机制，并且提出了一个客户能够接受的较低的初始增加额。

四是退回超额保证金。2021年3月11日至19日，瑞士信贷向Archegos退回24亿美元保证金。虽然按照ISDA协议，Archegos有权索回，但是瑞士信贷可以触发动态保证金机制，或者运用合约权利提高初始保证金，但业务部门并没有做。

五是新增敞口。2021年第一季度，瑞士信贷允许Archegos新增大量头寸。就在违约前两周，增加了14.8亿美元多头头寸，并且允许Archegos按照原保证金条款延期存续的TRS交易。

> （3）风险部门没有理解和重视 Archegos 的风险，没有有效挑战业务部门。
>
> 一是忽视重要的警示信息。信用风险管理部门了解到 Archegos 在其他主要投行持有类似头寸，而瑞士信贷是唯一一家使用固定保证金机制的，且保证金比率低于其他投行，但未对该信息予以重视，也未向上级报告。
>
> 二是忽视超限额蕴含的风险。管理部门信用风险没有真正去思考超限额后面蕴含的风险，仅仅将其视作需要消除的事件，因此，没有坚持要求业务部门降低头寸，反而通过调增限额、改变压力情景试图优化限额执行的表现结果。
>
> 三是未充分质疑缓释方案。业务部门提出用空头对冲部分头寸以降低限额的方案时，风险部门对其有效性提出了疑问，但没有在这一点上充分挑战前台。这一方案事实上掩盖了 Archegos 的集中度风险。
>
> 四是从客户视角判断风险。将客户关系表现用于判断风险，包括长期稳定的客户关系、及时缴纳保证金、存放超额保证金、积极响应银行需求等，导致风险部门未充分评估和重视风险，未坚定而强硬地要求前台采取相关行动。

案例分析： 复盘 Archegos 爆仓事件，该事件的发生虽然与外部事件冲击有关，但风控机制也存在以下问题：

一是客户集中度、授信相关性过高。多家投行与同一客户签订合约并授信，无形中累积了更高的杠杆率。而投行又会互相签订反向合约以对冲各自的风险头寸，但由于标的资产相同，导致投行原本用来对冲风险的反向头寸的实际相关性极强，一旦发生风险，极易形成戴维斯双杀。

二是底层资产集中度。"价差合约"允许 Archegos 这样的投资者匿名建立股票头寸。投行的大宗经纪部门会购买这些股票，并报告自己是收益所有人，上市公司的持仓人只会显示为投行，而实际上由 Archegos 承担的底层资产的集中度过高，风险过大。

三是强平时限。瑞士信贷在 Archegos 发生爆仓后,并没有像其他投行一样迅速平仓,反而想等股价止跌反弹以减轻损失。因此,这轮爆仓中亏损最多的就是瑞士信贷。

四是保证金计算的科学性。由于多家投行同时授信,底层资产集中度过高,无法合理评估风险程度,导致保证金的计算量过小,实际杠杆率远远超过名义杠杆率,完全无法满足平仓要求。

上述案例中的问题和风险的出现,说明风险管理制度保障是基础,有效执行是关键。金融机构作为资金、服务提供方以及交易参与方,应当引以为戒,切实加强衍生品业务以及交易对手信用风险管控,提升风险管理有效性。中国证监会原证券基金机构监管部发布的《机构监管情况通报》(2021 年第 7 期)也提出了相关监管要求,即推进风险管理文化建设,压实"前中后台"责任;建立健全交易对手方"事前事中事后"风险管理机制;完善杠杆业务风险管控,加强风险监测和动态保证金管理;明确风险限额约束力、提升专业制衡能力;畅通常态报告和紧急制动机制,提升管理层对关键信息的把控。

四、非标准化债权投资业务风险案例

非标业务正式起源于 2009 年的银信合作,本质就是需要融资的公司通过证券公司或者信托或者有资质的其他机构,把融资需求包装成产品,通过产品的销售募集资金,而发行该类产品的金融机构可以通过非标出表,规避相关资本计提。该类产品可能是收益权质押、信贷资产、应收账款等资产。非标业务具备审核效率高、放款快、资金使用灵活的特点,能够满足融资人对于资金的各种需求,因此得以蓬勃发展,2017 年非标融资规模达到顶峰。2017 年随着影子银行风险加剧,监管部门开始着手规范非标业务,2018 年《关于规范金融机构资产管理业务的指导意见》发布,推动破除刚兑、压缩通道规模,督促金融机构向主动管理业务转型,合力促进金融"降杠杆""去通道"。

在非标融资产品发展过程中,存在融资人盲目加杠杆难以为继、期限不匹配、甚至底层资产不实等乱象，下文分析该类案例，梳理业务的关注方向。

（一）基础资产尽职调查不到位、应收账款确权不明晰

案例4-8：2019年7月11日，ZY证券发布公告，其管理的两只资管产品"联盟17号集合资产管理计划"（以下简称"联盟17号"）和"中京1号集合资产管理计划"（以下简称"中京1号"）出现融资人福建省闽兴医药有限公司（以下简称"闽兴医药"）不能按期偿还本息的情况。

上述两只资管产品合计规模达2.42亿元，分别系闽兴医药于2017年12月和2018年2月将其对福建医科大学附属协和医院（以下简称"福建协和医院"）的应收账款作为底层基础资产、通过ZY证券设立资产管理计划的形式进行供应链融资，产品分别于2019年4月和5月到期。2019年4月，闽兴医药以流动性困难为由，未按期偿还融资款，导致上述产品出现违约，其实际控制人夏薛雯失去联系。

案例分析：闽兴医药的融资风险敞口与其所持有对福建协和医院的应收账款资产质量和真实性存疑有关。福建协和医院在上述事件发生后，曾发布声明，称其与闽兴医药之间不存在高达亿元的应收账款，仅有少量的材料和应付款项，即闽兴医药可能存在应收账款刻意造假的行为。

在该事件中，金融机构可能对应收账款的确权核查方面存在一定的尽职调查职责履行不充分的问题。

（二）质押物核查不到位、资产价值合理性验证不足

案例4-9：从2015年起，武汉金凤珠宝股份有限公司（以下简称"金凤珠宝"）以"黄金质押+保单增信"的模式融资，向金融机构提供Au999.9足金的质押物，进而实现在信托机构的融资。通过此类方式，金凤珠宝通过信托频繁融资。从2019年下半年开始，金凤珠宝涉及长安信托、东莞信托、民生信托等公司的多期信托计划均出现逾期，相关产品规模合计达160亿元，其中民生信托"踩雷"最

> 深,涉及 41 亿元本金。
>
> 2020 年 5 月 16 日,民生信托在对金凰珠宝质押的黄金例行开箱检查,结果显示该黄金为铜合金。至此,金凰珠宝 80 吨黄金造假案浮出水面。

案例分析:金凰珠宝涉案的巨量黄金在质押之时是通过了专业机构的质验程序的,并以此通过了为质押黄金担保成色和重量的保险公司的验货程序,得到了保险公司的承保,但依然出现黄金为假的情况。

在此案例中,金凰珠宝的信托融资方式,均采用"黄金质押+保险增信"这样明显的低风险业务,且被波及的金融机构多数为武汉市外的信托公司,以较强的增信进行高成本的融资,合理性存在问题。2020 年第一季度,国内原料黄金产量为 82.63 吨,金凰珠宝抵押的黄金相当于我国一个季度的黄金产量,如此大量的黄金静态质押,显然存在较大程度的不合理性,但信托公司并未对此引起足够重视。

结合上述案例不难看出,非标融资作为企业在银行贷款和债券融资外的一种补充融资方式,本身存在成本更高、风险更大的问题,在该类业务的实际操作中,金融机构一般会要求融资人以未来现金流、资产抵质押及外部增信的方式确保非标产品未来的兑付。因此,为降低未来的偿债风险,金融机构在尽职调查过程中,对融资人基础资产的确权、抵质押资产价值的检验及外部增信措施有效性的验证等核查尤为重要。

五、债券销售业务风险案例

2015 年初,中国证监会出台了《公司债发行与交易管理办法》后,交易所公司债券产品市场迎来蓬勃发展。截至 2022 年末,中国内地债券市场总存量达 141.31 万亿元,较年初增加 10.99 万亿元,其中利率债 82.98 万亿元、信用债 44.23 万亿元、同业存单 14.11 万亿元。高速增长的公司债券市场为证券公司投行业务板块带来增量市场的同时,部分公司债券出现违约,证券公司在公司债券项目承做过程中因尽职调查不充分、存续期管理期间履职不到位等受到监管处罚的风险也日益凸显。下文将结合具体案例,分析债券承销类业务的风险管理思路。

(一)发行人欺诈发行、中介机构履职不到位,承担巨额连带赔偿责任

> **案例 4-10**:2017 年 8 月 14 日,五洋建设集团股份有限公司(以下简称"五洋建设")发布公告称,"15 五洋债"未能偿还回售及付息资金,发生回售违约;同时,"15 五洋 02"触发交叉违约。至此,"15 五洋债"及"15 五洋 02"合计 13.6 亿元的两只小公募债券均出现违约。
>
> 2018 年 7 月 6 日,中国证监会开出首张债券欺诈发行罚单,对五洋建设等作出行政处罚和市场禁入决定。
>
> 2019 年 11 月,中国证监会下发行政处罚决定书,因未充分核查五洋建设应收账款、投资性房地产等问题,D 证券公司被责令改正、给予警告,没收非法所得并处以 55 万元罚款,相关负责人、项目组成员也被予以处罚。
>
> 2020 年 9 月 4 日,杭州中院公开开庭审理 496 名债券投资者起诉五洋建设等 6 名被告证券虚假陈述责任纠纷代表人诉讼案件。2020 年 12 月 31 日,杭州中院作出一审判决,五洋建设以虚假财务数据骗取债券发行资格,构成欺诈发行、虚假陈述的违法违规行为,应对投资者的损失承担赔偿责任。其中,D 证券公司、大信会计均未勤勉尽责,对案涉债券得以发行、交易存在重大过错,应对五洋建设所负债务承担连带赔偿责任。大公国际作为债券发行的资信评级机构、锦天城律所为债券发行出具法律意见书,均未勤勉尽责,存在一定的过错。法院酌定大公国际在五洋建设应负责任 10% 范围内、锦天城律所在五洋建设应负责任 5% 范围承担连带责任。
>
> 此后,上述 4 家中介机构均提出上诉,2021 年 9 月 22 日,浙江

高院作出二审判决，驳回上诉请求，维持原判。

2022年3月25日，浙江省杭州市中级人民法院发布公告称："五洋债"案判决生效后，立案执行7亿余元的案款已全部执行到位。其中，五洋建设董事长陈志樟履行15万元，D证券公司履行5.75亿元，大信会计师事务所履行1亿元，大公国际履行6445万元，锦天城律所履行3594万元。

案例分析：五洋债案的判决，彰显了监管对于资本市场违法违规"零容忍"的态度，对于资本市场欺诈发行等恶性违法行为具有震慑作用，也将督促中介机构尽职履责。该案例中相关方存在下述问题：

1. 发行人欺诈发行，申报文件财务数据刻意造假

五洋债正式违约之后，中国证监会对五洋建设进行了立案调查，并以五洋建设"以虚假申报文件骗取公开发行公司债券核准、非公开发行公司债券披露的文件存在虚假记载、未按时披露审计机构变更及未按时披露年度报告"为由，对五洋建设及相关负责人下达行政处罚决定书，分别处以警告和罚款。通过中国证监会的行政处罚决定可以看出，五洋建设通过将所承建工程项目应收账款和应付款项"对抵"的方式，同时虚减企业应收账款和应付账款，达到少计提坏账准备、多计利润的目的。

该案例中，发行人存在刻意将应收账款和应付账款故意抵消、虚减坏账准备并最终多记利润的问题，会计师事务所及证券公司未充分对发行人财务的真实性展开核查，因客户的诚信问题带来证券公司债券承销业务风险的增加。

2. 中介机构未履行充分核查义务

D证券公司是五洋建设四只公司债券的独家主承销商，中国证监会于2019年11月11日对D证券公司下达了行政处罚决定，对D证券公司给予责令改正、给予警告、没收违法所得和罚款的处罚，对相关负责人给予警告、罚款等处罚。

中国证监会对于D证券公司的处罚主要出于三个方面的原因：未充分

核查五洋建设应收账款问题；对于投资性房地产未充分履行核查程序；未将沈阳五洲投资性房地产出售问题写入核查意见。

关于 D 证券公司和大信会计的民事责任，杭州中院认为，D 证券公司作为本次债券发行的承销商，未参考公司债券的行业规范，未充分履行核查程序，未将可能影响五洋建设发行能力和偿债能力的事实作为重大事项写入核查意见；大信会计作为本次债券发行的审计机构，在未获取充分、适当的审计证据加以验证的前提下，认可五洋建设关于应收账款和应付账款"对抵"的账务处理，为五洋建设 2012 年至 2014 年年度财务报表出具了标准无保留意见的审计报告，在得知审计报告用于五洋建设发债目的时，未相应调整该项目风险级别并追加相应的审计程序，属于出具存在虚假记载的审计报告。因此，D 证券公司和大信会计均未勤勉尽责，存在重大过错，应承担连带赔偿责任。

该案例中，监管机构和法院均认为 D 证券公司作为主承销商，未充分履行核查程序，这暴露出证券公司在债券承销业务展业过程中，存在对发行人偿债风险尽职调查不充分的问题，这进一步给证券公司带来了可能的监管处罚风险和债券违约承担连带赔偿责任的风险。

（二）承销商未能勤勉尽责、存在虚假记载

> **案例 4-11**：S 集团是国内知名制造业企业，2016 年至 2018 年，S 集团先后公开或非公开发行了多只公司债以及中期票据。2019 年 3 月，S 集团发布了《关于公司重整及公司债券停牌的公告》；次年 3 月，S 集团又发布了《关于公司债券违约的公告》。根据中国证监会的调查，2013 年至 2017 年，S 集团通过旗下三家子公司制作虚假财务账套、虚构购销业务以及直接修改审计报告的方式，共计虚增营业收入 615.4 亿元，共计虚增利润总额 119.11 亿元。扣除虚增利润后，S 集团各年利润状况实际为亏损。上述债券的募集说明书以及 S 集团 2013 年至 2017 年年度报告存在虚假记载。Y 证券公司是 S 集团的主承销商之一，2021 年 10 月，因在 S 集团债券承销业务中未勤勉尽责，

中国证监会对Y证券公司进行立案,当年年底,作出处罚决定:Y证券公司因在S集团发行债券和管理中未勤勉尽责,被警告加责令改正、没收违法所得,相关负责人也被处罚。除了Y证券公司,S集团的另一承销商C证券公司在2022年3月收到中国证监会的行政处罚,被没收违法所得。据中国证监会调查,C证券公司在尽职调查过程中未审慎关注S集团在产能利用率、销售收入等方面的异常情况,未发现下属主要子公司已处于停产状态。

案例分析:承销商作为连接发行人和投资者的主要中介机构,应对发行文件的真实性、准确性和完整性进行审慎核查,为投资者有效揭示潜在风险。监管机构对此有较为明确的规定,即承销商有勤勉尽责、审慎尽职调查等基本义务。同时,根据《民法典》《证券法》等相关法律法规,中介机构因虚假陈述等证券欺诈行为导致证券投资者权益受损的,应承担民事赔偿责任。

该案例中,发行人长期存在财务造假行为,主承销商在尽职调查中未就涉及S集团主营业务的异常情况保持合理怀疑并进行充分调查,未发现主要生产线停产的明显异常情况、未针对企业提供数据与公开数据进行核查、未关注到该集团纳税申报材料的异常情况,导致其出具的相关材料存在虚假记载。Y证券公司因此受到了中国证监会的行政处罚,不但被没收违法收入、处以罚款、陷入与投资者的诉讼,更对后续的业务开展造成严重的不良影响。

(三)债券结构化发行

案例4-12:Y集团是国有大型煤炭企业,是中国500强企业之一,在债券市场表现较为活跃。2020年下半年,Y集团10亿元超短期融资券未能按时兑付,构成实质性违约。后续在交易商协会对Y集团的自律调查中,发现主承销商HT证券公司及其相关子公司涉嫌为

> Y集团违规发行债券提供帮助，以及涉嫌操纵市场等违规行为，涉及银行间债券市场非金融企业债务融资工具和交易所市场公司债券。HT证券公司向下属子公司管理的相关资产管理计划下达交易指令，协助Y集团在发行环节购买自己的债券，破坏了市场发行秩序。而HT证券公司也向下属子公司作为投资顾问或管理人的相关资产管理计划下达交易指令，协助Y集团交易自己发行的债券，违反了银行间债券市场相关自律管理规则，并存在内控管理不到位的违规情形。此外，2021年3月，中国证监会对HT证券公司及下属子公司和相关责任人员下发行政监管措施事先告知书，对HT证券公司机构投资者提供债券投资顾问业务暂停12个月、对其下属子公司为证券期货经营机构私募资管产品提供投资顾问服务业务暂停12个月、新增私募资管产品备案事项暂停6个月。

案例分析：结构化发行即发行人通过第三方机构成立资管计划、信托计划、私募基金等方式定向认购自己发行的债券，以确保债券的成功发行和控制发行成本。结构化发行严重破坏了市场秩序，隐匿了发行人的部分信用风险，不利于债券承销业务的风险控制。上述案例中，HT证券公司为了做大业务体量，利用下属子公司协助发行人开展自融，也反映了其未能实现有效的业务隔离和利益冲突防范，合规风控机制存在缺失。

上述问题和风险的出现，一方面，反映出债券市场发展过程中，部分发行人为成功发行公司债券，有虚饰报表的动机和手段；另一方面，证券公司在核查尽职调查过程中存在不充分或获取资料能力不足、依赖其他中介机构的问题，以及业务部门过分追求业绩而忽视对潜在风险的把控。证券公司应该持续履行勤勉尽责义务，在尽职调查、发行以及存续期管理阶段，持续关注潜在风险，建立完善的风险预警及应对机制。

| 第五章 |

信用风险管理的主要工具及应用

　　本章主要介绍前述章节中提到的信用风险管理过程中重要的信用风险管理工具,包括内部评级、资本计量、统一授信、压力测试管理,展开介绍各类工具的建设理论和建设过程,并着重论述了风险参数的设置、计量过程及风险数据治理。

第一节　信用风险模型及应用

一、内部评级计量理论与应用

（一）内部评级阐述

信用风险内部评级是由金融机构的风险管理部门和人员在一定的技术系统支持下，运用规范的、科学的评级方法，对评级对象（发行人或融资人或交易对手）的偿债能力和偿债意愿进行综合评价，并用简单的评级符号表示其信用风险的大小。

内部评级体系包含评级模型、评级系统、评级配套制度等。其中，评级模型是信用风险计量分析的核心工具，是风险管理文化的有机组成部分，属于风险管理的核心和商业机密。内部评级结果需充分应用于信用风险管理实践，输出的评级结果等要素为证券公司的客户授信、资产定价、资源配置、风险分类、风险考核等提供依据，使证券公司的资产质量状况变得更加明晰。

传统的商业银行主要以信贷业务为主，内部评级体系包括对主权、金融机构和公司风险敞口的内部评级体系和对零售风险敞口的风险分池体系。相较商业银行，证券公司则以资本市场业务为主，涉及信用风险的主要业务有融资类业务、债券投资交易、场外衍生品业务等。证券公司目前内部评级体系主要适用的对象是金融机构和公司风险敞口，较少涉及主权风险敞口；对于个人客户，主要是融资融券等融资类业务的客户，证券公司的评价方式和商业银行零售风险分池的评级方式有较大差异。

（二）内部评级要素

内部评级输出的风险要素包括违约概率（Probability of Default，以下简称"PD"），违约损失率（Loss Given Default，以下简称"LGD"），违约风险敞口（Exposure at Default，以下简称"EAD"）和期限（Maturity，以下简称"M"）。

1. 违约概率（PD）

违约概率是指未违约债务人或交易对手等未来一段时间内的违约概率，其中未来一段时间在短期评级方法中是1年，在长期评级方法中是未来5年至10年。巴塞尔协议要求测算违约概率采用内部违约经验、影射外部数据、统计违约模型中的一种或几种，以及其他适当的信息和技术来估计每个级别的平均违约概率。对于使用内部违约经验估计违约概率的，巴塞尔协议要求商业银行证明估计的违约概率反映了授信标准以及生成数据的评级体系和当前评级体系的差异，在数据有限或者授信标准、评级体系已经改变的情况下，银行在估计违约概率时，必须留出保守的、较大的调整余地。证券公司由于历史违约数据积累较少，目前无法完全达到上述统计学验证标准。

对于违约概率的审慎估计，首要前提是有明确的违约定义和足够的违约观察周期。对于违约定义，巴塞尔协议、国内银行监管部门均有明确标准，但是在具体实施时，不同商业银行的实际执行仍存在差异。证券行业目前缺少行业统一的违约定义标准，各家证券公司在认定时存在一定的差异。

对于违约样本的观察周期，巴塞尔协议要求无论使用外部数据、内部数据、汇集数据，或是三种数据来源的结合，至少一种数据源的历史观察期要有5年以上。为此，银行监管部门对银行内评的实施重点评估了这方面的执行情况，并对部分不符合条件的敞口采取资本校准措施。例如，在达标评估过程中，某银行的合格循环零售CCF分池使用的数据长度未达到5年，需采取校准措施；某家银行打分卡建模数据长度不足5年的情况，被提出评估意见；某家银行将违约率较高的年份剔除，同时加入了违约率较低的年份，监管评估时认为其违约水平不能充分反映跨周期的长期违约概率，需对不满足审慎性要求的模型采取校准措施。证券公司目前由于历史违约数据积累较少，还未积累到足够的时间长度、足够数量的建模数据，未来还需要积累较长时间的相关数据。

2. 违约损失率（LGD）

违约损失率是指融资人违约将给债权人造成的损失数额，即损失的严重程度，以风险总额的百分比来表示。从不良资产回收的角度看，违约损失率决定了不良资产回收的程度，即违约损失率 = 1 − 回收率。在巴塞尔协议内部评级初级法中，对银行、证券公司和其他金融机构无合格抵质押品的高级债权规定45%的违约损失率，对其他公司的无合格抵质押品的高级债权规定40%的违约损失率；对公司、银行的全部次级债权规定75%的违约损失率（次级债权是指还款顺序排在其他债权之后的债权）。在内部评级高级法中，商业银行可以自行估计违约损失率，国内银行该参数的估计值必须得到银行监管机构的验证。证券行业暂时还没有监管验证标准，证券公司一般参照前述巴塞尔协议参数法进行估计。

自行计算违约损失率的机构，需做好违约项目回收数据的积累。为避免不同经济环境下的有偏估计，应采用所有违约项目的平均损失测算违约损失率，而不是平均年损失率的平均数。因为在经济困境时，违约可能大批发生，违约损失率和违约率具有高度相关性，以时间加权的违约损失率平均数，可能低估发生违约的损失严重程度。对于在经济周期内违约损失率波动较大的项目，如果经济低迷时期的违约损失率比长期平均违约损失率更谨慎，则使用经济低迷时期的违约损失率。

在理想情况下，违约损失率的数据观察期应该至少涵盖一个完整的经济周期，一般不少于7年。违约损失率是巴塞尔协议实施评估的重点。例如，某银行针对信用卡和个人贷款的违约损失率衰退期调整假设条件的合理性及适用性分析不足，被采取校准措施；某银行的违约损失率催收成本确定方法被认为不够精确，衰退期调整方法标准不统一等。

3. 违约风险敞口（EAD）

违约风险敞口是指债务人或交易对手等违约时的风险总额，即债权人可能面临损失金额。比如融资类业务以融资人所欠数量来计量，违约风险敞口不考虑专项准备或部分冲销。

违约风险敞口的计算取决于交易模式，在多数情况下，违约风险敞口等于资产的名义金额。按照巴塞尔协议的规定，对外汇、利率、股票、信用和商品等衍生产品的风险敞口按照计算信贷等值数量的规则来计算，即根据重置成本加上不同产品类别和不同期限潜在敞口附加值来计算。

4. 期限（M）

期限是指交易的有效合同期限。

（三）内部评级的发展进程及特征

内部评级的主要目标是评价客户的信用风险水平，即运用一定的方法对评级对象的信用资质进行综合评价，并用简单的评级符号表示信用风险的相对大小。信用风险处理的难点在于如何进行精确量化。根据国内外评级发展的经验，内部评级一般会经历最初的专家判断（Judgment）阶段、分析模板（Template）阶段、评分卡（Scoring）阶段以及模型化（Model）阶段。由于不同阶段管理意识的差异、违约客户基础的不同，内部评级的建设目标也存在差异。

1. 专家判断阶段

此阶段内部评级是由信评人员或者专职审批人根据个人的专家经验，对融资方、交易对手或发行人等进行分析，对拟参与项目进行评估。针对不同行业，金融机构通过内部专业评估人员，根据评估体系进行内部评价。此阶段内部评价的目的是发现项目的风险点，判断项目是否可介入和开展，评价的结果中基本没有量化结论。此阶段内部评价特别依赖专家经验，不同专家对同一个项目的评价可能存在较大差异，如果评估时有遗漏的风险点或者对于风险点的严重性认识不足都会影响评价结果。由于不同行业之间风险大小的可比性很弱，此阶段的评估结果较难实现跨行业、跨条线比较的目标，基本无法为资产定价、资源配置等提供参考依据。

2. 分析模板阶段

随着业务的发展和精细化管理的需要，参考专家判断阶段的经验及不足，金融机构针对不同的业务类型和项目特征，整理评估内容并逐渐固化评估要点，从而形成一系列分析评估模板。此阶段基本能比较全面地总结评估对象的各类常见风险点，即使从业经验较少的评估人员，也能按照统一标准规范地进行分析评估，得出评估结果。与专家判断阶段相比，此阶段对专家经验的依赖性减弱，不易出现评估角度缺失的情况，适合业务发展较快且缺少资深评估人员的机构。但是，依赖分析模板可能无法直接发现评估对象潜在问题中哪些问题较严重，哪些问题较次要，且不同行业之间风险大小的可比性仍未解决。

3. 评分卡阶段

随着问题项目的积累，金融机构针对模板无法凸显风险点重要性的局限性，在分析模板的基础上总结风险事件经验，基于评价指标的重要性和专家经验，赋予评价指标差异化的权重，从而输出的评分结果能建立与等级的映射关系，有效避免评估人员使用分析模板时对风险点重要性认识的差异导致评估结果的差异。由于评分卡采用评价指标和权重打分的方式，部分证券公司在实践中专门制定了评分卡评价和打分指导手册，方便评估人员简便、快速、准确地进行评价。此阶段能够突出评估对象的重要风险点，使用同一评分卡模板的评价对象能够通过评分结果进行风险排序。但是，不同评分卡之间无法针对风险大小进行客观排序，即不同行业相同的得分是否代表风险大小相同；在经济周期不同阶段同一行业的得分是否可比；评分卡输出的风险参数，比如 PD 和 LGD 等，是否有统计基础、是否有足够的稳定性、是否经得起行业周期和经济周期的检验。这些问题都有待进一步观察完善，若以此作为绩效分析、风险考核甚至战略配置的重要参数，可能会出现较大的错配情况。

4. 模型化阶段

相较于评分卡阶段里的指标和参数主要是基于专家经验而定，模型化阶段为了更加科学地确定风险指标及其重要性，在前期积累了充足的风险案例基础上，金融机构使用类似于医学统计中确定医学检测指标或治疗靶向的方法，首先根据专家经验建立备选风险指标库，然后根据违约与否、违约回收额大小等确定评级的因变量，经过单变量分析、多变量分析、去除多重共线性并采用多重抽样的方法进行交叉验证，建立基于违约数据的评级模型。足够数量的违约样本、足够长的样本周期，才能够支持本阶段建立有效的评级模型，从而避免因所处经济周期阶段的不同，或者少数违约样本的代表性不足，导致评级模型的有偏性。

国内证券公司的信用风险管理建设发展较慢，主要从2016年开始。内部评级作为风险管理的核心工具，其发展也相对较晚。由于国内资本市场截至目前的违约量较少，暂不足以支持基于统计学原理的模型化内评建设，因此，证券公司目前建立的内部评级体系多数介于评分卡和模型化之间。

内部评级服务于信用风险管理，各阶段都应坚持围绕业务及评级对象，不能脱离实际情况只看内部评级的自动输出结果，避免因数据、模型的局限性导致的评级结果误用。例如，2008年金融危机以前估计的长期违约概率和违约损失率，若在2008年以后不进行持续验证和校准，则会导致部分群体的风险被低估；2016年以前国内债券极低违约环境下的内评体系无法直接适用于后期违约快速上升的市场环境。

（四）建立内部评级的主要原则

建立内部评级体系是证券公司对信用风险进行量化管理的第一步，也是最基础的一步。由于国内违约数据缺乏、证券公司业务规模相对银行总体较小，证券公司应根据业务状况、风险管理需求和实际应用环境，明确内部评级原则，建立适合自身发展的内部评级体系。

1. 独立性原则

内部评级的独立性是所有机构评估过程中都应考虑的重要因素。评级部门应该保持独立性，在评估中不受外部因素的影响。这种独立性对确保评估过程的公正性、可靠性和准确性起着关键作用。只有保持评级的独立性并遵循公正的程序，才能确保评级部门的信誉和地位，增强评估结果的认可度，促进评级结果在公司内部得到有效落实，避免有偏的评级对资源配置、风险管理造成不利影响。

2. 审慎性原则

内部评级的输出参数，包括 PD、LGD 等，是信用准入、风险限额、资产定价、资本计量、风险考核等工作最基本的参数，评级参数的估计必须审慎。只有遵循审慎性原则，证券公司才能更好地识别和控制风险，提高自身的风险管理能力和水平。

审慎性原则要求证券公司根据风险参数估计的准确性和审慎性进行验证。例如，对于违约概率的估计，验证人员应采用不少于两种方法分析实际值与违约概率估值的吻合程度。一般采用二项检验和卡方检验对违约概率估值的准确性和审慎性进行验证。

（1）二项检验：是验证各评级级别违约概率估计值的一种有效方法，在应用时，每次只能对一个评级级别进行二项统计检验。P 值越接近于 0，准确性越差。换个角度而言，二项检验也是对主标尺各个等级准确性的检验。对于主标尺等级之间出现违约率跳点，或者某个等级的实际违约率大于该等级的违约率平均值且无法通过二项检验时，该等级的风险资本配置可能会出现偏差，该等级下资产组合的风险可能被低估，需进行分析和优化，包括敞口模型优化甚至主标尺优化。

（2）卡方检验：是验证不同风险级别违约概率估计值与主标尺匹配程度的方法，可一次同时对多个级别进行检验。卡方检验的 p 值可以用来估计违约概率的准确性，p 值越接近于 0，准确性越差。

3. 风险排序有效性原则

内部评估模型的有效性指的是内评体系的区分能力，是指内评体系在进行分析和预测时区分不同风险主体的能力。在实际应用中，模型的区分能力越高，识别主体间差异性的能力越强，内评的预测效果会更好。因此，在建立模型时，需要注意选择合适的特征和算法，提高模型的区分能力，从而获得更好的预测效果。

证券公司需要根据实际业务数据对模型的有效性进行验证，以确保模型能够按照评级对象的风险大小有效排序。模型有效性应采用不少于两种方法进行检验，包括 AR 比率和 K-S 检验结果等。

（1）AR 比率：也称 GINI 系数。AR 和 ROC 在数学上存在如下关系：AR = 2ROC − 1。AR 比率与 ROC 指标方法是对模型的有效性进行验证最常用的方法，验证人员会根据机构的实际业务数据情况，选用其中的一种方法进行验证。根据长期实践经验来看，模型投产后，在违约样本足够的情况下 AR 值一般在 0.3 至 0.5 之间，表示模型的排序能力可以接受；在 0.5 至 0.7 之间，表示模型的排序能力很强；当 AR 值低于 0.3 时，表示模型投产后的表现不佳，需要进行审视，启动模型调整或者优化；当 AR 值大于 0.7 时，可能是因为违约样本太少，也可能是模型表现优秀但疑似有误。

（2）K – S 检验（Kolmogorov – Smirnov 检验）：主要是检验评级指标、评级模型对违约对象的区分能力，通常是在模型预测全体样本的信用评分后，将全体样本按正样本与负违约分为两部分，然后用 K – S 统计量来检验这两组样本信用评分的分布是否有显著差异。与 AR 值的检验对象不同，K – S 检验更适合对零售分池的模型验证，K – S 值越大，表示模型能够将正负样本区分开的程度越大。通常 K – S > 0.2 表示模型有较好的区分能力，0.4—0.6 表示区分能力很好，0.6—0.75 表示模型区分能力很强，K – S > 0.75 表示模型区分能力强到疑似有误。

AR 检验和 K – S 检验一般要求有明确的反面样本或者违约样本，但是对于低风险组合，由于缺少足够的反面样本，上述检验无法执行。为了实现模型排序有效性的验证，还可以使用 Kendall's tau 检验进行间接检验。Kendall's tau 检验是用来测量两个等级变量相关性的统计量，通过比较内部评级以及外部公信力比较强的评级，确定当前评级的排序有效性。对于有标普、穆迪、惠誉三大评级公司的主体，可以使用该统计检验方法检测内部排序的合理性。

4. 适应性原则

内部评级的适应性原则是指既要适应所评价业务的大环境，也要适应公司的发展阶段，还要适应风险管理的要求。适应性原则旨在寻求一个平衡点，以确保内部评级体系既不会过于复杂，也不会过于简化。

(1) 评价对象数量的限制。内评模型首先应按照评级对象的特点进行"敞口"划分,具有相似性的评级主体应划归为同一敞口。在此过程中,应当考虑划分后各个模型客户数的充足性,如果敞口划分过细,或者落入某个敞口的机构数目、违约数目过少,会使得评级模型缺乏数据支持,进而降低统计模型的可靠性、稳定性。相较银行,证券公司涉及分析评价的主体以上市或者发债企业为主,可以参考常见的外部行业分类,比如中国证监会行业分类、申万行业分类等,在一定细分的基础上应将部分差异较小的主体合并考虑,避免过于细化的模型投产后使用频率较低。

(2) 评级方法论的选择。国内资本市场近几年经历的信用风险事件虽然增加不少,但是事件的代表性有限,基于这些事件建立的评级体系有可能导致未来风险评估稳定性不可控。因此,在评级方法论上应根据当前的情况,尽量选择稳定性强、方法论简单的评级模式,即评级方法选择的"拖拉机"理论。该理论认为国内资本市场的"路况"复杂,有快速路也有山路,同时"司机"差异较大,驾驶技术各有不同,采用最先进的 F1 方程式赛车容易出事故,简单易用的拖拉机反而适合国内的"路况"。

(3) 模型的管理和维护费用。模型开发完毕后,并不意味着可以永久使用。需要在日后定期或不定期进行模型的维护、监控、验证、优化或重新开发等工作。例如,每年评估模型的关键参数是否需要维护更新,与此相应的系统也需随之更新。开发的模型数目与模型的维护费用呈正相关;如果模型划分过细,则需要投入相当可观的人力、物力维护模型。

因此,选择适应我国资本市场现状以及证券公司内部管理现状的评级体系,才是最合适的评级体系。过于精细化、复杂化的评级体系不一定能在证券公司风险管理中发挥出有效作用。

(五) 内部评级哲学和评级跨周期研究

内部评级哲学是指评级对象的评级如何受宏观经济、经济周期、行业等因素的影响,这些因素是评级过程中必须考虑的因素。评级对象评级的确定需要综合考虑其自身特定风险特征以及宏观经济、商业周期和行业因素等风险因素。

如果评级模型主要使用与评级对象有关的当前信息进行评级，评级结果随着经济变换而变化，则评级模型属于"时点评级法"（PIT）。如果评级模型主要使用与评级对象有关的长期信息进行评级，评级结果随着经济周期的更替保持不变，则评级模型属于"跨周期评级法"（TTC）。PIT 评级反映的是未来一段时期内（一般为 1 年，也可能是 2 年或 3 年）的风险；评级的形成运用了当前能够获取的评级对象所有特征信息和总体信息，充分考虑即期风险，对风险管理更有意义，评级对象的评级随着经济前景的变化而迅速变化。TTC 评级反映了在一个非常长的时期内（这个时期长到使整个经济周期的平均影响为零）的风险；评级的形成使用了评级对象所有的静态和动态特征；评级每年会随着客户自身情况的好坏而变化，但不会随着宏观经济条件的变化而发生变化。TTC 评级方法难度较大，需要更多的数据和更复杂的分析。

PIT 和 TTC 两种信用评级的差异体现在如何处理经济周期因素的方法，PIT 关注的是评级对象的现状，TTC 着眼于经济低谷时期或在不利的经济条件下评级对象的表现。评级对象的 PIT 评级会随着经济所处的周期位置不同而发生变化：在经济繁荣时期，评级对象会获得一个较高的 PIT 评级；在经济萧条时期，评级对象则会得到一个较低的 PIT 评级。而评级对象的 TTC 评级无法反映整体商业环境的变化。针对单个评级对象的评估，目前可选择的评级方法中，定量的基于模型、以当前市场信息或最新的财务状况作为评级调整驱动因素的评级方法，更近似于是一种 PIT 体系；基于专家判断的评级体系则更倾向于 TTC 评级。

1. 在违约概率估计方面

国际同业在评级的选择实践中，无论是从 TTC 或是 PIT 开始，最终都倾向于一种介于 TTC 和 PIT 两个极端之间的某个位置。这意味着在经济不好的时候，客户的整体评级下降，这和 PIT 的方法一致；而每个信用等级的观测违约概率有一定的上升，这和 TTC 的方法一致。如果从纯粹的基于专家判断的评级方法或者从纯粹的定量的基于模型评级方法向评级模板和基于评分方法论发展，使方法论结构处于基于以专家判断为基础的评级方法和纯粹定量的基于模型评级方法之间的某个位置,这样处理的好处是既包含了 PIT 要素,即适用当前的财务和市场信息,又包含了 TTC 要素,即能够评估评级对象在潜在经济周期中最不利环境下的脆弱性(见图 5-1)。

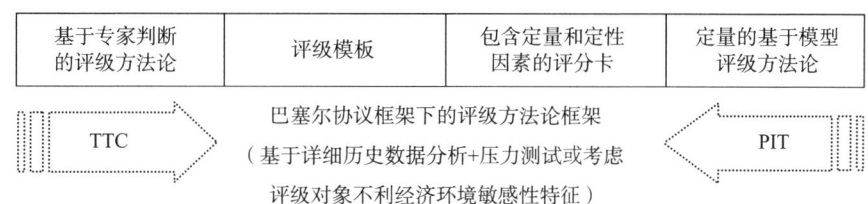

图 5-1 评级方法论框架

对于定量信息的技术处理方式,大体可以分为:(1)结构性模型,即按照某种基础理论建立的模型,最著名的结构性违约预测模型就是基于股票或期权定价理论的 Merton 模型,其得到的是中性风险偏好的概率;(2)非结构性模型,即基于统计确定输入要素之间关系的模型,该类模型不是基于某一基础金融理论,主要是使用源于传统的基础信用风险分析的因素,这类模型包括 Default FilterTM、RiskCalc、Z-Score、Logistics 回归等。

2. 在违约损失率的跨周期计量方面

国际实践先是建立宏观经济变量与 LGD 之间的模型,再利用景气低迷时期的宏观经济变量来预测 Downturn LGD。根据 Greg Gupton,GDP 的变化与回收率之间存在明显的相关性,但其相关性小于 1,因此根据保守和审慎原则,可基于 GDP 增长率等宏观指标变化幅度以及专家经验,使用百分比来估计经济衰退期和经济繁荣期的 LGD 变化幅度,即利用相关研究所得数据或关系式来对 LGD 调整,将各级别的 LGD 乘以若干调整系数(Stress the LGD),并结合内部专家的经验,利用目前数据计算 Downturn LGD。

根据穆迪公司 2002 年在其 LGD 预测模型 LossCalc 的技术文件中披露的信息(见表 5-1),宏观经济环境因素对 LGD 的影响贡献度为 26% 左右,仅次于清偿优先性等项目因素。

表5-1　　　　　穆迪公司 LossCalc LGD 模型相关指标及权重

影响因素	解释变量	所占权重（%）
债务种类和级别	贷款、债券和优先股等 担保债、高级非担保债以及次级债等	38
企业资本结构	负债权益比率，以及不同级别债务金额占总债务金额的比率等	16
行业特征	特定企业的负债占行业 RR 的移动平均值 银行业 RR 指数等	22
宏观经济状况	1 年期风险调整违约概率中值 投资级债务 1 年移动平均违约率 主要经济指标变动情况等	24

Frye 利用穆迪评级公司的债券数据研究表明，经济萧条时期的债务回收率要比经济扩张时期的回收率低 1/3。Altman、Brady、Resti、Sironi、Hu 和 Perraudin 以及 Gupton 和 Stein 的研究都表明，经济体系中的总体违约率（代表经济的周期性变化）与回收率呈负相关的关系。Schuermann 利用穆迪违约数据，对 1970 年开始的衰退期与繁荣期的回收率进行简单的统计分析后表明，经济衰退期债务的回收率只有 27.85%，而经济繁荣期的回收率则可达到 43.10%，这意味着经济衰退期的 LGD 约为繁荣期的 1.26 倍。部分国际银行为保守估算 LGD，采用 100% 作为 Downturn LGD，同时这也是 Vasicek 模型中的假设。美国联邦储备局（U. S. the Federal Reserve Board）规定，根据美国长期的研究与观察倒推出相关结论，基于内部评级法的银行可以采用以下公式计算 Downturn LGD：

$$\text{Downturn LGD} = 0.08 + 0.92 \times \text{Long-term Average LGD}$$

根据以上指标，并结合内部专家的经验，可以对最终的调整比例有一个相对准确的估计。

（六）内部评级在证券公司范围内的应用

1. 内部评级的业务应用范围

信用评级管理的目标是针对不同业务场景下的证券交易标的与交易对

手采用合适的评级模型来对其进行风险量化排序,并设置准入等级来排除高风险标的证券或交易对手入库,以控制潜在的信用风险。

在实施信用评级管理过程中应坚持以下两个原则:

一是有效性原则,即要求信用评级结果契合市场评价序列与专家经验,且结果能够广泛应用。

二是灵活性原则。内评管理体系的灵活性主要包括两个维度含义:一是评级工具的适应性,即要求评级模型的参数能够随着市场信用风险因子变动而产生跟随动态变动;二是灵活性,是指准入管理的灵活性,可以根据业务风险情况的不同灵活调整内部评级体系的应用场景。

评级管理在整个信用风险体系中处于核心地位,从管理对象来看可划分为工商企业评级管理和交易对手评级管理。就一般工商企业评级管理而言,证券公司一般建立覆盖全行业的内部评级模型,借助评级模型对标的证券进行风险量化,根据量化结果对信用资质进行分类,比如分类为投资级、限制性投资级与投机级,其中投资级限制范围较小,但限制性投资级则可能面临部分限制,如久期管控与有效期管控,投机级证券按照机构的风险偏好可能属于禁止投资范畴。交易对手评级管理与证券评级管理思路类似,即通过评级模型对风险进行量化并分类,根据分类结果采取不同风控措施进行管理,比如设置交易对手的准入级别以及有效期管理等。

(1) 工商企业评级管理。

①适用业务。工商企业评级管理适用业务主要是自营及资管的债券投资交易业务、债券承销业务以及非标准化债权资产投资业务。

②管理方案。在兼顾风险识别的有效性与灵活性原则情况下,证券公司可根据自身的实际情况构建评级管理体系,在此体系下,评级结果与排序以及准入标准会在内部达成相对一致的意见,评级管理后续执行将会具备重要基础。具体而言,评级体系的构建依赖两个层面:

第一层面是评级模型的建设。前文已经阐述了国内金融机构内评模型搭建的主要阶段,证券公司可依据自身情况选择合适的内评模型,但需要坚持有效性与灵活性原则。具体模型的搭建方法在下文将详细介绍,本处不赘述。

第二层面是配套多维的风控策略。具体而言，多维的风控策略主要体现在两个方面。

在不同的业务层面，需要结合不同的业务类型特征，分别设置不同的准入管理规则，并不是所有的业务都要执行统一的准入标准，具体标准的设定需要依据不同证券公司的风险偏好与容忍度。比如债券承销业务，若公司认为现阶段主承销债券违约中证券公司连带责任赔偿的潜在风险敞口不明显或不确定，总体信用风险可控，则适当放宽准入；又如债券回购类业务，合约了结存在质押券与交易对手履约能力双重保障，也可适当降低债券回购类业务的准入要求等。

在单项业务层面，其准入的阈值并非唯一，可设置多个准入阈值，但不同准入阈值下需额外增加辅助的风控手段以控制风险。比如债券投资业务、非标准化债权业务与债券承销业务准入规则是将准入划分为投资级准入以上，限制性投资级虽然也满足准入条件，但因其内评等级相对较低、信用风险相对较大，需采用限制条款来缓释信用风险。

多维的评级准入需要增加额外的辅助风控手段，主要包括久期管理、有效期管理、增信管理以及审批程序。增信管理在后续章节会进行介绍；审批程序则主要是对于不满足准入标准的标的券应执行相应的审批等，审批程序设定取决于各家证券公司基于效率性与风险容忍度等维度考量，并无统一范式。本部分主要介绍久期管理和有效期管理。

久期管理初衷是因限制性投资级属于具备部分安全边际，投资或承销收益可观，但同样存在不容忽视的信用风险，具备博弈价值，业务部门也倾向于挖掘该区间的债券标的。为满足业务部门的投资偏好，同时合理控制信用风险，相对合适的手段就是限制性投资级挂钩久期，内评等级越低的限制型投资级债券久期越短，久期管理适合于债券投资业务、非标准化债权业务以及债券承销业务。在库有效期根据风险偏好进行设置，可设置1—12个月不等，对于部分非常规临时性的交易，比如经过特殊审批的质押式回购业务中的投机级债券，该类型交易可设置以天数为单位的在库有效期。

信用风险缓释工具（CRM）是用于管理信用风险的信用衍生产品，主要适用的业务为债券现券投资、资产管理业务中的现券投资。我国目前银行间市场、交易所市场共存在6类信用风险缓释工具，包括信用风险缓释合约（CRMA）和信用风险缓释凭证（CRMW），就约定的单一债务进行保护；为满足市场需求的发展，交易商协会又新增信用违约互换（CDS）和信用联结票据（CLN），将保护对象扩大到参照实体的"一篮子"债务或信用事件；交易所推出了信用保护合约和信用保护凭证，其债券保护范围主要是交易所债券。6类信用风险缓释工具中以银行间市场的CRMW产品最受欢迎。

在实践中，若计划投资低等级债券，该债券附带创设机构设立的诸如CDS、CRMW等，可直接参与申购，以规避信用风险。值得注意的是，该种方式虽然可以降低风险，但CDS或CRMW等设立机构的信用风险仍需关注，需合理评估其履约能力；若拟投资的债务或主体未附带信用缓释工具，则证券公司可以自行设立CLN方式来对冲与转移信用风险（见表5-2）。

表5-2　　　　　　　　　　国内信用衍生品介绍

产品	定义	卖方	参考标的	是否可以转让
CRMA	交易双方达成的，约定在未来一定期限内，信用保护买方按照约定的标准和方式向信用保护卖方支付信用保护费用，由信用保护卖方就约定的标的债务向信用保护买方提供信用风险保护的金融合约	创设机构	单一债务	非标准化，不可在二级市场上流通，场外交易存续期限由双方约定
CDS	交易双方达成的，约定在未来一定期限内，信用保护买方按照约定的标准和方式向信用保护卖方支付信用保护费用，由信用保护卖方就约定的一个或多个参考实体向信用保护买方提供信用风险保护的金融合约	创设机构	参考实体的信用风险	非标准化，不可在二级市场上流通，场外交易存续期限由双方约定

续表

产品	定义	卖方	参考标的	是否可以转让
CRMW	由标的实体以外的机构创设的，为凭证持有人就标的债务提供信用风险保护的，可交易流通的有价凭证	创设机构	单一债务	标准化，可在二级市场上转让，存续期限由出售方规定
CLN	由创设机构向投资人创设，投资人的投资回报与参考实体信用状况挂钩的附有现金担保的信用衍生品，属于一种凭证类信用风险缓释工具	标的债券的投资者	参考实体的信用风险	场内外交易，可转让，类似高收益债
信用保护合约	合约由交易双方签署的《中国证券期货市场衍生品交易主协议（信用保护合约专用版）》、补充协议等一系列合同文本组成。合约项下的相关权利义务由交易双方各自享有和承担，不可转让	创设机构	一个或多个参考实体或其符合特定债务种类和	非标准化，不可在二级市场上流通，场外交易存续期限由双方约定
信用保护凭证	凭证由创设机构创设，根据凭证所载条款向凭证持有人提供信用保护，并可以通过交易所进行转让	创设机构	一个或多个、一类或多类债务	标准化，可在二级市场上转让，存续期限由出售方规定

担保增信主要适用的业务为非标准化债权资产投资业务与债券承销业务。投资或承销的债务发行主体信用资质较弱、市场认可度较差时，通过增加担保的方式可增强其债项信用等级。担保增信主要的增信手段包括保证担保、抵押担保与质押担保，其中保证担保分为个人保证担保与公司（包含专业担保公司）保证担保；抵押担保主要是不动产抵押；质押担保可以是存单或股票等。在评估担保效力时，个人无条件连带责任担保通常担保效力有限，增信效果不佳；公司连带责任担保或差额补偿承诺则需要具体评估公司实际的担保能力，包括从行业、经营与财务等维度来评估其偿债能力；担保公司则主要评估其资本实力、再担保余额以及担保放大倍数等；抵押担保需要考虑其抵押倍数、抵押资产价值以及是否存在瑕疵等；质押担保若质押物为股票等，则需要对其做压力测试，以衡量股票在市场低迷时是否会出现无法覆盖债务情况的发生。

实践中，当证券公司计划投资非标准化债权资产或承销债券时，需要对项目风险进行识别与评估：信用资质较差的项目要提出补充增信的要求以缓释风险，否则不予继续推进；若确定合适的担保物，且担保效力满足准入要求，则可继续推进项目，通过担保增信的方式来对冲与转移信用风险（见图5-2）。

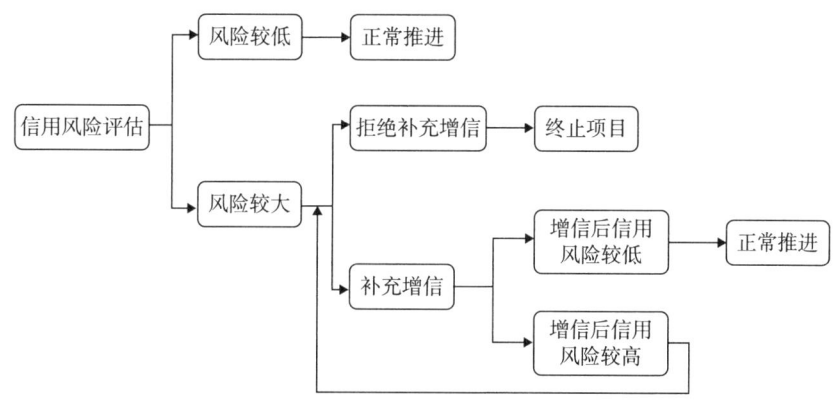

图5-2 担保增信管理

（2）交易对手评级管理。

①适用业务。交易对手评级管理适用业务主要是自营及资管业务中的债券投资交易业务、衍生品业务，其中债券投资交易业务主要涉及债券回购交易、债券远期、债券借贷业务等。

②管理方案。交易对手准入管理的核心是需要对交易对手进行风险量化，并借助评级符号来反映量化结果，以此来标识交易对手的信用状况。目前行业内对交易对手评级方案差异较大，部分机构采用黑白名单管理模式；部分机构采用定性指标，如股东背景、业务规模、分类评级结果等对交易对手进行评级区分；还有部分机构采用定性与定量结合的方式对交易对手进行评级。对于法人交易对手，可采用自建数据库的形式将评级指标需要的数据提前预设至系统，该方法将极大地提升交易效率；对于产品户，除综合考虑其所属法人单位的信用情况外，再结合尽职调查资料的数据情况对其所属法人单位的信用等级进行适当调整以确定产品户的信用等

级。通过上述路径整合后，交易对手评级模型最终主要落至金融机构主体评级模型上，产品户与法人机构评级均具备了评级的可行性。证券公司可根据不同类别进行分类管理。

(3) 权益证券分类管理。

①适用业务。权益证券分类管理适用业务主要是融资类业务，适用对象为股票质押、约定购回、融资融券等业务中的担保证券或标的证券，以股票为主，此部分评级一般影响信用风险计量中的违约回收率参数，所以非传统意义上的债务人评级。但是考虑到证券公司如上业务的特殊性，如果针对此类权益类担保物建立了标准的分类依据，将更加有利于后续的风险计量与风险分类。以融资融券业务为例，目前证券公司风险管理的措施主要包括管理标的证券范围、担保证券范围、可充抵保证金证券折算率、账户集中度和维持担保比例等，这些管理措施均与个股风险计量密切相关。

②管理方案。在传统信用风险管理逻辑中，很少会进行股票资产的分类管理，主要是基于股票资产流动性较好，证券公司掌握处置的主动权，若出现异常情况，可迅速处置变现，主要风险特征表现为市场风险。但随着近年融资类业务风险事件频发，股票类资产在流动性萎缩、丧失等情况下，会因流动性风险、市场风险转化成信用风险，即证券公司经常是在处置融资人融资账户后仍面临损失敞口，后续追偿往往不及预期。产生上述问题的根源在于标的券的担保价值定价不合理，即事前未对担保券或者质押券的价值进行合理的评估，导致在处置受阻（如质押资产遭受冻结、减持受限、持续跌停等）的情况下，账面的履约保障比例并不能真实反映实质风险程度。对于个别投资者"炒差、炒小"等投资逻辑，此类股票价格波动大，估值水平普遍偏高，按照股票市价测算的维持担保比例可能失真，难以真正体现担保品的增信能力，即存在担保价值虚高的问题。

权益工具相较于债务工具的管理存在较大区别。首先，限制范围存在明显差异。债务工具评级管理借助准入规则，剔除了较多的信用资质较弱的债务发行人，但权益工具评级限制范围会比较窄。其次，要求不一致。

权益工具的风险评估模型要能够快速纳入市场信息、响应市场的变化，设计开发的个股风险计量模型需要在反映低频基本面风险特征的基础上，实现日度更新，从而体现高频的市场行为特征，但债务工具的要求要低很多。共同点主要是债务工具评级是基于债务偿付能力底线的评估，对债务主体经营与财务要求稳定；权益工具也同样如此，要求股票市场表现稳中向好。

权益工具分类管理主要包括两个方面。首先是分类模型。正如前文所述，权益工具对于时效性要求很高，因此在设计模型时要增加高频指标的占比，以提高模型的灵活性，评价维度可包括基本面分析、技术面分析以及其他方面（如行为分析，主要包括减持、质押、实控人风险等股东行为，分析师一致预期、覆盖分析等卖方行为，持续督导、审计机构、行政监管措施等监管及中介机构行为），最终获取受评项目的风险评级，基本框架可参考图5-3。

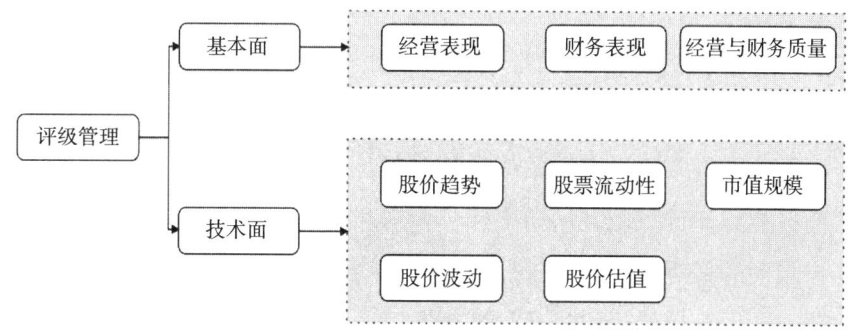

图5-3 权益工具分类模型参考

其次是分类结果的应用。分类结果最终需要和折扣率与质押率进行挂钩。若将风险分类结果分为五类，如A类、B类、C类、D类与E类，则E类属于禁止准入。分类不同，对应的担保品折算率可进行差异化设计，如E类折算系数为0。还可以结合分类结果设置差异化的集中度的管控指标及阈值，集中度管控的范围可包括全量业务单票集中度、单一层级集中度、单一客户单票集中度等。对于单一客户单票集中度的管控，可以按维持担保比例及分层结果设置集中度管控指标。如当客户维持担保比例低于

180%时，可以设置所持有的归属于"E"集中度分组的单一证券的市值占信用账户总资产的比例不得超过一定比例，达到判定标准时，交易系统实时限制该只证券的新增融资买入和普通担保品买入；当客户维持担保比例低于180%时，所持有的归属于"E"集中度分组的所有证券的市值占信用账户总资产的比例不得超过一定比例，即通过对集中度为"E"的全部证券集中度分组管控，降低信用资质较差担保品的风险。

此外，权益工具分类管理还可以用于强化舆情监测与实时预警，证券公司可以对高风险高集中度的信用账户以及相关标的证券进行重点监控，从而提高风险发现效率和识别能力，把握与客户沟通的时机。

2. 内部评级的核心应用场景

内部评级的核心应用场景通常包括以下四个方面：限额设定、信用政策、授信审批、风险报告。

（1）限额设定的应用。风险限额代表了在一定风险偏好下对某项业务、某个客户所能承受的最大风险，也体现了对集中度风险的容忍程度，是金融机构管理风险敞口的常用手段，被广泛地应用于信用风险等风险管理实践中。

证券公司的限额设定通常根据不同信用等级的风险水平，分别确定信用限额标准，先计算出其初始限额，再通过多方面影响因素的调整，以获得客户限额的最终输出结果。目前业内多以"系数调整法"作为限额设定的主要方法，具体使用中有两种处理方式：

①有些证券公司会以自身的净资本为基数，设置各信用等级对应的系数，得到公司层面各等级对应的投资限额。在此基础上，根据客户所属行业、自身的资产负债情况、盈利能力等设定差异化的限额。

②有些证券公司通过设定公司层面单笔业务所能承受的最大损失，再基于计算公式：预期损失（EL）= $PD \times LGD \times EAD$，以最大损失为EL，同时基于内部评级计算得到的PD、LGD，倒推出公司层面各等级对应的EAD，作为投资限额。该限额要求PD和LGD能够较好地进行估计，实现跨行业跨时间的风险排序，且能通过统计检验，否则会出现输入的风险参

数不准确导致输出的 EAD 也出现较大偏差。

（2）信用政策的应用。作为内部评级法下的核心应用之一，内部评级结果在建立差异化的导向政策、完善信用政策体系方面所发挥的作用十分显著，也是内部评级建立和发展的最初动力。证券公司可在战略规划及风险偏好的指导下，以客户评级、行业评级、地区评级为基础，将资产组合划分为多种类型，通过制定多维度、差异化的信用政策，完成对信用资产的导向和管理，并实现由战略规划及风险偏好的宏观层面到差异化信用政策微观层面的传导。信用政策可涵盖行业、区域、客户、产品四个维度。

①行业政策：金融机构应依据国家宏观经济政策制定与自身相适应的行业政策。行业政策划分为以下四类：

一是优先支持。此类行业为国家及地区在经济政策中明确提出要优先鼓励支持的行业，且行业自身尚处在行业周期的发展期或成熟期（行业周期一般划分为初创期、发展期、成熟期、衰退期），同时此类行业评级分数最高。

二是适度支持。此类行业为国家及地区在经济政策中明确提出要优先鼓励支持的行业，且行业自身未处在行业周期的衰退期，同时此类行业评级分数较高。

三是审慎控制。此类行业为国家及地区在经济政策中未明确提出要限制淘汰的行业，且行业自身未处在行业周期的衰退期，同时此类行业评级分数中等。

四是压缩退出。此类行业为国家及地区在经济政策中明确提出要限制淘汰的行业，且行业自身处在行业周期的衰退期，同时此类行业评级分数最低。

②区域政策。证券公司可根据地区评级结果衡量各地区的综合发展能力，以此为基础制定相应的区域政策、区域限额政策、经济资源在各地区的分配决策。区域政策的制定与行业政策互相作用、相互影响，二者存在显著的交叉效应，其相结合可反映地区综合发展能力和行业信用风险水平对客户信用等级的综合性影响。

具体在业务实践中，证券公司一般会设置行业管控名单和地区管控名单，明确高风险行业和高风险地区的禁投池。该禁投池多采用"一刀切"的模式，严格限制准入。部分证券公司会设置"限制行业"和"限制地区"名单。比如"限制行业"和"限制地区"的投资额度敞口占信用债总持仓的比重不能超过一定比例限制；"限制行业"和"限制地区"外的行业和地区投资头寸则不受限制。

③客户政策。客户政策可依据客户类别，分别制定大中型客户政策、小企业客户政策、个人客户政策，依据各类型客户不同特点，分别制定相应的投放策略。差异化的客户政策可通过调整包括但不限于以下内容得以实现：客户评级准入的调整、客户额度的调整、客户审批偏好及模式的调整、资产风险分类标准的调整等。

对客户准入政策，证券公司一般有两种做法：

一是设置一条评级准入线，该等级以上业务准入，该等级以下的业务严格限制准入；

二是设置两条评级准入线，除可准入和严格限制准入外，另有"灰色等级"区域，需经过特殊审批方可执行。

在实际业务中，考虑两条准入线需要更多的审批人员，一般中小券商多采用仅设置一条准入线的模式。

④产品政策。产品的选择偏好设定基于以产品为基础考核点的现代考核体系，其主要依据包括以下内容：

一是 RAROC（Risk – Adjusted Return on Capital，即风险调整后资本收益率）＞Hurdle Rate（最低预期资本回收率）；

二是 EVA（Economic Value Added，即经济增加值）＞0；

三是 RAPM（Risk – Adjusted Performance Measurement，即风险调整绩效评估模型）的建立与优化。

国际主流先进金融机构现阶段均已建立完成了 RAPM，实现了以产品为基准的绩效考核体系。证券公司可考虑利用内部评级逐步建立、完善、优化，先开展 RAROC 与 EVA 的建设，待相关条件成熟后，再实现 RAPM

的建设与推广。

（3）授信审批的应用。证券公司正逐步尝试以内部评级结果为基础，实施授信审批，但目前还没发展出一套普遍适用的应用内部评级结果的授信审批设置方法。证券公司依据内部评级结果通常会设置不同的审批策略。

一是客户准入。通常设定最低客户准入等级。授信前首先进行客户等级评定，若评定等级低于最低准入等级，则该客户通常会被拒绝；若评定等级高于准入等级，则经过详细审查后，判断该客户是否准入。

二是业务期限。对于高信用等级的客户，业务期限可以相应延长，而对于低信用等级的客户，业务期限不应过长，通常会建议一个最长期限，相应的业务期限限制在最长期限内。

（4）风险报告的应用。内部评级体系风险报告类别一般有如下形式：

一是评级分布总体报告。宏观分析整体客户（包括新增客户、违约客户和保证人）的评级分布情况和评级集中度，避免评级分布过于集中，从行业、产品等维度，显示不同的风险衡量数据。

二是趋势报告。分析整体客户（包括新增客户和违约客户）在一定时期内的变动情况，包括评级迁徙情况，并特别关注大额客户的授信余额变化趋势和稳定性，使证券公司有能力识别风险恶化或改善的风险趋势而调整信贷策略。

三是风险参数估值与实际值报告。将模型估值与实际历史发生值进行比较，更好地监控模型运行情况，及时发现潜在问题并对模型进行持续优化调整。

四是评级应用管理报告。监控评级应用在日常管理中的实施情况，包括对客户评级重大变化的记录，对超限额和超定价的分析，确保内部评级在风险管理中发挥重要的作用。

3. 内部评级的高级应用场景

除了前述核心应用外，内部评级还可以在经济资本计量、损失计提、资产定价、绩效考核、风险偏好制定、风险文化建设六个方面进行应用，基本以预期损失和经济资本（或非预期损失）为基础，并延伸到相关工作领域。

（1）经济资本的计量。内部评级在经济资本计量中的应用具体参见下文"三、预期损失、非预期损失"之"（二）非预期损失"相关内容。

（2）损失计提的应用。根据财政部发布的《企业会计准则第22号——金融工具确认和计量》，证券公司使用预期信用损失法对金融工具计提减值准备。中国证券业协会发布的《证券公司金融工具减值指引》明确了各项业务预期信用损失的计量方法，其中针对参数违约概率（PD）的设定需应用到内部评级。

（3）资产定价的应用。内部评级用于资产定价，一般是将经济成本纳入成本中，在资产价格中考虑资本收益要求，以更加准确地反映资源占用情况和股东回报要求，平衡风险和收益。通常是由总部开发基于内部评级的项目RAROC测算模板或者工具，甚至嵌入业务流程汇总，通过评估资产定价是否符合当前业务发展需求和资本管理要求，合理确定资产价格，优化资产结构。在风险参数能够比较精确计量的前提下，使用上述方式通过对资产的准确评估，实现对市场错误风险判断的资产进行价值挖掘，获得超额收益，特别是近几年资本市场违约频发，对于受舆情、关联影响而导致错误杀跌的标的，投资者可通过风险测算分析获得收益。

（4）绩效考核的应用。为了强化资本约束，重视考虑风险成本效益考核，以内评为基础的经济资本考核指标（RAROC、EVA）被各类金融机构纳入业绩考核体系中。例如，以经济增加值为核心的绩效考核，把扣除风险成本、资本成本后的盈利作为评价各条线业务实际价值贡献的标准，促使相关业务更加注重结构优化和降低经济资本占用。在证券公司的业务实践中，由于各类业务之间差异比较大，风险成本和实际效益不同，客户的可获得性和业务的可持续性也不同，因此，实际使用中还要考虑上述因素的影响。如债券投资业务伸缩性强，融资融券业务客户营销拓展难度较大，不能唯RAROC导向。

(5) 风险文化和风险偏好。由于内部评级体系是比较具体的、实操性非常强的一项工作，一般不会在风险文化中阐述，但是会受整个公司风险文化的影响。另外，内部评级体系和风险参数量化模型的开发和运用也有助于证券公司加强信息系统建设、配置充分的风险管理资源以及审慎风险管理文化的形成。

在风险偏好方面，证券公司在各类业务的客户准入、授信管理、行业限额等管理中，可以使用内部评级的结果和风险参数估计值作为上述管理的标准之一。

二、PD、EAD、LGD

违约概率（PD）、违约风险敞口（EAD）、违约损失率（LGD）是信用风险计量过程中必备的三个基础风险要素，本部分主要介绍这三个风险要素建模和计量过程。

（一）违约概率

违约概率是指未违约债务人或交易对手等在一定时间内（通常为一年）发生违约的可能性。违约概率可以直接用于衡量债务人或交易对手等的信用风险水平，违约概率越高，代表其违约可能性越大，对应信用风险水平也越高。考虑到统一性、便捷性等因素，证券公司在运用违约概率计量信用风险过程中主要关注债务人或交易对手的违约概率，较少单独评估特定债项的违约可能性。

目前行业内主流的违约概率计量模型和方法主要分为三类：一是基于专家判断的方法，常见于评级机构外部评级和公司内部评级；二是模型法，比如 Merton 模型；三是启发式算法和数值方法，比如运用神经网络和 AI 技术违约概率计算方法。

1. 基于专家判断的方法

违约事件在正常经济活动中必然属于少数事件，即使身处衰退周期，公开市场能统计到的某项业务违约事件也仅占该类业务的很小一部分，这就使得纯粹基于统计数据计算的违约概率会受个别违约事件的影响而发生巨大变化。而资深信用分析师凭借长期专业领域的研究和丰富经验积累则能较好地解决这一问题。

此方法的典型应用是评级体系，通过信用主体或业务评级对应取得的违约概率是目前证券公司获得违约概率数据最为广泛的方式。基于评级机构的区别，评级方法可以分为外部评级法和内部评级法。前文已详细介绍了内部评级法的理论及应用情况，外部评级法和内部评级法在获得违约概率的方法上基本一致，核心都是评级迁移矩阵。相较于内部评级，外部评级机构的优势是其凭借多年数据积累，一般可以直接给出1年期的评级迁移矩阵。因此，内部评级在建立之初一般通过校准、映射等手段将内部评级与外部评级关联起来，在外部评级迁移矩阵的基础上调整得到违约概率。待内部评级体系建立超过一年且完成新一年度评级后，可以根据信用主体评级变动情况统计形成1年期迁移矩阵，表5-3就列示了穆迪评级给出的2021年1年期评级迁移矩阵（仅列示部分），"Default"列即各评级对应的1年期违约概率。

表5-3　　　　　　　　　　2021年1年期评级迁移矩阵

From \ to	Aaa	Aa1	A1	Baa1	Ba1	B1	Caa1	Ca-C	Default	WR
Aaa	87.12%	5.31%	0.30%	0.06%	0.01%	0.00%	0.00%	0.00%	0.04%	7.15%
Aa1	1.62%	77.03%	1.39%	0.12%	0.03%	0.04%	0.02%	0.00%	0.06%	19.69%
A1	0.05%	0.09%	76.43%	0.59%	0.17%	0.05%	0.01%	0.00%	0.12%	22.49%
Baa1	0.01%	0.02%	0.19%	76.22%	0.57%	0.25%	0.05%	0.02%	0.24%	22.43%
Ba1	0.02%	0.00%	0.16%	0.66%	65.44%	1.57%	0.13%	0.12%	0.54%	31.37%
B1	0.01%	0.01%	0.05%	0.09%	0.65%	63.43%	1.40%	0.25%	1.44%	32.69%
Caa1	0.00%	0.01%	0.00%	0.02%	0.05%	0.51%	58.86%	1.31%	5.44%	33.80%
Ca-C	0.00%	0.00%	0.00%	0.07%	0.14%	0.09%	1.91%	37.40%	30.23%	30.16%

1年期违约概率是目前应用最广泛的违约概率，后续预期损失、非预期损失计量中一般使用此概率。若需获得其他期限的各评级迁移矩阵，可以根据马尔可夫过程和条件概率相关理论，利用矩阵乘法变换得到。比

如，获得 2 年期 B1 等级违约概率可以考虑按照如下过程计算：

$$PD^2_{B1 \to Default} = PD^1_{B1 \to Default1} + PD^1_{B1 \to Aaa} \times PD^1_{Aaa \to Default1} + PD^1_{B1 \to Aa1} \times PD^1_{Aa1 \to Default1}$$
$$+ \cdots + PD^1_{B1 \to Ca-c} \times PD^1_{Ca-c \to Default1}$$

其中，$PD^i_{j \to k}$ 表示 i 年间由评级 j 变化为评级 k 的概率。

基于专家判断的方法优势主要体现在三个方面：一是可测量和可验证，利用评级体系可以很容易测量出各个评级对应的违约概率，违约概率结果也易通过市场数据进行验证；二是特异性，违约概率仅反映与违约相关的信用风险；三是客观性和同质性，评级体系虽然有专家参与，但整体较为客观，且同一评级体系下各个等级具备可比性。

2. 模型法

模型法根据是否运用经济学理论基础可以分为结构化方法和纯统计学方法。结构化方法是基于一定的经济和金融理论假设的前提下，通过建立理论模型实现对相关变量的估计，典型代表是 Merton 模型、KMV 模型。而纯统计学方法则是不考虑经济学变量间逻辑、因果关系和理论假设，采用一组最合适的统计变量，来实现对特定变量的估计，典型代表是回归分析方法和评分模型。

（1）Merton 模型和 KMV 模型。Merton 模型假设资产价值服从对数正态分布，债务只有一个到期日，股价可以充分反映所有者权益情况。根据企业资本结构，资产 = 负债 + 所有者权益，而股票总市值可以看作是一个仅会大于 0 的所有者权益。当资产 < 负债时，即企业资不抵债，此时企业便会发生违约，若资产价值为 S，负债金额为 K，则企业发生违约的概率便是 $PD\ (S<K)$。

当 $S \geqslant K$ 时，股票价值为 $S-K$；当 $S<K$ 时，股票价值为 0。结合起来，有股票价值为 $Max\ (S-K,\ 0)$。这个表达式类似于欧式看涨期权多头收益。

而对于 K，当 $S \geqslant K$ 时，负债价值为 K；当 $S<K$ 时，负债价值仅为 S。综合起来，负债价值为 $K - Max\ (K-S,\ 0)$。这个表达式类似为欧式看跌期权空头收益。

结合期权定价公式，推出 Merton 模型表达式：

股价 $= S \times N(d_1) - K \times e^{-rt} \times N(d_2)$

负债价值 $= K \times e^{-rt} \times N(-d_2) - S \times N(-d_1)$

$$d_{1,2} = \frac{\ln(S/Ke^{-rt}) \pm \frac{1}{2} \times \sigma^2 \times t}{\sigma \times \sqrt{t}}$$

在 BSM 模型中，$N(d_2)$ 表示的是欧式期权行权的概率；在 Merton 模型中，不行权视为违约，债券不违约的概率为 $N(d_2)$，债券违约的概率即为 $N(-d_2)$。$N(-d_2)$ 是风险中性 Risk-Neutral 的违约概率，即用无风险利率计算的违约概率。K 表示的是违约点（Default Point），d_2 是判断违约的标准，称为违约距离（Distance to Default，以下简称"DD"）。

KMV 模型是对 Merton 模型应用的优化，去除了资产价值服从对数正态分布的假设，使用历史数据计算 DD。简化起见，本书不再详细介绍理论，直接给出模型公式：

$$DD = \frac{V - K}{\sigma_V}$$

有 $K = \begin{cases} ST + 0.5 \times LT, & \text{当 } LT/ST < 1.5 \text{ 时} \\ 0.7 \times ST + 0.7 \times LT, & \text{当 } LT/ST \geq 1.5 \text{ 时} \end{cases}$

其中，ST 是短期债券面值，LT 是长期债券面值，V 是资产，σ_V 是资产波动率，违约概率为 $N(-DD)$。

（2）线性回归模型。纯统计学方法在判定违约的应用上也具有悠久的历史，如线性回归模型、逻辑回归模型、聚类分析、主成分分析都经常被用来测算违约概率水平。线性回归模型一般是通过建立线性回归方程，为每个评级主体计算得出评分，并指定一个分类的阈值，作为违约和不违约的分界线。

3. 启发式算法和数值方法

运用机器学习、深度学习甚至更高级 AI 技术来判别债务人或交易对手等的违约概率方法都可划分至启发式算法和数值方法中，随着技术的不断发展和进步，此类方法不断被使用于信用风险识别和管理中。

对比上述方法，评级方法（含内部评级法和外部评级法）是目前证券行业实践中获取违约概率的主要方法，其优点是评级和违约概率易于获得，且具备很高的可解释性。基于经济学理论的模型法由于受限于各个假设，准确性存在较大短板；而纯统计学模型和启发式算法虽然具有较高的准确度，但由于缺乏理论基础，较难被接受和理解，所以现阶段均未得到广泛推广。此外，基于证券公司业务实际开展情况，使用历史违约率也是在以上方法不易使用时较好的简易替代方法。

（二）违约风险敞口

违约风险敞口是指债务人或交易对手等违约时的风险总额，即债权人可能面临的损失金额。违约风险敞口应当包括已使用的授信余额、应收未收的收入和利息以及其他可能发生的费用。当然，违约风险敞口可以在一定程度上反映在发生债务违约时，债权面临的最大损失金额，但这并不代表实际损失金额。实际损失金额的多少还取决于下面的风险要素——违约损失率。

在证券公司实践中，违约风险敞口一般使用信用类业务规模、客户负债金额、未来现金流现值等，必要时要考虑利息等对实际风险敞口的影响。

（三）违约损失率

违约损失率是指某一债项发生违约后产生损失金额占该债项违约风险敞口的比例。违约损失率与回收率（Recovery Rate，以下简称"RR"）的关系为 $LGD = 1 - RR$。违约损失率可以反映违约的严重程度，会受到债务人提交的抵押品等风险缓释手段影响。

证券公司在实践中，针对无合格抵质押品的债权，通常会采取巴塞尔协议中建议的违约损失率取值45%；而对于具有合格抵质押品的债权，也可考虑使用巴塞尔协议中的处理逻辑：

$$LGD^* = LGD_s \times \frac{E_s}{E \times (1 + H_e)} + LGD_u \times \frac{E_u}{E \times (1 + H_e)}$$

其中，LGD_s 是抵质押品覆盖部分的违约损失率（证券公司业务开展中涉及的证券类抵质押品一般都属于巴塞尔协议规定的合格金融抵质押品，根据巴塞尔协议，LGD_s 可考虑取 0）。

E 是风险敞口的当前值。

H_e 是风险敞口折扣系数，商业银行借出证券使用 H_e 对 E 进行调整，否则直接取 0（证券公司业务特点不同于银行借出证券，H_e 一般可考虑取 0）。

E_s 是抵质押品经折扣系数调整后的当前价值，按如下公式计算，且不得超过 $E \times (1 + H_e)$：

$$E_s = C \times (1 - H_c - H_{fx})$$

其中，C 是抵质押品的当前价值，H_c 是抵质押品折扣系数，H_{fx} 是抵质押品和风险敞口币种错配的折扣系数。

LGD_u 是无抵质押品覆盖部分的违约损失率。

$$E_u = E \times (1 + H_e) - E_s$$

针对上述 H_c、H_e、H_{fx}，证券公司可参考巴塞尔协议直接给出的参考值。

三、预期损失、非预期损失

不同于市场风险，信用风险产生的损失不具备对称性，呈现出明显的右偏分布。对于信用风险损失分布，证券公司优先关注的是预期损失（Expected Loss，以下简称"EL"）和非预期损失（Unexpected Loss，以下简称"UL"）。预期损失即信用风险损失的均值，通常被应用于财务的减值准备。非预期损失，又被称为信用 VaR（Credit VaR），衡量的是一定时间内给定置信区间下的最大信用风险损失。信用风险管理在一定程度上可以说是在管理信用风险预期损失和非预期损失，预期损失已在财务报告中减值准备部分体现，非预期损失则需要证券公司使用自身资本进行吸收，这也是监管机构要求证券公司做好净资本管理的根本原因，证券公司应储备足够的优质资产以应对公司可能发生的较为极端的损失（见图 5 - 4）。

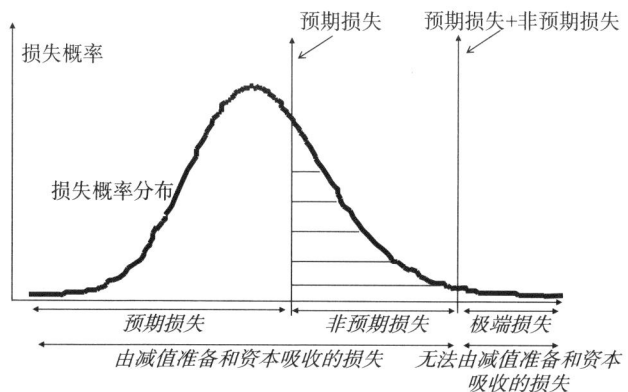

图 5-4 预期损失和非预期损失

（一）预期损失

预期损失是一个已被证券公司广泛应用的信用风险计量指标，具备一致模型，即对于单笔资产的预期损失，$EL = PD \times LGD \times EAD$，而资产组合的 EL 为单笔信用资产的 EL 之和。

$$EL = \sum_{i=1}^{n}(PD_i \times LGD_i \times EAD_i)$$

其中，参数 PD、LGD、EAD 即资产的违约概率、违约损失率和违约风险敞口。

（二）非预期损失

非预期损失在国内证券行业是一个较新的概念，但在国外整个金融行业以及国内银行业已被广泛应用，主要是由于巴塞尔协议对经济资本（Economic Capital，以下简称"EC"）的计算作出了明确要求，且大部分情况下信用风险经济资本可以等同于非预期损失。本书主要根据巴塞尔协议及国内银行业、证券业的实际应用情况介绍经济资本的建模和计算。根据巴塞尔协议，银行等金融机构测算经济资本可以使用标准法和内部评级法两种方法。

1. 标准法

标准法的核心是将公司的风险敞口分为若干个细分类型，每个类型根据信用风险情况设定相应的风险权重系数,经济资本等于公司各项风险敞口的账面价值与其对应风险权重系数乘积的加总。目前证券公司风险覆盖率指标的计算规则部分借鉴了标准法的思路。2023年10月,国家金融监督管理总局参照巴塞尔协议新修订的《商业银行资本管理办法》之"附件3.信用风险权重法表内资产风险权重、表外项目信用转换系数及合格信用风险缓释工具"中,针对信用风险权重法(巴塞尔协议称为"标准法",国内银行称为"权重法")计算信用风险经济资本有更为详细的规定,表5-4展示了其中部分内容。证券公司在后续实践中可结合业务风险状况,借鉴银行业的部分设计,形成更加符合自身情况的经济资本计量方案。

表5-4　　　　　　　　　　信用风险权重法

项目	权重(%)
1. 现金类资产	
1.1 现金	0
1.2 黄金	0
1.3 存放中国人民银行款项	0
2. 对主权的风险敞口	
2.1 对我国中央政府的风险敞口	0
2.2 对中国人民银行的风险敞口	0
2.3 对评级AA-(含)以上的国家或地区的中央政府和中央银行的风险敞口	0
2.4 对评级AA-以下,A-(含)以上的国家或地区的中央政府和中央银行的风险敞口	20
2.5 对评级A-以下,BBB-(含)以上的国家或地区的中央政府和中央银行的风险敞口	50
2.6 对评级BBB-以下,B-(含)以上的国家或地区的中央政府和中央银行的风险敞口	100
2.7 对评级B-以下的国家或地区的中央政府和中央银行的风险敞口	150
2.8 对未评级的国家或地区的中央政府和中央银行的风险敞口	100
2.9 对国际清算银行、国际货币基金组织、欧洲中央银行、欧盟、欧洲稳定机制和欧洲金融稳定机制等的风险敞口	0

续表

项目	权重（%）
3. 对我国公共部门实体的风险敞口	
3.1 视同我国主权的公共部门实体风险敞口	
3.1.1 对我国中央政府投资的金融资产管理公司为收购国有银行不良贷款而定向发行的债券	0
3.1.2 对省级（自治区、直辖市）及计划单列市人民政府的风险敞口	
3.1.2.1 一般债券	10
3.1.2.2 专项债券	20
3.1.3 对除财政部和中国人民银行外，其他收入主要源于中央财政的公共部门实体的风险敞口	20
3.2 对经国家金融监督管理总局认定的我国一般公共部门实体风险敞口	50
4. 对在其他国家或地区注册的公共部门实体的风险敞口	
……	

2. 内部评级法

对于风险管理能力更强的大型银行，巴塞尔协议允许其根据自身情况构造模型计算经济资本，即内部评级法。内部评级法根据建模计算参数的不同，可以分为初级法和高级法。对于规模偏小的银行，巴塞尔协议仅允许其自行针对部分参数建模计算，其他参数由巴塞尔协议规定，即初级法；对于实力更强的大型银行，巴塞尔协议允许其所有参数自行建模计算，即高级法。国内证券业尚未针对经济资本出台具体计量要求和限制，本书主要围绕高级法介绍目前可行的四个计量方案，分别是蒙特卡洛模拟法、经验分布法、相关性法、巴塞尔协议中给出的方法，前三个主要根据信用风险损失分布、预期损失和非预期损失的数学定义模拟或推导得出，而巴塞尔协议则直接给出内部评级法下经济资本的计算公式。

（1）蒙特卡洛模拟法模型。判断信用违约的一个经典模型是 Merton 模型，该模型假设公司资产价格服从正态分布，当资产价格在某个时间低于某一阈值（理论负债）时，违约将发生。穆迪的KMV模型是Merton模型的一个推广，其结合了因子模型并考虑了因子间的相关性，适用于评估资产组合的信用违约风险。Merton模型及KMV模型的简要介绍参见上文。

KMV单因子模型中一个具有代表性且获得广泛应用的形式是Vasicek模型。Vasicek模型是一元高斯Copula函数的一个应用，其假定在一个信用组合中涉及N个敞口，定义$T_i(1 \leq i \leq N)$为敞口i的违约时间，定义Q_i为T_i的累积概率分布，$Q_i(\tau) = P(T_i < \tau)$为敞口$i$在$\tau$时间内（如一年内）违约的概率（即为$PD_i$）。为了应用高斯Copula描述$T_i$之间的相关结构，将变量$T_i$的分位数与$y_i$的分位数之间进行一一对应的映射，即：

$$P(y_i < \alpha_i) = P(T_i < \tau)$$

式中：

$$\alpha_i = \Phi^{-1}(Q_i(\tau))$$

并将y_i表示为一个共有的系统风险因子z（如经济周期或是宏观经济走势）以及一个特定风险因子ε_i的线性组合，即：

$$y_i = \rho_i \cdot z + \sqrt{1 - \rho_i^2} \cdot \varepsilon_i$$

其中，y_i为判断风险敞口是否违约的随机变量，ρ_i为该风险敞口与系统风险因子间的相关性系数，即系统性风险因子相关系数，两风险因子z和ε_i均服从标准正态分布且相互独立。不同敞口间的违约相关性（即y_i与y_j之间的相关性）通过这个共有系统风险因子表达，违约相关性强度则由ρ_i和ρ_j大小决定。

判断风险敞口是否违约遵循以下原则：

若$y_i < \alpha_i$，则敞口违约，产生信用风险损失；

若$y_i > \alpha_i$，则敞口不违约，没有损失发生。

其中，α_i可以认为是敞口违约概率在正态分布下对应的分位数，即$\alpha_i = \Phi^{-1}(PD_i)$。因此，在给定系统性风险因子$z$的情况下，$y_i < \alpha_i$的条件概率为：

$$P(y_i < \alpha_i \mid z) = P\left(e_i < \frac{y_i - \rho_i z}{\sqrt{1 - \rho_i^2}}\right) = \Phi\left(\frac{y_i - \rho_i z}{\sqrt{1 - \rho_i^2}}\right)$$

即：

$$P(T_i < \tau \mid z) = \Phi\left(\frac{y_i - \rho_i z}{\sqrt{1 - \rho_i^2}}\right) = \Phi\left[\frac{\Phi^{-1}(PD_i) - \rho_i z}{\sqrt{1 - \rho_i^2}}\right]$$

实际计量中，可以通过生成一系列的 z 及 ε_i 标准正态随机变量来模拟此过程，最终统计损失情况来获得最终的损失分布。模型步骤如下：

①宏观因子相关系数。对于 Vasicek 模型，关键是如何选择相关系数 ρ。在巴塞尔委员会 ASRF（渐进单风险因子）模型的假设下，巴塞尔委员会基于实证研究（Lopez，2004），给出了在充分分散化前提下，一般公司发生违约与整体经济相关性之间的关系可以表示为违约概率 PD 的函数。由此可知，对于每一个敞口，只需获得其违约概率，便可依据上式计算对应的监管相关系数（未调整的宏观因子相关系数）。证券公司确定相关系数 ρ 时可参考巴塞尔协议给出的信用风险敞口的相关性（R）的计算公式（见表 5 - 5）。

表 5 - 5　　　　　　　　　　　选择相关系数

产品类型	相关系数
一般公司客户	$R_{非零售} = 0.12 \times \dfrac{1 - e^{-50 \cdot PD}}{1 - e^{-50}} + 0.24 \times \left(1 - \dfrac{1 - e^{-50 \cdot PD}}{1 - e^{-50}}\right)$
个人客户	$R_{零售} = 0.03 \times \dfrac{1 - e^{-35 \cdot PD}}{1 - e^{-35}} + 0.16 \times \left(1 - \dfrac{1 - e^{-35 \cdot PD}}{1 - e^{-35}}\right)$

②蒙特卡洛模拟。在蒙特卡洛模拟开展前应先估算模型的四个输入项，分别为违约概率（PD）、违约损失率（LGD）、违约风险敞口（EAD）和宏观因子相关系数 ρ。PD、LGD 和 EAD 的估计值可以通过内部评级结果等获得，宏观因子相关系数 ρ 可以根据上一步骤介绍的方法来进行估算。在获得上述四项输入数据后，即可开始开发和实施蒙特卡洛模拟估计信用损失分布，具体按如下步骤进行：

第一，随机生成一个服从标准正态分布的系统风险因子 z，该因子在本次模拟下对整个信用组合中的所有敞口保持不变；然后针对组合中的每一个债项 i 的风险敞口（$i=1,2,\cdots,N$，N 表示信用组合中的总敞口数量），再随机生成一个服从标准正态分布的非系统风险因子 ε_i，z 和 ε_i 是相互独立的。

第二，将相关系数 ρ_i、系统风险因子 z 与非系统风险因子 ε_i 带入 Vasicek 模型中判断违约的表达式：$y_i = \rho_i \cdot z + \sqrt{1-\rho_i^2} \cdot \varepsilon_i$，将计算出的 y_i 与敞口 i 在公司确定的违约概率 PD_i 对应的正态分布的分位数 α（例如，违约概率为 1%，则相应分位数为 2.33）相比较，若 y_i 小于 α，则本次模拟中该敞口发生了一次损失，损失大小为该敞口 EAD 与 LGD 的乘积；若 y_i 大于 α，则损失为零，即：

$$\text{敞口 } i \text{ 的损失} = \begin{cases} LGD_i \times EAD_i, & y_i < \alpha \\ 0, & y_i \geq \alpha \end{cases}$$

第三，依照第二步可以模拟出本次模拟场景下资产组合中各个信用业务风险敞口的损失数据，进行加总就得到了该场景下资产组合的总损失大小，即：

$$\text{资产组合的损失} = \sum_{i=1}^{N}(\text{敞口 } i \text{ 的损失})$$

第四，重复第一步、第二步过程，得到例如十万次资产组合的总损失数据，并将这十万个损失数据进行排序，得到信用组合的损失分布。模拟次数以及置信水平可以根据公司信用风险计量的特点来选取，确保经济资本计量的准确性与有效性。

③计算信用组合经济资本。给定某一置信水平，便可依据其对应的分位数来计算经济资本。例如，若选择的置信水平为 99.9%，则将蒙特卡洛模型生成的资产组合损失分布中 99.9% 分位数上组合的损失数减去资产组合预期损失，即为信用风险的经济资本。

$EC =$ 资产组合损失分布中 99.9% 分位数上的组合的损失 $- EL$

（2）经验分布法。经验分布法是使用某个经验分布作为资产组合的损失分布，通过估计这些分布的相关参数，得到分布的具体形状。在经验分布法下，描述某个分布的主要参数是均值和标准差，即资产组合的预期损失和非预期损失，经济资本的计算工作就是计算资产组合的预期损失和非预期损失，资产相关性直接体现在非预期损失的计算中。目前较为通用的经验分布是 Gamma 分布、Beta 分布，取值在（0，1）之间，且能够对信用资产损失分布的肥尾现象进行相对准确的描述。

①Gamma 分布：

$$EC = \text{Gamma}(q,\alpha,\beta) - EL$$

此处 Gamma（q，α，β）是参数为 α 和 β 的 Gamma 分布的 q 分位数，q 为置信水平，可暂时设为 99.9%。

$$\alpha = \frac{EL^2}{UL^2}, \beta = \frac{EL}{UL^2}$$

②Beta 分布：

$$\alpha = \frac{\mu^2(1-\mu)}{\sigma^2} - \mu, \beta = \frac{1-\mu}{\mu}\alpha$$

Beta 分布的密度函数为：

$$f(x,\alpha,\beta) = \begin{cases} \frac{\Gamma(\alpha+\beta)}{\Gamma(\alpha)\Gamma(\beta)}x^{\alpha-1}(1-x)^{\beta-1}, 0 < x < 1 \\ 0 \end{cases}$$

其他 Beta 分布的均值和方差分别是：

$$\mu = \frac{\alpha}{\beta}, \quad \sigma = \frac{\alpha\beta}{(\alpha+\beta)^2(\alpha+\beta+1)}$$

由上述两式可以将 Beta 分布的参数用其均值和方差表示：

$$\alpha = \frac{\mu^2(1-\mu)}{\sigma^2} - \mu, \quad \beta = \frac{1-\mu}{\mu}\alpha$$

这样估算损失分布需要确定的就是 Beta 分布的均值与方差，即资产组合的 EL 和 UL，因此：

$$\alpha = \frac{EL^2 \times (1-EL)}{UL^2} - EL, \beta = \frac{1-EL}{EL} \times \alpha$$

资产组合的预期损失和非预期损失由单笔资产的预期损失和非预期损失决定，在已知所有资产的违约概率、违约损失率、违约风险敞口的基础上，测算资产间的违约相关系数，即可得到资产组合的预期损失和非预期损失，并得到完整的 Beta 分布。在给定置信水平 c 下，经济资本就是给定 Beta 分布的特定分位点减去预期损失，即：

$$EC = \text{Beta}(q, \alpha, \beta) - EL$$

此处，Beta（q, α, β）是参数为 α 和 β 的 Beta 分布的 q 分位数，q 为置信水平，可暂时设为 99.9%。

（3）相关性法。对于非预期损失，由于资产组合的风险分散效应，其整体非预期损失远远小于单笔资产的非预期损失之和。

①单笔资产非预期损失：

$$UL_i^2 = VAR(EL_i) = EAD_i^2 \times [VAR(LGD_i) \times PD_i + PD_i \times (1 - PD_i) \times LGD_i^2]$$

此处根据经验公式：

$$VAR(LGD_i) = \frac{LGD_i \times (1 - LGD_i)}{4}$$

②单种业务种类下组合非预期损失：

$$UL^2 = \sum_{i,j=1}^{n} \rho_{ij} \times UL_i \times UL_j$$

其中，ρ_{ij} 为同种业务不同客户各笔业务之间的违约相关性。违约相关性设定逻辑为：

$$\rho_{i,j}^D = \frac{p_{i,j}^{D,D} - p_i^D p_j^D}{\sqrt{p_i^D(1-p_i^D)} \cdot \sqrt{p_j^D(1-p_j^D)}}$$

$$= \frac{N_2[N^{-1}(p_i^D), N^{-1}(p_j^D), \rho_{i,j}^A] - p_i^D p_j^D}{\sqrt{p_i^D(1-p_i^D)} \cdot \sqrt{p_j^D(1-p_j^D)}}$$

其中，$\rho_{i,j}^A$ 为两客户之间的资产相关性，根据 Basel III 中计算公式，该值的取值范围为 [0.12, 0.24]，某证券公司计算时取中值 0.18，p_i^D 和 p_j^D 为客户的违约概率，这里均取各业务下的平均违约概率。

③组合业务非预期损失：

$$UL^2 = \sum_{i,j=1}^{4} \rho_{ij} \times UL_i \times UL_j$$

其中，ρ_{ij} 为各种业务之间的违约相关性，某证券公司相关性矩阵设定见表 5-6（相关性数值仅供参考）。

表 5-6 某证券公司相关性矩阵设定

违约相关性	融资融券	股票质押	约定购回	债券自营	逆回购	票据业务	孖展业务	非标债权投资	场外衍生品
融资融券	1	0.15	0.15	0.1	0.1	0.05	0.15	0.1	0.05
股票质押	0.15	1	0.15	0.1	0.1	0.05	0.15	0.1	0.05
约定购回	0.15	0.15	1	0.1	0.1	0.05	0.15	0.1	0.05
债券自营	0.1	0.1	0.1	1	0.15	0.05	0.1	0.1	0.05
逆回购	0.1	0.1	0.1	0.15	1	0.05	0.1	0.1	0.05
票据业务	0.05	0.05	0.05	0.05	0.05	1	0.05	0.05	0.05
孖展业务	0.15	0.15	0.15	0.1	0.1	0.05	1	0.1	0.05
非标债权投资	0.1	0.1	0.1	0.1	0.1	0.05	0.1	1	0.05
场外衍生品	0.05	0.05	0.05	0.05	0.05	0.05	0.05	0.05	1

（4）巴塞尔协议法。巴塞尔协议中信用风险内部评级法章节直接给出了信用风险经济资本的计量方法。

针对非零售类风险敞口，公式为：

$$\text{Capital} = \left\{ LGD \times N\left[\sqrt{\frac{1}{1-R}} \times G(PD) + \sqrt{\frac{R}{1-R}} \times G(0.999) \right] - PD \times LGD \right\}$$
$$\times \left\{ \frac{1}{1-1.5 \times b} \times [1 + (M-2.5) \times b] \right\} \times EAD$$

针对零售类风险敞口，公式为：

$$\text{Capital} = \left\{ LGD \times N\left[\sqrt{\frac{1}{1-R}} \times G(PD) + \sqrt{\frac{R}{1-R}} \times G(0.999) \right] - PD \times LGD \right\}$$
$$\times EAD$$

结合巴塞尔协议有关规定，证券公司在信用风险计量过程中的风险敞口可考虑进行如下分类。

①主权风险敞口。主权风险敞口是指证券公司对主权国家或经济实体区域及其中央银行、公共部门实体，以及多边开发银行、国际清算银行和

国际货币基金组织等的债权。

②金融机构风险敞口。金融机构风险敞口包括银行类金融机构风险敞口和非银行类金融机构风险敞口。银行类金融机构包括在中华人民共和国内设立的商业银行、农村合作银行、农村信用社等吸收公众存款的金融机构，以及在中华人民共和国外注册并经所在国家或者地区金融监管当局批准的存款类金融机构。非银行类金融机构包括经批准设立的证券公司、保险公司、信托公司、财务公司、金融租赁公司、汽车金融公司、货币经纪公司、资产管理公司、基金公司以及其他受金融监管当局监管的机构。

③公司风险敞口。公司风险敞口包括中小企业风险敞口和一般公司风险敞口。中小企业风险敞口是商业银行对年营业收入（近3年营业收入的算术平均值）不超过3亿元人民币的企业的债权。

④零售风险敞口。零售风险敞口包括个人抵押业务对应的风险敞口。常见银行业务包括住房抵押贷款，对应证券公司业务包括个人参与的"两融"、股票质押等。

主权风险敞口、金融机构风险敞口和公司风险敞口统称为非零售风险敞口。

根据业务特点、监管要求及证券公司实际业务开展情况，证券公司主要业务涉及风险敞口类型见表5-7。

表5-7　　　　　　　　证券公司风险敞口类型

业务类型	敞口分类
债券投资业务	主权风险敞口、一般公司风险敞口、金融机构风险敞口
融资类业务	一般公司风险敞口、中小企业风险敞口、金融机构风险敞口、零售风险敞口
债券交易、场外衍生品业务	一般公司风险敞口、金融机构风险敞口

风险计量过程中使用的参数包括违约概率（PD）、违约损失率（LGD）、违约风险敞口（EAD），获取方法可参见上文"二、PD、LGD、EAD"。有效期限（M）根据不同业务采取不同测算方法，针对有确定现金流安排的金融工

具，如债券等，$M = \max\left(1\text{年}, \dfrac{\sum_t t \times CF_t}{\sum_t CF_t}\right)$；针对其他业务可直接根据合同或业务规定取剩余时间；对于没有明确定义的情况，有效期限设定为2.5年。

公式中的期限调整因子（b），有 $b = [0.11852 - 0.05478 \times \ln(PD)]^2$。公式中信用风险敞口的相关性（$R$）计算公式如下：

对于主权、一般公司风险敞口，相关系数：

$$R = 0.12 \times \dfrac{1 - \dfrac{1}{e^{(50 \times PD)}}}{1 - \dfrac{1}{e^{50}}} + 0.24 \times \left[1 - \dfrac{1 - \dfrac{1}{e^{(50 \times PD)}}}{1 - \dfrac{1}{e^{50}}}\right]$$

对于金融机构风险敞口，相关系数：

$$R_{\text{FI}} = 1.25 \times \left\{0.12 \times \dfrac{1 - \dfrac{1}{e^{(50 \times PD)}}}{1 - \dfrac{1}{e^{50}}} + 0.24 \times \left[1 - \dfrac{1 - \dfrac{1}{e^{(50 \times PD)}}}{1 - \dfrac{1}{e^{50}}}\right]\right\}$$

对于中小企业风险敞口，相关系数：

$$R_{\text{SME}} = 0.12 \times \left[\dfrac{1 - \dfrac{1}{e^{(50 \times PD)}}}{1 - \dfrac{1}{e^{50}}}\right] + 0.24 \times \left[1 - \dfrac{1 - \dfrac{1}{e^{(50 \times PD)}}}{1 - \dfrac{1}{e^{50}}}\right]$$
$$- 0.04 \times \left(1 - \dfrac{S - 3}{27}\right)$$

S 为中小企业在报告期的年营业收入（单位为千万元人民币），低于3 000万元人民币的按照3 000万元人民币处理。

对于零售风险敞口，相关系数：

$$R_{r3} = 0.03 \times \dfrac{1 - \dfrac{1}{e^{(35 \times PD)}}}{1 - \dfrac{1}{e^{35}}} + 0.16 \times \left[1 - \dfrac{1 - \dfrac{1}{e^{(35 \times PD)}}}{1 - \dfrac{1}{e^{35}}}\right]$$

四、RAROC、EVA

RAROC 是风险调整后资本收益率（Risk - adjusted Return on Capital）

的简称，EVA是经济增加值（Economic Value Added）的简称，这两个指标是当前风险管理领域流行且核心的绩效评价指标。

（一）RAROC

RAROC的概念最早由美国信孚银行（Bank Trust）于20世纪70年代引入，以预期损失调整收益，并将其与非预期损失相联系，用来衡量赚取回报所承担风险的指标。RAROC的计算公式如下：

$$RAROC = \frac{收入 - 支出 - 预期损失}{非预期损失}$$

$$= \frac{净收入 - 预期损失}{经济资本}$$

（二）EVA

EVA的概念是20世纪90年代初由斯特恩·斯图尔特（Stern Stewart）咨询公司提出，表示一个公司扣除资本成本后的剩余收益，因为只有当资本收益超过获取该资本的全部成本时才能为股东带来价值。根据指标使用目的，"资本"可以有不同的定义，如股东投入的资本、公司净资产、监管资本、经济资本等，本书计算EVA指标时使用经济资本。EVA的计算公式如下：

$$EVA = （收入 - 支出 - 预期损失） - 经济资本 \times 资本成本率$$

其中，资本成本率一般指筹集经济资本时发生的成本比率或指股东投资要求对应经济资本的最低收益率、目标收益率。

（三）二者关系

通过推导公式可以得到：

$$EVA = （收入 - 支出 - 预期损失） - 经济资本 \times 资本成本率$$

$$= \frac{（收入 - 支出 - 预期损失）}{经济资本} \times 经济资本 - 经济资本 \times 资本成本率$$

$$= RAROC \times 经济资本 - 经济资本 \times 资本成本率$$

$$= （RAROC - 资本成本率） \times 经济资本$$

RAROC是一个比率类的相对指标，EVA是绝对指标，所以在具体应用时适用的范围和标准有所不同,需要相互配合。RAROC作为相对指标,不受规模的限制,可以公平地在不同规模的机构、业务或项目之间进行评价使用,得出相对优劣结论。但若单纯使用相对指标RAROC,容易发生误判而放弃一些收益率虽低但仍高于公司整体资本成本率或最低预期资本回收率(Hurdle Rate)的项目或业务,由于单独业务一般无法无限制做大规模,使用RAROC造成的误判将损害整体利益。因此,RAROC需要和EVA配合使用。EVA作为一个绝对值指标,包含风险在内的经济成本概念,理论上只要EVA大于零的项目都是可行的,只是实际经营活动中公司可用资金有限,必须选择相对收益更高的项目或业务重点发展。

(四) 实际应用效果

1. 消除了风险和收益的时间错位,有助于减少经营短视现象

在计算RAROC和EVA指标时,首先需要计算"风险调整后收益",即将"预期损失"作为"当期成本"来调整"当期收益"。将"预期"的"尚未发生"的损失当作"当期"的成本,一方面体现了稳健原则,另一方面体现了费用和收益的匹配,防止高估当期利润的现象。RAROC和EVA都将与特定业务相关的预期损失量化为当期成本,衡量经风险调整后的收益大小,解决了传统绩效考核中盈利目标与风险成本在不同时期相对错位的问题,促使考核对象理性地承担风险,追求收益,有助于减少经营短视的现象。

2. 理顺了资本影响绩效的传导机制,有助于资本节约型业务的相对增长

资本是证券公司抵御风险的最后手段,是一种稀缺资源,如何更充分地利用资本这一稀缺资源是风险管理的一个重要课题。RAROC和EVA都引入"经济资本"的概念,充分使用现代风险计量的先进工具,科学预计各项业务中的"非预期损失",进而得出需要配置的最低资本要求,即经济资本的数量。RAROC和EVA引入经济资本的概念后,处理的方式有所不同。RAROC指标中,将经济资本需求作为分母处理,计算需求的经济资本对应的风险调整后收益的比例,计算一个类似于"净资产收益率"的比率指标,以便于与要求的资本收益率进行比较,从而作出决策;EVA则按照资本成本率或要求的最低资本收益率计算经济资本的成本,以便从风险调整后收益中减掉,计算一个类似于"剩余收益"的绝对值指标,以便于与0比较进行决策。总之,RAROC和EVA都将被考察对象因承受风险而需要的资本融合到指标计算中,指标结果充分包含了资本的因素,较好地理顺了资本影响业务的传导机制,有助于业务结构朝着资本节约的方向优化。

3. 将风险内化为效益指标的关键因素,有利于形成稳健的风险管理文化

科学地管理和承担风险是获取收益的基本方式,但承担风险并不会想当然地直接带来收益,相反,风险更意味着损失,风险管理不当不但不会带来利益,还会危及公司生存。绩效评价是内部管理的神经系统,评价指标是内部管理的指挥棒,科学地设计和使用绩效评价指标是完善风险管理、培育稳健风险管理文化的关键。RAROC和EVA巧妙地将因承担风险而面临的预期损失和非预期损失内化为效益指标的影响因素,引导被评价对象为了追求业绩而自发地关注风险,风险管理得以落到实处。风险无处不在,风险与每位员工每项业务相关联,培育良好的风险管理文化,每位员工在处理每项业务时都自觉地体现风险意识,这是公司稳健经营的有力保障。充分包含风险因素的、科学的绩效考核指标与被考核对象的利益、与公司整体的长远利益相一致,有助于稳健经营文化的形成。

第二节 授信管理与应用

一、授信管理基础

(一)授信基本概念

授信[①]最初属于巴塞尔体系下的一个基本概念,后续逐渐扩展应用至

---

① 《商业银行集团客户授信业务风险管理指引》(银监会令2010年第4号)第四条规定,以及《商业银行授信工作尽职指引》(银监发〔2004〕51号)第二条规定,均对"授信"进行了定义。

各类金融机构。简单来说,授信是指金融机构向客户直接提供资金支持,或者对客户在有关经济活动中可能产生的赔偿、支付责任做出保证的行为。授信既涵盖了传统表内业务,也适用于承担实质风险的表外业务。巴塞尔体系下的表内授信包括贷款、项目融资、贸易融资、贴现、透支、保理、拆借、回购和债券投资等;表外授信包括贷款承诺、保证、信用证、票据承兑等。证券公司自有资金出资的业务向客户提供资金支持,属于表内授信业务,证券公司基本不涉及贷款承诺、保证、信用证、票据承兑等表外授信业务。但是证券公司有其特殊的表外承诺性项目,比如"两融"业务的授信、通用质押式回购业务等。

授信额度,通常也称授信限额、信用额度,是指金融机构依据自身实力和风险偏好确定的在一定期限内"能够和愿意承担的风险总量"。对于不同风险等级的客户,要确定不同的授信额度上限,作为对该客户信用风险的总量控制。鉴于实践中不同金融机构采用的说法不尽一致,除非特别说明,本书中提及的授信额度、授信限额、信用额度均指同一概念。

(二)授信管理的必要性

授信管理是商业银行最基本的信用风险管理工具之一,在巴塞尔体系下金融机构的信用风险管理中发挥了重要作用。随着证券行业重资本业务的发展,证券公司在重资本业务中承担了持有资产带来的信用风险,对信用风险管理的迫切性和有效性亟待加强。因此,证券公司有必要结合业务需要建立授信管理机制,做好信用风险全程管理,尤其是有必要通过统一授信工作加强准入把关,避免"病从口入"。

从证券公司监管角度来看,《证券公司信用风险管理指引》第二十二条规定,证券公司应建立授信管理机制。证券公司应通过综合评价客户的资信状况、信用风险和信用需求等因素,结合证券公司自身的风险承受能力,核定客户授信要素,并通过对客户授信使用情况的监控管理实现客户信用风险敞口的集中、统一控制。

为落实监管要求以及满足自身信用风险和集中度风险防范需要,证券公司有必要建立健全统一的授信管理体系,完善与自身业务规模、业务复杂程度以及风险状况相适应的授信管理机制,实现母子公司、国内外、表内外、线上线下等各类业务的全覆盖,实现并表范围内统一授信审批、统一授信额度管控,切实防范信用风险,加强集中度风险管控。

二、同一客户管理

通常来说,授信管理是基于客户维度开展的工作,即授信对象为客户。按照客户维度管控信用风险,可避免同一个单一客户多头授信、过度授信等情况,从公司整体层面管控同一客户集中度,合理有效地控制客户集中度风险。因此,实施统一授信管理的基础是做好客户的识别与管理。客户的识别与管理可以分为两个维度,包括单一客户识别和同一客户识别。

（一）单一客户识别

单一客户一般可通过"客户全称、证件类型、证件号码"三要素识别,识别后赋予客户唯一的客户代码,确保公司对该客户定义的唯一性。证券公司可通过构建客户管理系统或模块,收集整理单一客户的基本信息,对不同业务条线、不同系统中的单一客户进行识别和归并,做好单一客户的识别与管理。

基于不同客户类型,单一客户又可以进一步分为机构客户、自然人客户和产品户。对单一客户开展上述三分类的目的是便于厘清客户属性,做好客户分层管理,为统一授信、风险限额、风险监控等风险管理工作提供基础客户信息。

（二）集团客户识别与认定

1. 同一客户定义

在同一客户的范畴下,除了需要识别单一客户,还需识别具有关联关系的客户。关联关系包括控制关系、担保关系、供应链上下游关系、高管关联等各类关系。通过识别上述关系可以将不同的单一客户构建关联群组,该群组即定义为同一客户。证券公司可以结合管理需要,明确自身同一客户的认定标准并据此构建同一客户，赋予同一客户代码与名称，确保同一客户的唯一性。

从授信管理的角度出发，一般可将集团客户认定为同一客户，并且基于集团客户维度开展授信管理与应用。所谓"集团客户"，是指一组具有关联关系的客户构成的集合，如由控股母公司与其控制的子公司构成的集合。集团客户的范围一般就是母公司合并报表的合并范围，因此，通常也被称为"会计集团""虚拟企业"。集团客户概念可以通过一个简单的例子来说明：假定控股母公司 A 与其子公司 B 构成集团 G，此时集团 G 不是法律实体，可以看作合并报表范围的会计主体或经济实体。通常认为集团 G 是一个"虚拟企业"，控制或涵盖了成员企业 A 和 B。

鉴于集团客户是一个虚拟企业，为确保集团客户的名称与集团成员企业的名称有所区分，集团客户的名称可考虑在成员企业名称前面加上"（集团客户）"前缀的做法，以避免产生混淆。

2. 集团客户认定标准

根据原银保监会《商业银行集团客户授信业务风险管理指引》相关规定，集团客户的认定标准为具有以下特征的企事业法人授信对象：（一）在股权上或者经营决策上直接或间接控制其他企事业法人或被其他企事业法人控制的；（二）共同被第三方企事业法人控制的；（三）主要投资者个人、关键管理人员或与其近亲属（包括三代以内直系亲属关系和二代以内旁系亲属关系）共同直接控制或间接控制的；（四）存在其他关联关系，可能不按公允价格原则转移资产和利润，认为应当视同集团客户进行授信管理的。实践中，可以参照上述标准并根据实质重于形式的原则识别和界定集团客户。

在系统实现层面，证券公司可基于公开的工商数据或外购的资讯数据，先识别出单一客户，然后基于自身明确的同一客户（集团客户）认定标准，通过股权关联、实际控制关系等多种关联关系识别和认定同一客户（集团客户），并做好客户基本信息的收录。

三、授信管理框架与流程

(一) 授信管理基本框架

授信管理是一项重要的信用风险管理工具,不论是银行还是证券公司,授信管理工具使用日渐普遍。金融机构通过建立统一授信管理体系、实施授信审批把关,可以切实防范客户集中度风险和新增信用风险。证券公司应持续建立健全授信管理体系,完善授信管理机制、组织架构、授权管理、流程管理与管理信息系统等基本框架,持续完善统一授信管理水平与能力。

1. 授信管理机制

证券公司应建立授信管理机制,通过综合评价客户资信状况、信用风险和信用需求等因素,结合证券公司自身的风险承受能力,核定客户授信要素,通过对客户授信使用情况的监控管理来集中、统一控制客户信用风险敞口。

2. 授信管理业务范围

证券公司应根据自身业务量大小、管理水平和风险程度等因素,明确授信管理的业务范围,并明确各类授信业务的授权审批机制。基于审慎和风险全覆盖角度,证券公司可将全部承担实质信用风险的各项业务纳入统一授信管理范围,纳入授信范围的业务可称为授信业务。证券公司承担实质信用风险的各项业务包括但不限于:股票质押式回购交易、约定购回式证券交易、融资融券等融资类业务;收益互换、场外期权、远期、信用衍生品等场外衍生品业务;债券投资交易;非标准化债权资产投资;其他涉及信用风险的自有资金出资业务。

3. 授权管理体系

证券公司应建立授信的授权管理体系,明确各审批层级以及各级审批人员的权限范围。各级审批人员应在证券公司授予的权限范围内开展授信工作,认真履行职责,严禁越权从事经营活动,通过制度、流程、系统等方式,进行有效管理和控制,确保业务活动受到制衡和监督。

4. 全流程管理

授信管理需要做好全流程管理。一般而言，商业银行对于授信业务实行六个阶段的全流程管理，即授信调查阶段、授信审查阶段、授信审批阶段、授信发放阶段、授后管理阶段以及授信回收阶段。借鉴商业银行的成熟经验与做法，证券公司授信管理的基本流程至少包括事前授信调查与申报、事中授信审批与使用、事后授信监控与回收。

5. 授信管理信息系统

为支持与保障授信管理工作的有效执行，有必要建立授信管理信息系统或模块。授信管理系统是授信管理基础工作的重要组成部分，可实现客户信息管理、业务数据接入、授信申报与审批、授信使用与监控、授信报表查询与报告等多项功能，是授信业务全流程管理的重要支撑。

（二）事前授信调查与申报

证券公司授信尽职调查人员应独立行使尽职调查职能，调查可采取现场或非现场的方式进行。必要时，可聘请外部专家或委托专业机构开展特定的授信尽职调查工作。原则上每笔授信须由业务部门开展授信尽职调查，并根据尽职调查结果审慎评估后再申报授信。尽职调查应对客户提供的身份证明、授信主体资格、财务状况、非财务因素等资料的合法性、真实性和有效性进行认真核实，并将核实过程和结果以书面形式记载，形成授信尽职调查报告。

业务部门在充分进行风险评估后，需要按照公司规定的程序发起授信申报流程，并且提供授信申报材料。授信申报材料至少包括客户基本信息、客户财务报表、尽职调查报告等材料。

（三）事中授信审批与使用

1. 授信审批方式

证券公司应建立授信的授权管理体系，明确各审批层级以及各级审批人员的权限范围。在明确授信审批权限的基础上，各家证券公司可结合自身禀赋与管理需要，采取不同的授信审批方式，核定客户的授信要素（又称授信方案）。授信审批决策应依据规定的程序进行，不得违反程序或减少程序进行授信。无论采用哪种授信审批方式，均需明确授信要素，审批通过的授信要素方可生效。

授信要素主要包括授信额度、币种、期限、定价（利率和费率）、担保方式、授信发放条件、授信后管理要求、其他授信条件等。基于授信额度作为核心要素，代表了证券公司愿意承担的风险总量，同时考虑到各家证券公司对授信要素的具体管理要求不尽相同，以下重点介绍核定授信额度的方法。

（1）模型法。模型法，是基于客户债务承受能力和证券公司损失承受能力两个维度进行建模，输入客户基本信息、财务信息以及公司净资本等信息后，模型自动测算某一客户的授信额度。

一是客户债务承受能力。授信额度核定的一般流程是"先评级后授信"。在评估客户债务承受能力方面，首先需对客户开展内部信用评级，将评级结果作为授信额度核定函数的重要输入变量。一般来说，决定客户债务承受能力的主要因素是客户内部信用等级和客户净资产，同时可考虑行业调整系数、区域调整系数等因素。鉴于客户一般同时跟多家金融机构发生授信往来，评价客户的债务承受能力还应该考虑客户整体的负债情况，如该客户在其他金融机构的融资情况，审慎合理确定某一客户的授信额度上限。因此，证券公司可考虑根据客户信用等级、净资产、行业调整系数、区域调整系数等构建授信额度函数，初步核定客户授信额度上限。

二是证券公司损失承受能力。证券公司对某一客户的损失承受能力可以用客户损失限额衡量。该限额表示证券公司愿意为某一具体客户承担的最大损失，一般可结合证券公司净资本的一定比例进行设置。

模型法最终确定的客户授信额度应为上述两者限额的孰低值。人工仅对授信测算模型或个别客户的额度调整进行审批。

（2）专家判断法。专家判断法，是指通过人工逐户核定全部客户的授信额度，由具有权限的审批人员开展审批，完成审批后方可生成客户有效的授信额度。专家判断的核心是客户的信用分析，常见的分析工作包括5C

法和 5P 法。

5C 法是指通过 5 个维度对客户进行信用风险评估并给出风险评估结果和授信建议。具体包括品德、资本、还款能力、抵押、经营环境 5 个维度。一是品德（Character），是对客户声誉及还款意愿的衡量。如果客户是个人，则主要指其职业作风、生活方式、个人品德和信用记录等；如果客户是企业，则指实控人的品德、经营管理水平、经营稳健性及偿还意愿、信用记录等。二是资本（Capital），是指客户的财务状况及资本金情况。资本是吸收风险、承担信用风险的最终资源。财务杠杆高就意味着资本金较少，债务负担和违约风险较高。三是还款能力（Capacity），是指客户可用于还款的资源，主要从客户未来现金流和收入情况开展分析。四是抵押（Collateral），是指提供各类抵质押品，抵质押品越充分，授信的安全性越高，实际损失的风险越低。五是经营环境（Condition），主要是指客户所处的商业周期阶段、行业状况以及外部利率水平等，经营环境是影响信用风险水平的重要因素。

5P 法则包括个体情况（Personal）、资金用途（Purpose）、还款来源（Payment）、风险缓释（Protection）、客户前景（Perspective）等。不同分析工具的关键要素基本相似，目标都是评价客户的信用风险水平。

模型法通过模型测算，授信结果比较客观且易于比较，但可能忽略业务部门需求，难以制订包括各类授信要素的差异化授信方案，对模型的精准性要求较高。专家判断法则是商业银行通常采用的方案，可以有效贴近业务需求按需授信，制订差异化的授信方案，同时对客户资信进行深入分析研判后再逐户核定，能够较好地识别和防范信用风险，但缺点是工作量较大，评估主观性较强且缺乏一致性，需要配备较多的专业授信审查审批人员，并且对审查审批人员的专业性依赖较高。

（3）双维度授信管理。目前证券公司服务的企业客户以发债企业和上市公司居多。该类客户一般资产规模和收入较大，主营业务板块较多，往往还会同时涉及多家母子公司。由于集团客户成员企业间存在控制等关联关系，内部关联交易频繁，可能存在大量的资金和资产往来，成员企业的信用风险呈现互相传导、密不可分的特征，因此，证券公司需要在单一法人客户授信的基础上做好集团客户统一授信管理，加强授信集中管理，避免多头授信、过度授信。

证券公司实施统一授信管理时，可以从单一客户、集团客户两个维度来核定客户的授信额度，构建双维度授信额度体系。在使用授信额度时，也应从单一客户和集团客户两个维度管控，确保集团客户内所有单一客户实际授信占用加总不超过集团客户总授信额度。

2. 授信使用与占用

（1）授信使用规则。授信额度核定后，下一个主要环节是授信使用规则。通常来说，可以考虑按照"违约风险敞口（EAD）"口径占用授信额度，作为授信使用的基本规则。证券公司不同业务计量违约风险敞口的方式不同，比如债券投资业务的信用风险敞口使用债券本息计量；场外衍生品业务的信用风险敞口一般不等于名义本金，可考虑采用专门的风险计量模型（如 SA – CCR 模型）予以测算。

参照巴塞尔协议Ⅲ最终版的相关要求，证券公司授信占用口径可考虑按如下思路设计：

一是对于表内资产，如债券投资业务、融资类业务、非标债权投资业务等，按照风险敞口名义金额计量违约风险敞口；

二是对于场外衍生品等形成交易对手信用风险的，按照重置成本与潜在风险敞口计算违约风险敞口。

三是担保、承诺等形成的表外项目，按照名义金额乘以信用转换系数计算违约风险敞口。

（2）授信占用方式。实践中，确定授信额度占用方式是授信管理工作的难点。

一种方案是通过系统事前占用授信额度，凡是用信必须先申领额度，事先占用授信额度后方可开展业务。这个模式与银行放款审批较为类似，能够事前有效地管控授信额度，避免超限使用，能够较好地控制集中度风险。该方案的缺点是需事前进行授信额度占用，一定程度上影响了业务效率。

另一种方案则是通过比较客户授信额度和持仓规模进行控制，一旦持仓业务规模大于客户授信额度，则进行干预，采取提升授信额度或者压降业务规模等方式处理。这种方式偏事后监控，不增加业务流程，不影响业务效率，但可能发生超限展业的情形。

证券公司可以结合自身风险偏好和管理需要，灵活选择授信占用方式，既满足业务发展需要，也能做好实质风险管控，充分发挥统一授信工具在全面风险管理中的作用。值得指出的是，根据业务品种的不同，有些业务的授信使用可能需要签订合同，明确当事人的债权债务关系，避免法律纠纷与风险。

3. 授信使用监控

证券公司应及时掌握客户授信额度的使用和执行情况，对授信额度进行集中控制和监测，不允许擅自超越授信额度开展业务。

证券公司风险管理部门可设置专门的授信岗位，负责统一监控和集中管理客户授信额度及授信使用情况，最好是借助系统集中管理授信额度台账和使用情况，各业务单位需在可用授信额度内开展业务；如无可用授信额度，则需发起授信申报与审批流程，授信额度获批后方可展业。

（四）事后授信后管理与回收

授信管理是一项持续性、全流程的风险管理工作和工具。授信后管理是指授信使用后至收回的全过程授信管理工作。授信后管理是授信管理工作的重要组成部分，是对授信业务风险控制的延续。授信调查、审查、审批环节是从源头上控制风险，而授信后管理则是信用存续期间和授信到期前这个时间段的风险控制工作，直接影响授信能否顺利回收。授信后管理包括授信监控、授信回收和问题授信管理等。

1. 授信监控

为确保授信顺利回收，授信实施后，应对所有可能影响还款的因素进行持续监测。证券公司需对授信对象信用风险状况开展持续监测，通过非现场和现场检查，及时发现授信主体的潜在风险并发出预警风险提示。

一旦发生风险隐患需及时开展风险评估，对授信情况进行分析，发现客户违约时应及时制止并采取补救措施。如评估认为风险隐患较大，则需采取冻结授信额度、要求提前还款、压降风险敞口、加固担保等方式尽快化解风险。如后续风险情况消除，则可按照新增授信审批流程恢复客户授信额度。

2. 授信回收

授信的出发点是为了确保能够顺利收回，因此还涉及授信到期处理。授信到期处理是指授信到期后本息偿还或其他授信期满而了结的相关事项。一般授信回收分为正常回收、提前归还和授信展期三种情况。前两种情况，授信业务正常终止。关于授信展期，证券公司应审慎开展并做好风险评估，如果风险较高，应要求全部或部分偿还，或要求增加抵质押物，或提高利率。授信展期应按照新增授信申报的程序履行相应审批手续，避免违规操作与扩大风险敞口。

3. 问题授信管理

问题授信管理是指对授信客户未按照合同约定偿还本息或履行义务，或者有明显迹象表明授信客户不能按照合同约定偿还本息或履行义务的风险管理工作。根据商业银行金融资产五级分类方法，关注类、次级类、可疑类及损失类均为问题授信。对于问题授信，需加快风险处置与化解，可采取包括催收、减免、重组、债权转让、以物抵债或呆账核销等多种方式予以处置，降低风险敞口、减少债权损失，最后完成问题授信的清户退出。

第三节　压力测试管理与应用

一、压力测试的发展历程及必要性

（一）压力测试的来源

作为衡量极端风险、管理潜在危机的基础工具，压力测试源于20世纪 90 年代，最早应用在微观层面，作为一些跨国银行针对交易账户的市场风险头寸进行每日评估和控制的工具，并根据测算结果对各交易柜台进行权限控制。随后，压力测试又被逐步应用到银行的信用风险、流动性风险、操作风险以及全面风险评估领域。压力测试的概念最早是由国际证监会组织（IOSC0）在 1995 年提出，被定义为假设市场在极端不利情形时，分析该情形对资产组合的影响效果。1999 年，IOSCO 进一步定义压力测试，是对资产组合面临的极端但可能发生的风险进行认定并量化。

由于使用压力测试方向的不同，压力测试不仅在金融体系的微观管理层面（银行自身）被不断推广，而且在宏观管理层面（监管机构）的必要性和应用价值也在亚洲金融危机、美国次贷危机后不断凸显。因此，压力测试的测试对象可以是具体的某个定价模型、资产组合、业务组合，也可以是某个金融机构，甚至是某个国家的金融体系。

（二）1997 年亚洲金融危机促进了压力测试的发展

1997 年 7 月 2 日，泰国宣布放弃固定汇率制，实行浮动汇率制，当日泰铢兑换美元的汇率下降 17%，引发一场遍及东南亚的金融风暴。助推这场危机爆发的幕后推手是索罗斯"量子基金会"。1996 年，泰国经济疲弱、股市低迷，房地产市场却风生水起，索罗斯基金会在调研数月后发现，泰国楼市泡沫堆积、外资不断涌入，由于长期依赖中短期外资贷款维持国际收支平衡，银行短期外债高筑，开发商已处在勉力支撑但摇摇欲坠的阶段。索罗斯基金会认为泰铢汇率明显偏高，但又与美元维持着固定汇率，这是一个绝佳的投机窗口，于是提前 6 个月开始准备，逐步建立针对泰铢的沽空仓位。1997 年 1 月，索罗斯基金会联手其他国际炒家对东南亚金融市场发动攻击，一开始就大肆抛售泰铢购入美元，导致泰铢汇率直线下跌，泰国央行动用美元外汇储备吸收市面上抛售的泰铢，稳定泰铢汇率。由于市场恐慌，大量资金流出泰国，泰国企业为了避险也开始纷纷抛售泰铢。1997 年 6 月，索罗斯基金会继续向泰铢发起冲击，而泰国央行的美元外汇储备已是弹尽粮绝，无力回击。1997 年 7 月 2 日，泰国不得不宣布放弃固定汇率制，实行浮动汇率制，当日泰铢兑换美元的汇率下降

17%，引发一场遍及东南亚的金融风暴。在泰铢波动的影响下，菲律宾、印度尼西亚、马来西亚、新加坡的货币相继成为国际炒家的攻击对象。横扫东南亚后，国际炒家陆续对我国香港、韩国的货币发起攻击，韩元危机又同步冲击到大量投资韩国的日本金融机构，导致日本一系列金融机构相继破产，日元出现持续贬值，日本宣告进入第二次世界大战后最严重的经济衰退期，东南亚金融风暴演变为亚洲金融危机且不断深化。直到1999年，亚洲金融危机才得以结束。

亚洲金融危机始于货币危机，迅速演变成为一场经济、社会和政治危机，呈现出连环性、破坏性的影响。亚洲金融危机表明，在经济金融全球化不断深入发展的背景下，金融体系的稳健性对一国宏观经济的持续健康发展至关重要。在总结亚洲金融危机教训的基础上，国际货币基金组织和世界银行在1999年联合发起金融部门评估项目（FSAP），首次将宏观压力测试作为衡量金融系统稳定性的重要组成部分，该项目旨在加强对国际货币基金组织（IMF）成员经济体金融体系稳健性和脆弱性的评估和监测，降低金融危机发生的可能性，同时推动成员国的金融改革和发展。2000年，国际清算银行巴塞尔银行监管委员会将压力测试定义为金融机构衡量潜在但可能发生异常损失的技术手段。我国从2006年开始发布《金融系统稳定性报告》，但报告缺乏压力测试内容，不利于正确评价我国金融体系的稳定性以及制定符合实际情况的政策措施。2007年，原中国银监会出台《商业银行压力测试指引》，正式要求国内各银行制订压力测试方案，组织开展各种压力测试。

（三）2008年美国次贷危机凸显了压力测试的必要性

2008年，美国次贷危机引发了20世纪30年代以来最严重的国际金融危机，是对各国金融监管的一场重大考验，这次金融危机又一次暴露出一些国家的金融监管体系在系统性风险防范方面存在的严重缺陷。2001年美国网络泡沫破灭，经济陷入衰退，为刺激经济，美联储连续降息，美国政府出台政策支持金融机构向低收入人群提供住房贷款，宽松的贷款利率和低门槛贷款政策刺激了低收入群体的购房需求。在美国，针对这类还款能力非常弱的人群发放的贷款属于次级房屋贷款,主要由抵押贷款公司发放。与商业银行不同,抵押贷款公司一般无法吸收公众存款,需要依靠信贷资产证券化把贷款资产卖给市场从而解决资金来源问题。抵押贷款公司在获取流动性的同时也把相关风险部分转移给资本市场,次级贷款相关的金融产品规模快速增长,美国房地产市场泡沫也不断积蓄。2003年美国经济开始复苏后,美联储出于对通货膨胀的担忧,从2004年开始连续调高基准利率。由于次级贷款大多为浮动利率贷款,不断上升的利率增加了次贷借款人的还款压力,房地产泡沫被逐渐刺破,房价逐步下跌,抵押的房屋价值降低,次贷借款人由于无法再通过房屋净值贷款获得新的抵押贷款,从而选择违约,抵押贷款公司通过出售抵押品也无法回收贷款本息。2007年4月,美国第二大次级房贷公司新世纪金融公司破产;2008年8月,美国房贷两大巨头房利美、房地美股价暴跌,导致持有"两房"债券的金融机构大面积亏损;2008年9月,雷曼兄弟申请破产,由于其规模巨大,与市场其他金融机构存在千丝万缕的关联,雷曼兄弟的破产对美股市场形成的冲击直接导致了金融市场的全线崩塌,美国经济也急剧下滑。危机随即迅速蔓延到全球,促使欧洲、亚洲各国央行宣布采取新措施支撑本国市场。在过去历次金融危机中主要是银行业受到较大影响,而在此次危机中,银行、保险、对冲基金、养老基金、政府信用支持的金融企业等几乎所有金融机构都受波及。

从2008年全球金融危机中可以得到两点启示:一是美国等发达国家的金融体系在宏观审慎监管方面依然存在着重大缺陷,正是这些缺陷使系统性风险得以产生;二是在系统性风险暴露后,金融机构、监管当局普遍对风险控制准备不足,从而导致风险进一步积累、传播,最终爆发。前者源于宏观审慎管理框架的缺失,后者则在于金融机构普遍缺乏像宏观压力测试这种防范系统性风险的工具,或者重视程度不够。根据《巴塞尔协议Ⅱ》对银行资本充足率的要求,全面的压力测试是量化最低资本要求的先决条件,可以量化冲击造成的影响,提供早期预警信号,从而提前得到具有针对性的风险评估和监控。在此次金融危机爆发之前,包括美国在内的发达国家金融监管部门、金融机构几乎没有做出任何合理的预测和提供有效的系统性风险防范措施。压力测试如果事先能被金融监管部门、金融机构广泛和严格地执行，则有助于减轻此次金融危机的强度和影响。因此，2008年金融危机进一步凸显了压力测试研究和实施的必要性，这也使得压力测试在危机后成为发达国家和国际金融监管机构政策讨论的关键问题。2009年开始，美国监管机构每年组织金融机构进行压力测试并将测试结果进行公示，投资者对美国大型银行在不同极端情况下的资本状况有了更为全面的了解，对市场也重新恢复了信心。美国每年组织的统一压力测试对象也从资产超过1 000亿美元以上的银行逐步扩大到500亿美元以上的银行控股公司及受美联储监管的非银行金融机构，包括保险、证券、信托等机构。2009年巴塞尔银行监管委员会公布《稳健的压力测试实践和监管原则》，该文件指出压力测试应覆盖各类风险和各个业务领域，压力测试应与其他风险管理工具相互独立，成为其他风险管理工具的有效补充，并全面阐述了银行业压力测试的标准和规范，各国金融机构更加认识到了压力测试的重要性。

此次金融危机也加大了我国防范金融行业系统性风险的现实需求。2009—2011年，国际货币基金组织与世界银行首次对我国开展金融部门评估项目（FSAP），评估包括银行业、证券业、保险业等多个金融领域，银行业的压力测试是整个评估工作的重要环节，我国主要商业银行首次开展统一压力情景、统一测试方案的压力测试。中国证券业协会自2011年发布《证券公司压力测试指引（试行）》以来，每年组织证券公司开展统一压力测试。建立健全证券公司压力测试机制、定期开展行业统一压力测试不仅有助于评估证券行业的整体风险敞口、风险承受能力及资本充足状况、为监管部门针对行业情况制定监管政策提供重要决策参考依据，而且有助于维护我国金融体系稳定、防范系统性风险。

二、证券公司压力测试介绍

（一）压力测试定义

根据中国证券业协会《证券公司压力测试指引（2023年修订）》（以

下简称《指引》），证券公司压力测试是指证券公司采用以定量分析为主的风险分析方法，测算压力情景下净资本和流动性等风险控制指标、财务指标、证券公司内部风险限额及业务指标的变化情况，评估风险承受能力，并采取必要应对措施的过程。

证券公司应通过压力测试，考察特定情景对风险参数和资本充足率等风险控制指标的影响，从而在经济周期各个阶段都能持有足够的资本抵御风险。证券公司压力测试包括综合压力测试和专项压力测试。

（二）综合压力测试框架介绍

综合压力测试的对象包括但不限于净资本和流动性等风险控制指标和整体财务指标。综合压力测试不仅应当涵盖证券公司的各业务领域、所有子公司以及比照子公司管理的各类孙公司，而且应当覆盖公司面临的主要风险，包括经营风险、市场风险、信用风险、操作风险、流动性风险、声誉风险、法律合规风险等风险类型。证券公司综合压力测试应当每年至少开展一次，中国证券业协会每年会定期组织证券公司开展统一压力情景的年度综合压力测试。

在压力情景下，经营风险主要影响证券公司损益表中各项业务手续费及佣金等收入的下降；市场风险主要影响资产负债表中流动性较高资产（权益类投资、债券类投资等）公允价值的下降，损益表中投资收益的下降以及非交易账户的其他综合收益下降；信用风险主要影响流动性较低资产（主要指存在因业务融资方、交易对手、债券发行人的违约风险而产生损失情形的资产）资产减值损失的增加；流动性风险主要关注资产负债表中资产及负债的匹配情况，以及损益表中融资成本上升的影响；操作风险覆盖面更加广泛，资产负债表内各个项目都可能涉及，操作风险造成的损失主要传导至损益表的营业支出类项目体现。综合压力测试框架见图5-5。

综合压力测试通过对公司各项业务、各类风险实施压力测试后，各项结果逐步汇总传导至损益表的净利润及综合收益等项目、资产负债表的净资产等项目，最终测算得到证券公司整体的风险控制指标和财务指标。证券公司根据风险限额、业务指标的变化情况，以及公司风险承受能力的综合评估结果，采取必要可行的风险应对措施。

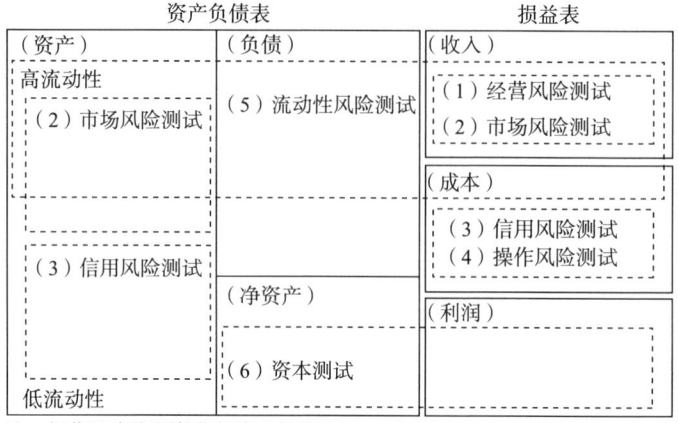

注：操作风险涉及资产负债表各项目。

图 5-5 证券公司综合压力测试框架

（三）专项压力测试介绍

专项压力测试的对象根据专项压力测试的目的予以选择。专项压力测试的目的由压力测试主体决定，主要包括：一国的监管机构、公司的最高决策和执行部门（董事会、风险管理委员会）、公司的风险管理部门及业务经营部门。压力测试主体基于具体的风险管理需求，确定专项压力测试目的。一般来说，专项压力测试大致可以按照以下方式划分类型：

一是按照压力情景划分，例如宏观经济下滑压力测试、股市异常波动情景压力测试、重大事件风险压力测试、信用评级下调压力测试、负债集中到期压力测试、重大创新业务压力测试、信用业务大额违约压力测试、个别行业或区域出现整体性风险的压力测试等；

二是按照风险类型划分，包括市场风险压力测试、信用风险压力测试、流动性风险压力测试、操作风险压力测试等；

三是按照业务类型划分，包括权益类投资业务压力测试、债券投资业务压力测试、融资类业务压力测试、场外衍生品业务压力测试、投行业务压力测试等。

证券公司在实际执行压力测试时，通常是将各类风险对压力测试对象的传导影响分开进行测算。然而现实是复杂的，在极端不利情境中，各种风险的综合作用更加突出。证券公司在分析宏观经济、市场冲击可能产生的影响时，应努力研究各类风险共同作用的效果。只是目前国内外，无论是银行业还是证券业，还未形成较为成熟的关于各类风险互相影响的压力测试计量方法。

三、信用风险压力测试管理与计量

信用风险是证券公司在经营管理过程中面对的最为重要的风险之一，信用风险压力测试是证券公司压力测试的主要内容。信用风险压力测试一般包括以下环节：确定压力测试目标、确定压力测试对象、设置压力测试情景、制订压力测试方案、构建压力测试传导模型、数据收集及测算、结果分析及应对。

证券公司应建立健全常态化信用风险压力测试触发机制以及信用风险压力测试工作管理体系，制定标准化的信用风险压力测试工作流程，高效实施信用风险压力测试，全面反映压力情景对公司的不利影响，掌握内部风险限额及业务指标的变化情况，及时识别潜在风险并有效防范化解。

（一）压力测试目标

目前证券公司信用风险压力测试的核心目标，主要是测算压力情景下公司因信用风险可能产生的预期损失（EL）。根据上文介绍，预期损失（EL）计算公式如下：

$EL = PD \times EAD \times LGD$

其中，PD 为违约概率、EAD 为风险敞口、LGD 为违约损失率，均属于信用风险的承压指标。

（二）压力测试对象

证券公司目前涉及信用风险的业务主要包括：债券现券交易、债券回购交易、债券远期交易等债券投资交易；股票质押、"两融"、约定购回等融资类业务；收益互换、场外期权等场外衍生品业务；非标准化债权资产投资；债券通用质押式回购业务等。

证券公司信用风险压力测试对象即上述业务覆盖的全部合约、资产组合等。

（三）压力测试方案

压力测试方案应体现压力测试的逻辑设置，通过构建压力传导模型，建立压力测试目标和测试对象之间的逻辑关系。

由于证券公司各类业务的独特性，证券公司制订的信用风险压力测试整体方案中，须包含针对每类业务的压力测试方案。信用风险压力测试方案应根据业务的实际内容、管理模式、经营情况等，通过构建压力传导模型或其他计量方式，建立风险因素分别与 EAD、PD、LGD 之间的逻辑关系，最终得出该类业务整体预期损失（EL）的方法。

建立压力测试逻辑关系的方法，可以分为自上而下方法、自下而上方法、自上而下和自下而上相结合的方法。

1. 自上而下方法

自上而下方法是将压力测试对象看作一个整体，研究压力情景下该整体会发生怎样的变化，而不考虑其内部结构及每个个体的变化。自上而下方法通常用于宏观压力测试或测试对象的内部结构不是非常清晰的情况，如宏观经济压力测试。目前，国内外最常用的信用风险压力测试模型框架源于 Thomas C. Wilson（1997）的压力测试计量模型，该模型也是麦肯锡公司信用风险模型 Credit Portfolio View 的基础，该方法被各大国际金融组织采用，成为宏观压力测试的通行方法。证券公司在研究分析宏观风险因素对公司各类业务违约概率（PD）的传导途径时，可参考 Wilson 模型。此外，证券公司也可参考 Merton（1974）模型，该模型的基本原理是根据企业资产价值与负债的关系判断企业的违约概率。

2. 自下而上方法

自下而上方法是先分析风险因素和单个测试对象承压指标之间的变化关系，在得到每个个体的变化后，再对个体变化的相关性进行一定处理，最终汇总得出整体的变化结果。通过自下而上方法，证券公司测算压力情景下每笔合约或每个资产组合的PD、EAD、LGD，先得到每个个体的预期损失（EL），再汇总所有结果，得出业务整体的信用风险预期损失情况。

相较自上而下方法，自下而上方法由于需要对单个个体的变化进行分析，可以向证券公司直观展示压力情景下每笔合约或每个资产组合的情况好坏，更有助于向证券公司提供更多的管理信息。

3. 自上而下和自下而上结合的方法

自上而下和自下而上结合的方法一般适用于测试对象包含个体很多、个体之间本身存在一定差异性的情况。比如宏观经济压力测试，证券公司每类业务分别采用自上而下方法对业务整体进行计量，计量宏观风险因素对每类业务承压指标的传导影响，再采用自下而上方法汇总各业务的影响结果，最终获得风险因素对信用风险相关业务的整体影响结果。

（四）压力测试情景

1. 风险因素及风险指标

按照风险驱动来源类型，信用风险压力测试的风险因素大致可以分为宏观经济风险、重大事件风险、集中度风险等。证券公司依据不同的风险因素选取相应的风险指标，构建完善自身的风险指标体系，为设置压力情景、搭建压力测试传导模型奠定基础。

（1）宏观经济风险。宏观经济风险通常对证券公司的信用风险具有先导性作用，如宏观经济下滑、股市周期性波动、房地产市场下行、利率变动、汇率变动、货币供应量变动、进出口贸易规模收缩等。证券公司针对这类风险可考虑建立一套定期、整体性的信用风险压力测试机制。

此类风险因素的风险指标通常为宏观经济指标，包括国内生产总值（GDP）、可支配收入增长率、消费者物价指数（CPI）、失业率、基准利率、国债收益率、股市指数、房地产价格指数、行业综合指数、汇率、进出口贸易指标等。

（2）重大事件风险。重大事件风险由于突发性、剧烈性的特征，对证券公司的部分资产及业务会产生较大的冲击。针对这类风险，证券公司需要根据实际情况开展临时性的专项压力测试。

此类风险因素的风险指标需结合事件具体情况针对性地选择，除了可以选取相关宏观经济指标外，还可选取特定区域、行业、业务、评级、财务等相关指标。

（3）集中度风险。证券公司的集中度风险属于证券公司资产及业务的内在结构性风险，通常表现为区域、行业、客户、期限、风险缓释工具、业务规模等方面的高集中度。集中度风险主要影响的是传导过程，即同样的风险冲击，高集中度可能会加剧压力冲击对承压对象的负面影响。针对集中度风险的信用风险压力测试是证券公司应重点开展的工作。

此类风险因素的风险指标包括：某类行业（如发行人、区域、评级等）债券持仓占比、某项业务规模占净资本比例、某类抵质押品占比等。实际执行压力测试时，此类风险指标可与宏观经济、重大事件两类指标组合使用。

2. 压力情景设置

证券公司可根据风险因素的严重程度设置多个压力情景，一般包括轻度、中度和重度压力情景等。证券公司在设置信用风险压力情景时，可采取历史情景法、假设情景法或者二者相结合的方法。

（1）历史情景法。历史情景法是模拟历史上重大风险事件或重大压力情景，主要步骤为：

①根据压力测试目的分析风险因素，选择需要考虑的风险指标；

②采集指标历史数据，研究历史数据规律及分布；

③根据指标数据的历史分布以及综合分析来设计压力情景，通常可采用以下方法确定各风险指标的变动程度：

一是假设压力情景与历史压力事件（经济动荡时期）为相同情景，风险指标的变动幅度与历史压力事件发生时风险指标的实际波动幅度（比如一个时间段的波动幅度或两个时间点之间的最大变动幅度）保持一致。

二是针对某特定风险指标，对该风险指标一定历史期间内的波动幅度

（具体视风险指标实际应用情况决定）进行排序，根据排序后的数据分析情况，分别取不同分位数值作为轻度压力、中度压力、重度压力情景下的风险指标变动程度。比如某证券公司将排序后的80%、90%、99%分位数值作为轻度压力、中度压力、重度压力情景下的风险指标变动程度。

（2）假设情景（专家情景）法。假设情景法以经济学理论为基础，需结合专家经验进行综合判断，主要包括以下两类：

一是根据国内外权威机构和专家，例如国际金融组织（IMF、世界银行、经济合作与发展组织等）、各国央行（美联储、中国人民银行等）、国内外的金融机构或咨询机构等，对信用风险相关经济环境趋势的预测，确定相应宏观经济因子指标变动情况，作为假设压力情景。

二是根据证券公司内部专家的经验和判断，收集专家针对某些特定风险指标对轻度压力、中度压力、重度压力变动幅度的看法，作为假设压力情景。

压力情景的设置应定期进行回溯检验。证券公司可通过定期更新风险指标体系中的指标数据，分析压力情景是否显著低于市场或公司实际已发生的情况，对压力测试情景设置予以调整，保持定期检验及更新。

（五）压力测试传导模型

1. 违约定义

证券公司构建信用风险压力测试传导模型前，应先明确业务的违约定义。违约定义直接影响压力测试的方案设计、传导模型构建方法、数据需求范围、测试结果的实际含义等。不同业务的违约定义差别较大，证券公司应结合业务实质、业务监管规则、业务管理办法、合约具体规定、业务实际经营情况等，对各类业务分别明确违约定义。比如，债权投资业务的违约情形通常包括债务人未按约定及时足额支付期间利息、债务人在债务到期日未按约定偿还债务；融资类业务的违约情形不仅包含前述两种情况，还包括待回购期间履约保障比例或维持担保比例小于平仓线，融资人未按约定及时采取履约保障措施的情形。

2. 传导模型

（1）违约概率（PD）传导模型。构建宏观经济风险因子变量与违约概率（PD）的传导模型可考虑使用统计计量模型和结构化模型。

①统计计量模型——Wilson 模型。目前国际上最常用的违约概率传导模型是 Wilson 模型，属于自上而下压力测试模型。在信用风险压力测试的实践中，通常采用 Wilson 模型的简化模型：

$$\ln\left(\frac{p}{1-p}\right) = \alpha + \beta_i x_i$$

式中，$\vec{x} = (x_1 \cdots x_i \cdots x_n)$ 是自变量向量，代表多个风险因子；p 是模型的因变量，即违约概率（PD）（除 PD 外，此模型的因变量其实也可以设置为其他需要进行测试的承压变量，比如 LGD 等），式子的左项是 p 的 Logit 函数的非线性转换。

构建以上模型主要包括下步骤：

一是数据准备。本模型需准备两类数据：一是公式左边的历史违约率数据，历史违约率的计算公式应结合公司不同业务的"违约定义"分别进行设置；二是公式右边的各项风险因子的历史数据，需结合不同业务的特征、行业影响因素、专家判断等，选取与该业务可能存在传导关系的宏观经济指标，收集各指标的历史数据。准备数据时还应注意两点：一是用于构建模型的数据需为同一频率数据，比如都是年度频率的数据或者都是季度频率的数据；二是通过构建模型测算出的违约概率至少是年化数据，因为年化的违约概率至少可以用于估算证券公司未来一年发生违约的预期损失。

二是数据处理。数据准备完全后，不能直接使用收集好的原始数据进行建模，应先进行数据处理。针对历史违约率数据，应按上述公式左边进行 logit 转换，即 $\ln\left(\frac{p}{1-p}\right)$。针对各项风险因子的历史数据，由于不同指标数据的量纲差异，通常应进行标准化处理，数据标准化处理的方法一般包括离差标准化、log 函数转换、z 标准化等。

三是单因素分析。数据处理完毕后，对每个风险因子变量进行单因素分析，即对每个风险因子变量与因变量进行回归分析，根据单变量的显著性检验结果等进行分析，只选取与因变量的线性关系较强的风险因子纳入模型构建。

四是相关性分析。完成单因素分析后，将筛选出的风险因子变量进行相关性分析。相关性分析通常使用 Pearson 相关性分析，即对风险因子进行一对一的关联性分析，测算两个变量之间的关联程度。若两个变量具有较高的相关性，应剔除其中一个，确保最终纳入模型构建的风险因子变量之间都为弱相关性。

五是多因素分析。将筛选完毕的变量进行多元回归模型构建，得到多个回归模型。在考虑回归模型中的单个变量显著性、模型整体显著性、模型拟合度等基础上，同步结合模型结果合理性、业务特征、专家意见等，挑选出最终模型。

②结构化模型———Merton 模型。Merton（1974）模型是在 Black 和 Scholes 的期权定价理论基础上建立的。根据 Merton 模型，客户是否违约与其"资产价值"的变动有密切关系。若 Y 代表客户的资产价值，C 代表其总负债价值，$Y<C$，则客户违约。该模型中，客户的资产价值 Y 是一个随时间变化的变量 Y_i，并假设 Y_i 满足标准正态分布，C_i 代表违约临界值，客户的违约概率（PD）即定义为 Y_i 小于 C_i 的概率，公式表示如下：

$PD_i = Prob(Y_i < C_i) = N(C_i)$

$C_i = N^{-1}(PD_i)$

Merton 模型假设客户的资产价值 Y_i 和系统风险因子 Z_i、非系统风险因子 ε_i 的函数为：

$Y_i = \rho_i \times Z_i + \varepsilon_i \sqrt{1-\rho_i^2}$

其中，客户的资产价值 Y_i 与系统风险因子 Z_i 的相关系数为 ρ_i，ε_i 和 Z_i 都假设满足正态分布，即 $N(0,1)$。

根据上述公式，可推导出压力情景（$Z_{stressed}$）下客户的违约概率。用 $PD_{stressed}$ 表示客户在压力情景下的违约概率，PD_{normal} 表示客户的长期平均违约概率，$Y_{stressed}$ 表示压力情景下客户正态标准化后的资产价值，当 $Y_{stressed} <$

$N^{-1}(PD_{normal})$ 时，客户违约。

即：

$$\rho_i \times Z_{stressed} + \sqrt{1-\rho_i^2} \times \varepsilon_i < N^{-1}(PD_{normal})$$

即：

$$\varepsilon_i < \frac{N^{-1}(PD_{normal}) - \rho_i \times Z_{stressed}}{\sqrt{1-\rho_i^2}}, \varepsilon_i \sim N(0,1)$$

所以：

$$PD_{stressed} = N\left[\frac{N^{-1}(PD_{normal}) - \rho_i \times Z_{stressed}}{\sqrt{1-\rho_i^2}}\right]$$

因此，该模型下只要确定 PD_{normal}、$Z_{stressed}$ 及 ρ_i，便可得到压力情景下的 $PD_{stressed}$。以下为某证券公司实际操作过程及使用的方法。

首先，确定 PD_{normal}。PD_{normal} 为客户的长期平均违约概率，该证券公司采用内部评级主标尺中不同等级对应的基准违约概率作为各类评级客户的 PD_{normal}。通过带入不同等级的 PD_{normal}，可相应得到压力情景下不同等级对应的 $PD_{stressed}$。

其次，测算 $Z_{stressed}$。由于系统性风险因子 $Z_{stressed}$ 与宏观经济周期存在紧密联系，可构建起二者之间的关系模型，即：$Z_{stressed} = f(X_1, X_2 \cdots X_n)$。其中，$X_1, X_2 \cdots X_n$ 为 n 个解释变量，即一系列能够解释特定资产组合系统性风险的宏观经济指标或行业特定指标。

该证券公司为简化实际操作中 Z 值的计算，引入指标"信用周期指数（CCI）"代表系统性风险因子 Z_i。信用周期指数指某时期资产组合的整体信用水平，是个体信用水平的共同部分，可视为一个系统风险因子。信用周期指数和宏观经济正相关。在宏观经济好的时候，信用周期指数为正，预示着评级下调和违约的可能性降低，上调评级的可能性增加；在宏观经济差的时候，信用周期指数为负，预示着评级下调和违约的可能性增加，上调评级的可能性降低。针对压力情景下的 CCI，即 $Z_{stressed}$，该证券公司按如下公式进行测算。

$$Z_{stressed} = \frac{\ln\left(\frac{PD}{1-PD}\right) - \ln\left(\frac{PD'}{1-PD'}\right)}{\sigma'}$$

其中，PD 是前述 Wilson 模型测算得到的压力情景下业务整体违约概率；PD' 是业务历史违约率的均值；σ' 是业务历史违约率 logit 转换后的标准差。

再次，测算 ρ_i。资产价值 Y_i 与系统风险因子 Z_i 的相关系数 ρ_i 采用巴塞尔协议中规定的信用风险敞口的相关性（R）。

一般公司客户：

$$R = 0.12 \times \frac{1 - \frac{1}{e^{(50 \times PD)}}}{1 - \frac{1}{e^{50}}} + 0.24 \times \left[1 - \frac{1 - \frac{1}{e^{(50 \times PD)}}}{1 - \frac{1}{e^{50}}}\right]$$

个人客户：

$$R = 0.03 \times \frac{1 - \frac{1}{e^{(35 \times PD)}}}{1 - \frac{1}{e^{35}}} + 0.16 \times \left[1 - \frac{1 - \frac{1}{e^{(35 \times PD)}}}{1 - \frac{1}{e^{35}}}\right]$$

上述公式里的 PD 采用第一步里的 PD_{normal}，即内部评级主标尺中不同等级对应的基准违约概率，通过公式测算得到不同评级分别对应的 R，即 ρ_i。

最后，测算压力情景下的 $PD_{stressed}$。将前述步骤确定的 PD_{normal}、$Z_{stressed}$、ρ_i 代入 Merton 模型的公式中，$PD_{stressed} = N\left[\frac{N^{-1}(PD_{normal}) - \rho_i \times Z_{stressed}}{\sqrt{1-\rho_i^2}}\right]$，从而可得到压力情景下不同内评等级对应的 $PD_{stressed}$。

③关注事项。根据巴塞尔协议关于违约概率模型开发的要求，数据观察期应涵盖一个完整的经济周期，至少需要 5 年以上，模型才会有一定的稳定性。国内证券公司由于部分业务开展时间较短，存在历史 PD 数据积累较少或部分 PD 数据为零的情况，可能无法通过前述模型构建出特定业务针对 PD 的宏观经济风险传导模型。这种情况下，可以考虑以下方式。

债券投资交易业务、场外衍生品业务等，可参照公司内部评级或业务历史违约率数据设定各等级债券发行人或交易对手在轻度、中度、重度压力情景下的 PD 参数；或可参照历史各等级债券主体的市场违约率数据，如根据穆迪公布的各等级债券发行人历史违约率情况，选取各等级债券发行人在 80%、90%、99% 分位数的历史违约率作为该评级在轻度、中度和重度压力情景下的违约概率。其中，对于国内和国外债券评级差异，可通过合理映射关系进行映射匹配，如参照证券公司并表风险控制指标监管报表中国际国内信用评级对照表，将各等级通过数量方法映射。

融资类业务等，可考虑使用历史情景法对压力情景下的 PD 参数进行设定。比如某证券公司将业务历史违约率数据进行排序，分别取 80%、90%、99% 分位数直接作为轻度压力、中度压力、重度压力情景下的 PD 参数。

（2）风险敞口（EAD）。

①针对债券现券交易等无抵质押品业务，可直接取压力测试基准日的投资余额作为风险敞口。

②针对融资类业务、债券回购交易等存在抵质押品的业务，证券行业目前未形成标准的 EAD 计量方法。参考巴塞尔协议内部评级法中证券融资交易的计量逻辑，由于抵质押品的缓释作用直接传导到 LGD 的计量中，而非风险敞口 EAD 的计量中，因此，融资类业务的 EAD 可考虑直接取压力测试基准日的负债余额作为风险敞口。

③针对场外衍生品业务，证券行业亦未形成标准的计量方法，目前压力测试一般采用的是较为简化的方法，直接采用重置成本作为风险敞口，即盯市价值减去持有的抵质押品净额。此种简化方法与巴塞尔协议中将衍生工具的抵质押品缓释作用考虑在 EAD 而非 LGD 计量中的总体逻辑一致，只是巴塞尔协议针对衍生工具的 EAD 计量提供了一套更为详细谨慎的方法。巴塞尔协议里衍生工具的风险敞口同时考虑重置成本以及潜在风险敞口，重置成本代表当前风险敞口，风险缓释工具的缓释作用传导至重置成本的计量里，潜在风险敞口代表未来可能的风险敞口。重置成本与潜在风险敞口具体计算方法可参考 2023 年 10 月国家金融监督管理总局根据巴塞

尔协议新修订的《商业银行资本管理办法》之"附件9——交易对手信用风险加权资产计量规则"之"二、与非中央交易对手交易的衍生工具的交易对手违约风险加权资产的计量"之"（六）违约风险敞口标准法"。

（3）违约损失率（LGD）传导模型：

$LGD = 1 - $ 违约回收率

①宏观经济传导模型。证券公司如果业务历史违约损失率数据积累较多时，针对违约损失率的跨周期计量，也可考虑直接建立宏观经济变量与 LGD 之间的传导模型，比如使用前述已介绍过的 Wilson 模型。

②巴塞尔协议建议逻辑。针对债券现券交易等无抵质押品的业务以及场外衍生品业务，可参考巴塞尔协议推荐的无合格抵质押品高级债权的 LGD 值，银行、证券公司和其他金融机构的 LGD 为 45%，其他公司的 LGD 为 40%。比如，某证券公司结合巴塞尔协议的推荐值以及公司业务历史违约损失率情况，对压力情景中的 LGD 参数进行设置，分别取 55%、65%、75% 作为轻度压力、中度压力、重度压力情景下的 LGD 参数。证券公司也可基于自身的历史违约损失率数据，直接使用历史情景法，设定压力情景下的 LGD 参数。

若公司历史数据较少，也可参考外部评级机构（如穆迪评级等）积累的历史各评级债券违约回收率数据，将其映射成内部各评级对应的历史违约损失率数据后，再使用历史情景法对压力情景下的 LGD 参数进行设定。

针对融资类业务、债券回购交易等具有合格抵质押品的业务（不包含场外衍生品业务），可参考巴塞尔协议内部评级法中针对 LGD 的计量逻辑：

$$LGD^* = LGD_s \times \frac{E_s}{E \times (1 + H_e)} + LGD_u \times \frac{E_u}{E \times (1 + H_e)}$$

其中，LGD_s 是抵质押品覆盖部分的违约损失率；LGD_u 是无抵质押品覆盖部分的违约损失率；E 是风险敞口当前值；H_e 是风险敞口折扣系数，商业银行借出证券应使用 H_e 对 E 进行调整，否则为 0；E_s 是抵质押品经折扣系数调整后的当前价值，E_u 是抵质押品无法覆盖的风险敞口，$E_u = E \times (1 + H_e) - E_s$。

比如某证券公司使用以上公式计量 LGD，由于该公司业务开展中涉及的证券抵质押品对照巴塞尔协议规则都属于合格抵质押品，公式里的 LGD_s 可直接取0，考虑到证券公司的业务特点不同于商业银行借出证券，所以 H_e 也直接取0，按照巴塞尔协议的相关规则将上述公式进一步推导简化为：

$$LGD^* = LGD_u \times \left[\frac{E - C \times (1 - H_c)}{E}\right] = LGD_u \times \left[1 - \frac{C \times (1 - H_c)}{E}\right]$$

其中，C 是抵质押品的当前价值；H_c 是抵质押品折扣系数，即处置抵质押品预计会发生的折扣。

该证券公司根据上述推导后的简化公式，E 直接取压力情景下的风险敞口，C 直接采用市场风险对抵押证券价值的传导模型进行测算，LGD_u、H_c 则结合公司业务历史 LGD_u、H_c 数据以及巴塞尔协议里的推荐值，通过历史情景法与假定情景法相结合的方式，设定出压力情景下的 LGD_u、H_c 参数值。

巴塞尔协议针对无合格抵质押品高级债权的违约损失率 LGD_u，银行、证券公司和其他金融机构为45%，其他公司为40%；针对 H_c，2023年10月国家金融监督管理总局参照巴塞尔协议新修订的《商业银行资本管理办法》之"附件7 信用风险内部评级法风险缓释监管要求"中提供的标准折扣系数见表5-8。

表5-8　　　　　　　　H_c 和 H_e 的标准折扣系数

发行等级	剩余期限	主权			其他发行者	证券化风险敞口
		风险权重为0	风险权重小于100%	风险权重为100%		
我国财政部发行的国债，中国人民银行发行的票据，我国开发性金融机构和政策性银行、视同我国主权的公共部门实体、权重法下标准信用风险评估结果为A+级、A级的国内外商业银行发行的债券、票据和承兑的汇票	≤1年	0.5	1	15	1	—
	>1年，≤3年	2	3		3	
	>3年，≤5年				4	
	>5年，≤10年	4	6		6	
	>10年				12	

续表

发行等级	剩余期限	主权 风险权重为0	主权 风险权重小于100%	主权 风险权重为100%	其他发行者	证券化风险敞口
AAA级至AA−/A−1级	≤1年		0.5		1	2
	>1年，≤3年		2		3	8
	>3年，≤5年				4	
	>5年，≤10年		4		6	16
	>10年				12	
A+级至BBB−/A−2/A−3/P−3级	≤1年		1		2	4
	>1年，≤3年		3		4	12
	>3年，≤5年				6	
	>5年，≤10年		6		12	24
	>10年				20	
BB+级到BB−级	不分期限		15		不合格	不合格
具有现金价值的人寿保险单			10			
主要指数股票、可转换债券和黄金			20			
在认可交易所挂牌的其他股票、可转换债券			30			
可转让基金份额			基金所投资金融工具中最高的折扣系数			
同币种现金、保证金或其他类似的工具			0			
其他风险敞口			30			

（六）数据收集及测算

压力测试数据质量直接影响压力测试结果对公司经营管理的实际参考效用，压力测试的数据要求非常高。压力测试过程中，使用的数据有外部各类风险指标、内部经营数据，原始数据有的是年度数据，有的是季度数据，有的则是每日数据。为了提高压力测试传导模型的构建质量，有些数据的时间跨度可能被要求尽量覆盖到一个完整的宏观经济周期。大部分证券公司可能受到业务开展时间较短、业务数据类型较少、数据积累时间较短、信息系统中的数据建设较弱等因素制约，缺乏部分建模所需数据。针对此类情况，证券公司可通过收集相关市场公开数据，建立市场数据与公司具体业务情况的映射关系，将市场公开数据转化为可以为公司使用的数据。

综上，数据获取后，首先需对数据进行整理，把各类异常值、缺失值、数据频率不统一等情况处理好，再按照具体模型构建要求对数据进行合适的标准化处理，最后才能将处理完成的数据代入模型进行测算。

模型测算完后，一般需要对模型进行三类检验：一是经济意义的检验，即模型的内部逻辑及估计出的参数是否符合经济意义和业务实际情况；二是使用数理统计方法，检验模型以及所估计出的参数的可靠性，一般包括模型拟合优度的检验、变量及参数显著性检验；三是检验模型是否符合计量经济方法的基本假设，一般包括自相关检验、异方差检验、多重共线性检验、变量平稳性检验等。

（七）结果分析及应对措施

证券公司执行完压力测试测算后，应重视压力测试的成果转化，确保测试结果的有效运用。如根据实际经营管理情况，将压力测试结果所反映的风险状况，作为优化调整风险偏好、制定业务授权及风险限额、调整资产配置结构等工作的重要参考依据。在作出重大经营决策时，应当将压力测试结果作为必备决策依据。应根据压力测试结果反映的风险情况，结合自身风险承受能力，采取适当应对措施，必要时实施应急预案，包括但不限于：调整业务规模及业务结构；采取风险对冲或缓释措施；评估和调整业务经营计划；增加融资渠道、调整资产负债结构；启动资本补足机制；以及其他合理的应对措施。

（八）压力测试信息系统建设

证券公司在执行压力测试时，一般存在数据收集时间紧、数据需求量大、情景设置及模型测算复杂等情况。为提高压力测试的质量和效率，证券公司应建立完善针对压力测试的信息系统建设，从数据积累、数据管理、数据处理、模型开发、情景设置、实施测试、结果分析与报告等环节给予充足的信息技术支持，逐步提升公司压力测试工作的系统化水平。

第四节 数据治理与数据质量管理

一、建设目标与建设原则

(一) 建设目标

规范风险数据的数据产生、数据应用过程，建立数据源管理规则，生成清洁、透明、智慧的风险数据。开展风险数据治理，减少产生数据标准不一致、数据无法对齐、数据责任不清晰、数据血缘不清晰的问题，避免因数据质量导致的指标计算错误、报告错误等问题。

(二) 建设原则

1. 数据产生管理原则

(1) 业务管理嵌入数据管理原则。数据规划对齐业务管理需求，业务管理规划必须包含关键数据举措。

(2) 负责人机制管理原则。设定业务条线的数据负责人、设定产生数据的业务部门负责人，共同承担数据质量的管理责任，谁产生数据，谁对数据质量负最终责任。

(3) 单一数据源管理原则。数据须定义单一数据源，一点录入，多点调用，数据质量问题应在源头解决。

2. 数据应用管理原则

(1) 数据共享原则。数据应在满足信息安全的前提下充分共享。

(2) 数据血缘管理原则。管理业务数据的数据血缘，以及数据链路和数据之间的管理和结构关系，实现数据和数据之间勾稽关系的质量检查。

(3) 数据资产管理原则。应逐步建立数据资产管理体系，使用更直观的方式展示风险数据资产。

二、建设风险数据中台

数据中台管理框架见图 5-6，涉及风险管理部门的内容主要是标准数据管理、数据质量管理以及数据服务管理，其中标准数据管理、数据质量管理是管理核心。下文主要围绕这两部分展开。

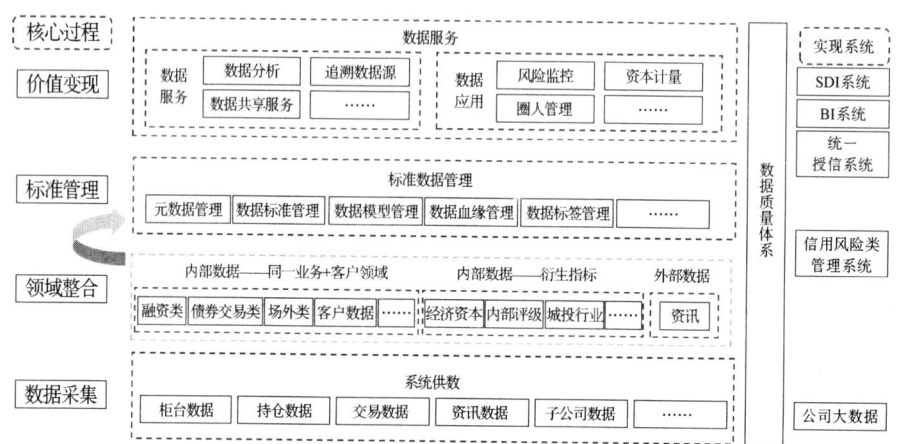

注："圈人管理"是指通过数据分析、数据挖掘等手段找到目标管理对象的过程。

图 5-6 数据中台管理框架

（一）标准数据管理

标准数据管理过程包括数据源管理、数据域管理、数据编码管理、元数据管理、数据血缘管理、标准数据表管理。

1. 数据源管理

数据源应该是业务上首次正式发布某项数据的应用系统，作为唯一数据源头被其他系统调用。数据中台建设过程中应明确数据源建设和数据源使用方面的总体原则和要求，确保数据源头的唯一性以及跨流程、跨系统数据的唯一性和一致性。关键数据是指影响风险监测、风险报告的数据，其数据源管理应遵循以下原则。

一是关键数据必须认证数据源。关键数据的数据源应由业务专家及技术专家共同认定，应直接从数据源或数据源镜像获取关键数据。

二是关键数据仅能在数据源录入与修改。其他调用系统无权自主修改，下游环节发现的数据源质量问题，应当在数据源进行修正。

三是数据源管理应制定负责人机制。负责人包括数据产生负责人以及风险管理部门内部的数据负责人，且应由数据产生负责人负责数据质量管理的最终责任。涉及风险管理人员认定的关键数据的数据修改，数据产生负责人负有通知风险管理数据负责人的责任。

2. 数据域管理

数据自多个数据源系统汇集后，应基于数据特性进行分类管理，即在进行数据编码管理前，先将数据按照其特征划分到不同的数据域进行数据域管理。

数据域的划分有多维度、多层级的划分方式，风险数据中台可以首先按照数据产生主体，第一层分为公司内部数据及公司外部数据；内部数据第二层分为基础数据以及根据基础数据计算得到的衍生数据，第三层根据客户数据域、同一业务数据域、衍生指标数据域进行划分（见图5-7）。

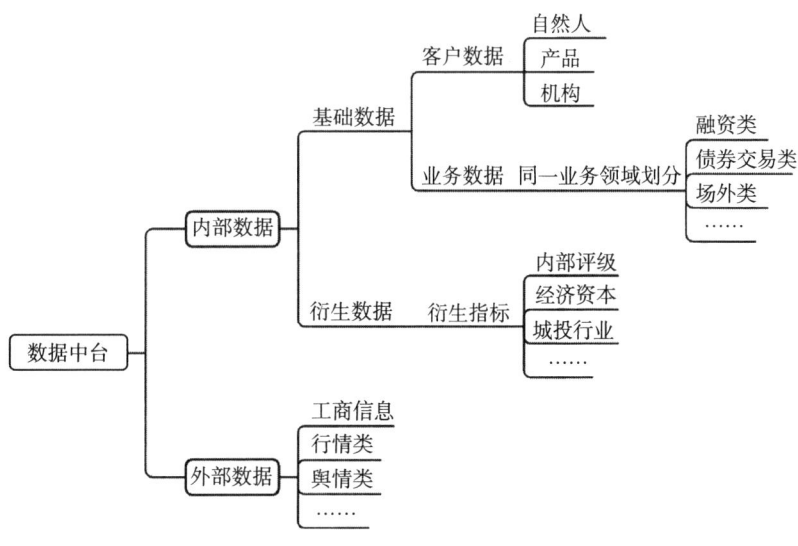

图5-7　数据域划分

3. 数据编码管理

领域划分完毕后，需要在领域内对数据资产进行标准编码。数据资产编码是通过一组数字、符号等组成的字符串去唯一标识公司内部每一个数据资产，基于此唯一标识，保证各业务领域对同一数据资产的理解和使用一致，并应遵循以下原则。

（1）统一性原则。对于风险所使用的所有数据，只能使用一套数据资产编码，以方便不同业务部门或子公司之间的沟通和 IT 应用之间的数据交换。

（2）唯一性原则。每个数据资产只能用唯一的数据资产编码进行标识，不同数据资产的编码不允许重复，同一个编码也只能对应到一个数据资产上。

（3）可读性原则。数据资产编码作为数据资产分类、检索的关键词和索引，需要具备一定的可读性，让用户通过编码就能初步判断其对应的数据资产类型。

（4）扩展性原则。数据资产的编码应从数据管理角度适当考虑未来几年的业务发展趋势，其编码长度要能适当扩展，同时不影响整个编码体系。

4. 元数据管理

数据编码完成后，需要对标准数据及存储数据的表格实施元数据[①]管理。元数据管理是持续开展标准数据管理工作的重要抓手，不仅可以帮助了解数据当前的全貌，而且有利于追踪数据的演变过程以及血缘关系。狭义的元数据，主要是指我们日常所称的数据字典，包括标准的业务含义和规则；广义的元数据除数据字典外，还记载了数据的基本属性以及变化的过程。元数据管理方案是通过制定元数据标准、规范、平台与管控机制，对标准数据进行登记备案与管理，用以支持各类数据服务及数据应用。

[①] 元数据是"数据的数据"，可以理解为数据的户口簿。户口簿是个人的信息登记册，上面有姓名、年龄、性别、身份证号码、住址、原籍、何时从何地迁入等。除了这些基本的描述信息之外，还有其和家人的血缘关系，比如父子、兄妹等。所有这些信息加起来，就构成了对个人的全面描述，而这些信息都可以称为这个人的元数据。同样，如果要描述清楚一个现实中的数据或者表，以某张表格为例，则需要知道表名、表别名、表的所有者、主键、索引、表中有哪些字段、这张表与其他表之间的关系等。所有这些信息加起来，就是这张表的元数据。

5. 数据血缘管理

元数据管理是数据血缘管理的基础,血缘管理又称数据血统、数据起源、数据谱系,是指数据的全生命周期中,数据从产生、处理、加工、融合、流转到最终消亡,数据之间自然形成一种关系。其记录了数据产生的链路关系,这些关系与人类的血缘关系比较相似,所以被称为数据血缘关系。梳理数据血缘关系应至少包含以下元素:

(1) 数据节点。标记数据的具体信息,此信息应涵盖数据的元数据,根据不同的血缘层次和业务需求,数据节点的信息有所差异。

(2) 流转线路。标记数据的流转路径,通常从流入节点汇聚到主节点,再从主节点扩散到流出节点。在流转线路中,不仅可标记出数据的流向和流转关系,还可以通过线路的粗细、长短等标记数据量级和更新频次。一般来说,标准数据体系中的业务数据以及衍生指标应作为唯一的流出节点为其他系统提供数据支持。

(3) 处理节点。标记数据流转过程中的处理方式和处理规则,通常用于数据节点之间的流转线路中。通过处理节点,可以直观地了解到数据在两个节点之间流转时,通过什么样的计算处理规则进行了怎样的处理。

6. 标准数据表管理

生成标准数据后,一般应根据业务的使用需求、使用频率,进行内外部数据的联结,生成标准数据表。标准数据表也应进行元数据管理、数据血缘管理。

(二) 数据质量管理

解决数据质量问题要从理念、机制、流程、工具等多个方面发力。在进行数据质量管理时,首先,应设定一套数据质量规则,制定关键数据中核心数据的质量标准及测评指标,并根据业务需求和数据情况持续度量与改进;其次,应对数据质量进行持续的监测与处理,在此过程中,业务部门及风险管理人员应共同主动解决长期影响业务运营和经营管理的数据问题(见图5-8)。

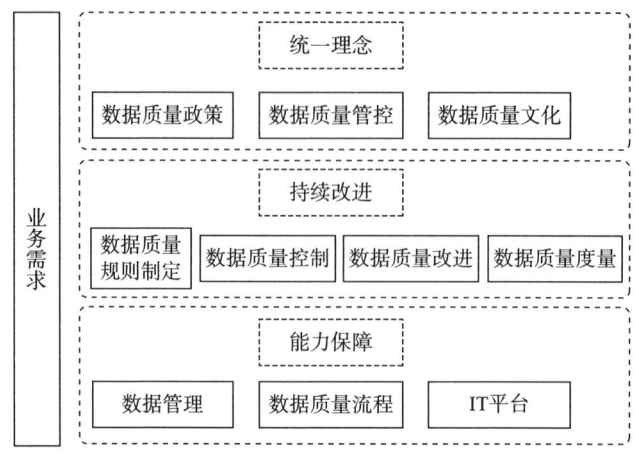

图 5-8　数据质量管理

1. 数据质量规则

数据质量应从数据的完整性、及时性、有效性、一致性、唯一性、准确性六个维度对其进行描述。数据质量规则是判断数据是否符合数据质量要求的逻辑约束。在整个数据质量监控的过程中，数据质量规则的好坏直接影响监控的效果，因此，如何设计数据质量规则很重要。

依据数据质量特性及数据质量规则类型，可以设计如图 5-9 所示的四类数据质量分类框架。

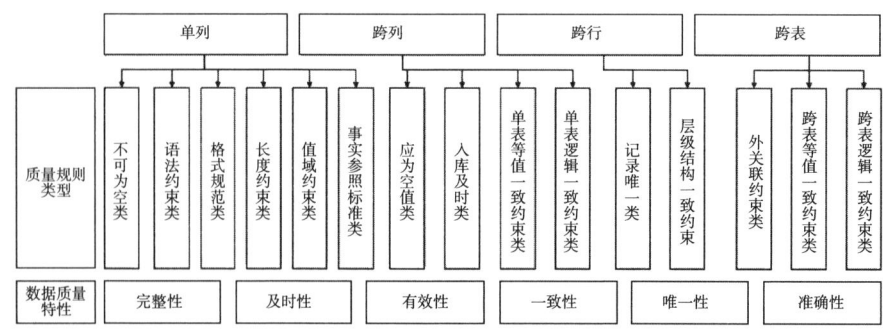

图 5-9　数据质量分类框架

（1）单列数据质量规则：关注数据属性值的有无以及是否符合自身规范的逻辑判断。

(2) 跨列数据质量规则：关注数据属性间关联关系的逻辑判断。

(3) 跨行数据质量规则：关注数据记录之间关联关系的逻辑判断。

(4) 跨表数据质量规则：关注数据集关联关系的逻辑判断。

2. 数据监测

不满足数据质量的数据称为异常数据。监测异常数据时，第一步，应识别监控对象范围，确定监控内容。数据质量控制从明确业务需求开始，根据业务规划和数据相关方的需求，阶段性确定数据质量控制范围。第二步，应对数据源进行剖析，目的是分析数据源的内容、质量和结构，同时发现和分析数据源中的所有数据不规范问题和使数据项目处于危险中的隐藏数据问题。第三步，应根据数据质量规则设计相应的监测规则。第四步，应实现系统化自动监测异常数据并展示监测结果。

(三) 数据服务管理

第一，业务人员可以基于标准数据，使用 BI 平台进行数据分析、数据共享。第二，基于血缘分析功能，在数据发生异常、源数据调整时，可以识别数据的来龙去脉，快速定位需要进行同步调整的系统或者报告。第三，基于数据标准的数据域分类以及其下的具体数据，可以实现数据资产的全貌展示。第四，基于"血缘"分析，可以监控标准数据的调取频率以及数据流动的全景图。对于频繁调取使用的标准数据，应加大数据标准的管控力度，减少因数据质量导致的数据错误。

| 第六章 |

信用风险管理展望

本章展开分析了全球信用风险重点案例,并结合市场现状以及科技现状,总结过往,展望未来。

第六章 信用风险管理展望

第一节 管理难点和挑战

一、信息爆炸时代带来的挑战

(一) 数字经济时代下对信用风险精细化管理的新要求

近年来,人工智能技术及应用快速发展主要源自推动人工智能发展的三大基石——数据、算力和算法,三者相互支撑、相互促进。2000年之后,随着数据量的积累、深度学习算法的出现和运算力的提升,数字经济逐步变成全球结构重塑、产业要素重组和竞争格局改变的关键因素,风险管理的数字化进程也随之发展。风险管理的数字化过程是通过大数据、IT技术和风险管理计量模型,从大量的行业数据中提取出相应的风险因子来辅助业务决策。风险管理的数字化,应该包含能够提高风险管理效率的数字化因子,在数据、流程、分析、IT和组织结构内协同发展。

对于证券公司来说,风险管理部门需要适应数字经济所带来的变化,充分运用大数据、新技术和新算法,建立与新时代相适应的风险管控体系。一方面,证券公司应该加强数字化技术的应用。同时,对于伴随着数字化过程的新型风险,如网络安全风险、模型风险等,证券公司应当提高相应的管理能力。在数字经济时代,传统金融业务模式被替代和改变,风险管理的方法也需要同步调整。数字化技术对于风险管理能力的提升建立在海量、高频和多维度的数据基础之上,证券公司需要整合现有数据、抓取公开平台数据、与第三方供应商开展合作,实现从以人为主的模式向精细化、自动化的技术识别参与的风险管理模式转变。

当前数字经济时代下复杂多变的影响因素对于信用风险管理提出了更高的要求,总体来说需要从体系设计的角度出发来完善信用风险管理的策略。对于信用风险管理的体系设计,可以归纳为以下五个方面的细分要求。

1. 事前、事中和事后并重

包含"两融"业务、股票质押、信用债、衍生品等各类业务，应既注重投前管理，也注重投后管理。需要实现管理流程的全面覆盖，包括事前、事中、事后流程的全面覆盖。事前管理阶段，要求建立与信用风险管理相关的风险政策、尽职调查、信用内部评级和新产品新业务内部审核等流程。事中管理阶段，则要设定风险限额等并定期进行监测。值得注意的是，在事中管理阶段，也要从信用主体与业务类型、业务规模和集中度这两个维度进行把控，应当做到在系统中详细体现同一客户、同一业务和同一标的的情况。事后管理阶段，着重把控对关注池的管理。针对信用债的自营、资管业务、债券承销以及"两融"、股票质押业务等，都应按照相对应的标准进行定期和不定期监测，同时也需要关注如行业维度、地区维度等对不同业务类型的影响。

2. 需要将信用主体和业务类型结合起来，在控制总量风险的同时，还要针对不同业务建立适当的集中度管控指标

在对有可能面临信用风险的交易对手展开尽职调查、评级、授信、审核等环节工作的时候，更加侧重控制基于信用主体本身的风险，但是从业务分类角度，有可能因为业务类别的集中度较高而使得信用资产质量整体下降。因此，一方面要关注信用主体的基本面资质情况，另一方面也要将单个主体和业务类型结合在一起来看待信用风险。从单个信用主体层面来看，例如，对于证券公司的股票质押、融资融券业务，挑战在于如何识别出公司真正的实际控制人。证券公司应在前期开展详尽的尽职调查工作。首先需要穿透个体的实际控制人，在面对较为困难的识别情形，比如存在着隐蔽关联关系的疑似一致行动人以及马甲户问题时，由于背后真正的客户不明确，如果一旦发生违约，资金的追溯追回就会很困难；此外还有产品户的抵（质）押物带来的信用风险。在评级方面，银行相对证券公司有数据积累和经验方面的优势，而证券公司由于业务复杂程度较高，评级难度相对较大。一般来说，未曾有过公开发行记录的公司，比如券商的子公司、独立的基金公司以及私募基金等机构,在评级过程中,数据和信息的获取存在一定的障碍。授信方面,对于证券公司来说,建立一套标准统一的授信体系的难度较大,需要针对不同类型的业务建立对应的审核流程和配套风控措施。从业务类型层面来看,需要相应的业务类型信用风险管理政策,例如,需要对各类产品进行集中度限额监测和在计量方面建立相关模型。

3. 注重穿透式管理

在证券业过往实践中,穿透式管理主要包括对主体、产品和嵌套层级的穿透:一是穿透识别底层资产、底层资产和嵌套结构,明确穿透资金来源和流向,从而识别交易中的风险来源;二是穿透计量风险资本、集中度风险和杠杆率等监管指标,合理评估投资风险水平;三是通过主动跟踪公开信息披露和尽职调查程序,达成穿透识别目的。从账户管理方面来看,建立穿透式账户体系实现客户和账户的统一管理,实现各项业务的账户整合。需要从穿透式账户体系模型、后台和中台系统建设方面来完善现有管理体系:(1)穿透式账户体系模型。穿透式账户体系包含多层次的账户结构:统一账户、业务账户、资产账户和交易账户。客户信息中心系统是穿透式账户体系的基石,做到自动识别"同一客户",通过统一账户号能自动关联到该客户的全部业务系统账号,从而实现对该客户的全部业务与交易的管理。(2)后台建立客户信息中心。客户信息中心系统需要实现全链条业务的系统接入,包括研究所、经纪业务、非经业务、投行、场外业务系统,因此对客户信息质量有着较高要求。(3)中台统一账户业务受理。建立中台系统提供统一的账户业务办理渠道与标准账户处理,对内整合散落在各系统的业务逻辑,对外提供统一和标准的账户业务接口,以支持业务系统的使用。

4. 不断完善信用风险的基础设施建设

需要从模型建立和系统建设两方面来提升数据治理的质量、提高数据质量和全面性程度。伴随着互联网技术的快速发展,数据的逻辑和结构复杂多样,对于夯实基础数据提出了新的要求。一方面,需要进行数据整合，扩大数据源，提升数据价值。对内部来说，应当按照类别来梳理系统数据，将公司内部数据进行全面挖掘和调用。对外部来说，引入行业数据信息，汇总外部数据，同时提升数据清洗、数据分析和数据挖掘能力，删去无效数据，进一步提升数据价值和质量。另一方面，逐步实现各个平台数据的融合，最大限度地集成数据，打破数据平台之间的壁垒。

5. 加强新科技研发力度和相关人才的培养

数字化技术与风险管理措施的融合是一个较为庞大的工程，涉及管理理念、金融基础设施、技术投入和人才等方面的因素考量。证券公司需要顺应数字技术发展的趋势，着眼于数据创造价值的理念，树立起数据安全的意识，从数据分析的角度来分析问题和解决问题，打破传统业务的管理决策模式，建立以数据分析为驱动的业务决策流程。长远来看，通过人工智能技术来赋能风险管理，对于风险管理人才的梯队建设提出了较高的要求。证券公司需要对相关领域人才的建设持续投入，培养帮助实现风险管理数字化转型的人才，积极充实具有新技术应用水平、数据模型开发能力和数据分析能力的复合型风险管理人才。

（二）人工智能技术在风险管理领域的应用方向

随着人工智能算法的发展，证券行业应用人工智能技术进行科技金融产品开发的条件应运而生。当前人工智能技术在风险管理上的应用主要是研发智能舆情风控系统来实时抓取资讯，通过自然语言处理技术将业务主体提取出来分析正向及负向影响，从而协助人工风控更加高效地做出响应。人工智能在券商领域的发展依赖于底层人工智能技术的成熟程度以及在业务场景的具体需求和发展趋势。以证券公司中、后台智能平台的布局为例，应梳理券商内部从业人员的管理需求，采取与外部开发商进行合作研发的模式，重点落在匹配具体的业务场景。人工智能技术蓬勃发展，产生了丰富的落地场景，其中应用在证券公司风险管理场景中的主要技术有自然语言处理、计算机视觉和机器人流程自动化。目前人工智能技术应用在风险管理领域的基本逻辑是在数据挖掘的过程中不断进行更新、调整和迭代，从而实现在海量数据中把控住风险发生的规律。证券公司需要深度结合业务发生的场景，通过深度学习和机器学习等方式来加快推动风险管理智能化在客户关系图谱建设、风险预警、信用评级等方面实现突破。

当下证券行业的风险管理系统仍然是基于规则设计、条件筛选来实现的半自动化预警，距离运用人工智能技术的风控系统存在一定的差距。证券行业使用人工智能技术进行风险管理的挑战可以归结为两个方面：数据和场景。从数据方面来看，由于数据采购、系统自建等原因，数据碎片化现象严重，导致部门系统连通性不足。从场景方面来看，系统的自动化程度有待提高、新科技的应用程度也不深，应用场景有待挖掘。目前来看，工作流中依赖人工进行处理的部分较多从而执行效率受到影响，且风险监测人员的精力大部分浪费在低附加值劳动中。随着人工智能技术赋能的程度提高，员工工作内容由原先的基础核算、监测管理，更多转向决策支持，极大地提高了风控效率。

针对证券行业利用人工智能技术完成风险管理升级存在的问题，未来的发展方向主要是以 IT 技术支持为支撑，以数据集市和智能风控系统为载体，实现多种场景的体系化风险管理。在客户层面，使用智能技术来增强数据分析能力和计算建模能力，及时监测外部数据中包蕴的风险信息，全面对授信客户进行实时的风险监测。在产品层面，使用智能技术来搭建覆盖行业、区域、主体、业务的信用风险监控体系，提升产品的监控能力。

（三）利用 IT 技术支持，优化风险管理的系统工具

数据系统的建立是基础。智能风险管理系统的搭建有利于在现有全面风险管理系统功能的基础上进行分期功能扩展、改造，对各风险管理系统数据及关键风险数据实现全覆盖；通过更加先进的技术手段来完善数据的采集和处理；精简优化风险监测等工作的内部处理流程，节省人力成本，减少人工判断环节；采取功能接入和算法优化等方法来完善关联关系分析、舆情预警等功能，建立更加智能和系统化的平台来完成从数据采集、分析、预警到后续跟踪的整个过程。

利用 IT 技术支持来推动风险管理智能化的突破。通过建立智能预警

监控体系来整合多个来源的数据，由系统完成预警分析，提高效率和准确性。和传统的风险监控模式相比，使用数字科技能够实现监测过程的信息集成化、行为自动化、结果可视化和频率实时化，提升风险监控的质量和效率。从信用风险管理的智能监测方法来看，可以从智能信用评级体系和智能宏观政策分析方面来逐步实现风险管理智能化升级。一方面，可以实现智能宏观政策分析。证券公司可以建立关于行业的政策信息平台，支持最新政策的抓取和检索，使用自然语言处理技术，形成关于热点领域、行业、地区的焦点政策图谱，帮助业务人员及时获取行业管理动态，提高政策分析的及时性。另一方面，搭载人工智能应用技术来建立相应的信用风险分析模型。根据梯度来提升随机森林、神经网络、分群调整技术、决策树、分群调整技术和增量学习技术等机器学习算法，对客户进行全面的信用风险分析评价。利用海量数据、深度机器学习来升级客户信用评级系统，相比传统评级来说有着更多的优势，主要体现在：一是机器学习算法处理相关信息的效率更高。二是利用人工智能技术迭代更加快速。抓取最新数据更迭学习规则，自动生成新型模板来识别和监测主体和业务规则变化带来的风险变动。三是特征指标维度较为丰富。智能舆情监控系统可以实现指标扩展，可融入丰富的财务与非财务指标，并且可以挖掘其他创新维度指标，比如客户关系图谱和资金交易信息等。四是评级结果的波动性小、抗干扰力很强。智能预警系统不容易被单一指标影响而造成评级结果的大幅度变动。

(四) 打造智能系统和数据集市共同作用的数字化业务模式

一方面，国内互联网金融近年来的快速发展，使得智能风控的应用相对广泛，应用场景也十分丰富。智能风险管理的核心在于在大数据作为支持的基础上，证券业的智能风控应该向场景应用的丰富化方向发展。需要关注的是，证券业目前的数据治理水平尚在提升阶段，各家券商可以在新科技创新工具的应用上，对风险识别、分析、监测、报告、处置等风险管理的基本内容进行工作流程的升级改造。

另一方面，可以通过实现应用场景的丰富度提升，促进多项智能技术融合到日常风险管理工作中。根据目前的智能技术发展情况，各个技术在风险管理场景下均有不同侧重的应用，综合运用多种技术手段可以使智能风险管理系统更加完善。例如，开发利用物联网技术来丰富数据采集的内容，增添数据维度；采用深度学习模型在风险分类及预警等方面的应用；利用区块链技术实现多方数据平台共享融合，促进数据获取成本的下降；利用 OCR 技术、虹膜识别和声纹识别等技术完成自动化批量审批流程，可在一定程度上降低操作风险。

二、黑天鹅和灰犀牛挑战频发

（一）欧美银行挤兑危机及信贷风波启示

随着硅谷银行、瑞士信贷的接连出险，欧美金融市场持续波动，美联储和瑞士央行及时采取有效措施，遏制了市场恐慌情绪和系统性风险的进一步蔓延。将欧美银行系列风险事件作为典型案例对信用风险传导的启示纳入研究范围，有利于应对未来行业内可能出现的黑天鹅、灰犀牛风险事件。

1. 硅谷银行倒闭事件

（1）硅谷银行倒闭事件成因。2023 年 3 月 8 日，硅谷银行公告称，因为出售 210 亿美元的证券导致了 18 亿美元亏损；同时拟实施 22.5 亿美元的股权融资以弥补该项亏损。硅谷银行公告发出之后，投资人和存款人的担忧情绪增加，并发生了之后严重的存款挤兑事件。2023 年 3 月 10 日，加州金融保护与创新部关闭了硅谷银行，由美国联邦存款保险公司（FDIC）接管了硅谷银行。

硅谷银行破产的原因可以归纳为以下几点：

一是疫情前期美联储量化宽松导致流动性过剩。美联储加息使得硅谷银行存款激增，流动性充裕令科创企业获得大量的投资，硅谷银行同时获得来自主要科创企业客户的存款规模。2020—2021 年，硅谷银行持有的债券投资规模超过总资产的一半，使得资产结构存在较为严重的风险。

二是硅谷银行单一客户集中度过高。硅谷银行近 40 000 个存款客户的平均存款余额为461.6万美元，主要是科创企业和金融风险投资企业，客群单一，风险分散能力弱。

三是美联储连续加息令硅谷银行资产负债质量下降严重。一方面，加息让资产价格下跌，加上挤兑风波，硅谷银行只能将资产出售变现；另一方面，加息使得科创企业融资难度变大、现金流紧张，从而增加了提款速度。

四是信息披露的失误，导致投资人信心下降。2023年3月8日，硅谷银行公告拟实施22.5亿美元的股权融资，披露了亏损和投资交易情况，但没有展示应对措施以增加投资人信心。

五是监管缺漏。在会计处理上，硅谷银行将国债和抵押支持债券（MBS）分别记入可供出售金融资产和持有至到期金融资产，在出售资产的时候确认损益，市值波动不会体现在损益上。根据美国的监管规定，这样的会计处理能让硅谷银行享受到资本计量方面的"豁免"。因此，硅谷银行的投资资产在持有期间的亏损不会影响到资本充足率等监管指标。

（2）硅谷银行事件的启示。硅谷银行作为科技创新特色银行，经营数据等业绩表现一直保持优秀。截至2022年末，硅谷银行持有贷款的净利息收入高达45亿美元，不良率仅为0.18%。作为服务于科技创新企业的特色银行，股权投资获得的资本利得占全部非利息收入的20%。复盘硅谷银行事件，值得汲取的经验教训主要有以下几方面：

一是证券投资行为超过安全边界。对于本身定位在服务科创型企业的银行来说，在资产充足率小幅不足的时候适度配置债券的投资策略才是符合发展逻辑的，硅谷银行在美国货币政策转向的环境下，利率风险和流动性风险急剧上升，为后续风险埋下了巨大的隐患。

二是通过加强前瞻性预判来优化资产负债风险管理。反观硅谷银行破产的主要原因在于错配风险过大，对于持续性的美元加息没有进行充分预判和有效的调整，导致在利率上行时承受巨大的利率风险。在目前国内流动性盈余不断下降的环境，应该保持对资产负债错配风险的动态监测及前瞻性预测。充分运用压力测试、情景模拟等措施来定期监测错配风险大小，同时注意市场因子的变化情况，及时有效地对资产负债结构安排做出调整。

三是加强投资者管理，规避股市流动性风险的传染机制。硅谷银行本次的流动性危机从股票市场开始蔓延，其上市公告增加了投资者的担忧情绪，股价应声下跌，对存款人的信心造成打击。硅谷银行的存款保险中对企业存款的覆盖率低，使得挤兑压力增大。因此，应当关注股市的风险传导机制，加强投资者管理。

四是客观看待硅谷银行的科创金融商业模式。硅谷银行的破产原因与其本身为初创科技企业提供投贷联动金融服务、对风投机构提供融资支持的关联性并不大，科创金融的商业模式在美国经过长期实践，是一种较为持续的商业模式，硅谷银行的倒闭从某种程度上说是源于偏离了科创金融的经营轨道。

2. 瑞士信贷的衰败与启示

瑞士信贷集团于2023年3月20日被瑞银集团强制收购，此前瑞士信贷集团已陷入危机。在2008年金融危机后的15年时间里，瑞士信贷集团逐步走向衰败，其灰犀牛事件发生的过程值得总结和反思。

（1）瑞士信贷的衰败原因。

一是业绩下滑受到投行业务下降的影响。瑞士信贷在2011—2012年、2014—2016年和2021—2022年，业绩大幅下滑的主要原因是手续费及佣金收入、交易性收入持续走低。2012年，瑞士信贷的交易性收入仅为12亿瑞郎，较上一年大幅下降近40亿瑞郎。2014—2016年，瑞士信贷的手续费及佣金收入和交易性收入分别下降20亿瑞郎和17亿瑞郎。2022年，瑞士信贷的各类业务中，降幅最大的还是手续费及佣金收入、交易性收入，分别下降了43亿瑞郎、29亿瑞郎。

二是投行业务在策略上风险偏好较为激进。瑞士信贷长期以来更加偏好于开展重资产型的投行业务，比如自营投资以及加杠杆融资、过桥融资、夹层融资和资产证券化产品等。过高比例的重资产业务在投行业务板块形成了较大的风险敞口。瑞士信贷投行业务板块的风险加权资产在集团风险加权总资产的比重最高曾经达到65%，原本应该保持轻资本、高收益的投行业务成为瑞信集团内部业务中高资本消耗、高风险、收入质量脆弱的业务条线。自营投资方面，瑞士信贷更偏好权益投资和衍生品投资以获取更高收益，持仓比例保持高位运行。信贷类融资业务方面，风险敞口一度超过石油天然气企业贷款业务，主要是向对冲基金等资管机构提供杠杆融资服务。

2021年，美国对冲基金Archegos Capital通过互换合约等衍生品杠杆交易机制开展股票市场投资，瑞士信贷为其提供杠杆融资服务，该基金之后因为投资失败宣告倒闭，瑞信集团的连带损失金额达到48亿瑞郎。此次事件充分反映了投行业务板块风控机制的缺失。投行业务长期以来风险偏好激进的策略、保持高资产运营，导致了Archegos Capital基金高额亏损事件发生的必然性。

三是瑞士信贷集团在战略规划上既不清晰也不坚定。自2009年以来，瑞士信贷集团经历了几轮战略和组织结构调整，投资银行业务经历了分拆又整合，显示出发展方向的不清晰。2022年10月，瑞士信贷集团再次重组投行业务。具体措施包括：中止为对冲基金提供融资服务；彻底清理证券化产品集团的风险敞口，通过剥离非核心业务的方式把风险加权资产和杠杆敞口分别降低40%等。将财富管理业务和瑞士银行两大板块作为重点方向，投行板块更名为市场板块，在业务发展排序中位于末尾。

四是瑞士信贷集团内部长期以来存在风险让位业务的集团文化，风控部门对业务的管控力度很低。值得关注的是，瑞士信贷集团在风险管理上的巨大漏洞，使得其在缺失风控保障机制下最终走向衰亡。其曾经的首席风险官对于风险和合规部门的要求是保持商业化和前台一致性。这对于风控独立性原则来说是极大的违背，同时瑞士信贷集团在风险管理人员设置上的薄弱也削弱了业务的风险保障机制。

瑞士信贷集团设立了两道风险防控线：一个是信用风险管理部门（Credit Risk Management），主要负责评估所有业务将会产生的信用风险，对于交易限额进行整体把控；另一个是主营业务风险部门（Prime Service

Risk)，负责设置保证金比例、要求顾客追加保证金，日常负责监控客户的投资资产在风险限额以内。这两道防线在 Archegos Capital 基金爆仓事件中没有起到对应的风险防范作用。一是业务部门在集团内部一直以来处于比风控部门更强势的地位。二是两个风险管理部门存在一定的失职行为。例如，主营业务风险部门在对 Archegos Capital 基金开展信用审查时发现其风控制度存在多处漏洞，但是因该基金的业绩表现而调增了信用等级；主营业务风险部门给 Archegos Capital 基金设定的保证金限额远低于行业平均水平。

五是高额诉讼成本。从外部法律消息来看，瑞士信贷集团在经营不善的同时，持续暴露出一系列的法律合规风险事件。瑞士信贷集团在过去 10 多年中存在着以下几个方面的违法违规行为：一是商业贿赂。涉及马来西亚和莫桑比克两个国家。二是协助客户洗钱。较为知名的事件是保加利亚贩毒集团洗钱案，瑞士信贷集团由此成为瑞士历史上第一家有国际刑事罪名的大型银行。三是帮助客户逃税。瑞士信贷集团在这个方面覆盖的客户范围包括美国、德国、意大利等多个国家，违法违规服务事件屡屡发生。

（2）瑞士信贷集团事件对我国的启示。

一是投行业务要保持轻资产、风险可控的发展方向。瑞士信贷集团的逐步衰败与重资产、高风险的投行业务战略息息相关。投行业务根据其是否使用自有资本承担风险以及风险的高低，可以大致分为服务型、资本中介型和资本型三大类。对于投行业务的整体轻重结构，应当评估并监测投行业务是否脱离了轻资产、风险可控的业务主线。投行业务板块的业务结构比例应该保持相对均衡，全球头部金融机构在业务布局的时候，会将投行业务作为核心业务。比如，摩根大通的投行板块当中，轻资产业务（财务顾问、股权承销、债券承销、证券服务等）和其他重资产业务（融资业务、固收交易、权益交易等）的收入占比分别约为 45% 和 55%，形成相对均衡合理的分布比例。

二是建立与投行业务发展相适应的风险管理机制。瑞士信贷集团在历经诸多重大风险事件之后，才意识到前瞻性风险管理必须放在重要位置。2022年底，公司在启动战略重组计划的时候，重新制定了把风险管理放在核心位置的发展方向，改善现有制度并制定相应的控制流程。对于我国金融机构来说，瑞士信贷集团事件带来的教训是：必须逐步建立与投资银行业务相适应的风险管理制度，关注市场风险、交易风险、合规风险和模型风险等，并根据投资银行业务的风险特点来逐步构建管理要点，包括：（1）建立投资银行业务的全面风控体系，前提条件是风控体系可以覆盖集团各相关子公司。（2）将管理层在风险管理工作中的职责更加明晰化，划定各个风险管理层级的风险限额权限，形成对于风险事项的逐级报告机制，及时应对超限风险事件。（3）建设与投行业务相匹配的风险管理文化。如果风险管理文化长期缺位，风险管理的底线会轻易被强势的业务驱动文化突破。风险管理部门需要贯彻独立审慎的原则，同时业务部门需要规避单向业绩模式，切实承担起第一道风险防线的职责。

三是要更加重视法律合规管理。从瑞士信贷集团的案例中可以总结国际金融机构容易面临的法律合规风险：一是时间周期较长。司法部门对于违法违规、非法交易活动的追溯权并不会因为发生的年代久远而消失。二是高额罚金风险。司法部门针对较为严重过失行为的处罚措施包括征收高于非法收入倍数的高额罚金。三是违规成本风险远远高于薪酬激励制度带来的奖金，后续的违规支出需要机构来承担。同时，瑞士信贷集团作为国际化金融机构，在法律方面接受多国法律制度体系的约束，这一点对于有着一定比重海外业务布局的金融机构来说更加重要。欧美司法体系对于金融违法事项的处罚力度非常大，责令金融机构支付高额和解金的案例屡见不鲜，面对日益错综复杂国际环境的背景，反洗钱以及法律合规制裁风险大幅上升，我国金融机构要秉持合规风控为先的原则，切实遵守各国法律及监管规定。

（二）美联储加息向新兴经济体传导的外部风险

长期来看，美联储持续加息加大了新兴经济体的经济脆弱性和金融风险，削弱了以美元计价外债占比比重较高的新兴经济体的偿债能力。一方面，加息使得新兴经济体国家的货币，比如匈牙利福林、土耳其里拉和印度卢比等在2022年都产生了较大幅度的贬值。其中，印度等国家采取了消耗外汇储备等方法来支持汇率。国际资本外逃现象的发生也加剧了新兴经济体国家的金融动荡。根据国际金融协会披露的数据，2022年新兴经济体国家的资金净流入数额约为337亿美元，相较于2021年的3 796亿美元，降幅高达91%。另一方面，新兴国家经济体央行跟随采取加息的举措反而起到了抑制自身经济增长的效果，而发达国家经济体系的经济政策收缩快速传导至新兴经济体国家，使得后者的经济修复速度进一步变缓慢；再加之发达经济体国家为了自身安全考虑，通过投资筛选制度和供应链回迁措施阻碍直接投资的流动，削弱了新兴经济体国家的经济发展动能。

总体来看，美联储的持续加息直接导致了新兴经济体国家的外部风险敞口大幅扩大，大幅削弱了其偿债能力。美联储持续强势加息将偿债成本推高，对于以美元计价且外债所占比重较高的新兴经济体国家来说，融资环境趋于紧张、经济增速放缓以及地缘政治的不确定性都会对新兴经济体国家的偿债能力产生进一步的削弱作用。具体来说，一是俄乌冲突带来的一系列地缘政治冲击改变了全球经济和贸易格局，给新兴经济体国家的经济修复带来一定程度的阻力，削弱了国家的偿债能力。二是发达国家经济体的通胀黏性较大，紧缩的货币政策将导致借贷成本在短期内保持高位，借贷的难度增加，使得债务偿付风险加大。三是阿根廷、土耳其等国以美元计价的外债占比较高，利率的上升直接导致融资成本持续增加，美元走强同时也增加了外债的偿付成本，特别是以阿根廷为代表的外汇储备较为匮乏的国家，债务违约风险也随之大幅上升。伴随美联储的持续加息，2022年多数新兴经济体国家也跟随上调利率。其中，上调幅度最大的阿根廷，基准利率上调幅度高达35%；泰国曼谷银行同业拆借利率（Bangkok Interbank Offered Rate）平均利率从年初的月息0.5%上调至月息1.0%。除了中国和俄罗斯以外的其他新兴经济体利率水平也作出了不同程度的上调，在部分国家利率水平已经较高的前提下，将会进一步加重未来的债务负担。

在防范美联储加息对于新兴经济体国家的冲击方面，若一国货币发生贬值，可采取的应对措施包括调整宏观经济政策、加强宏观审慎管理、实施资本管制、外汇市场干预和与国际货币开展金融合作等。理论上说，外汇市场干预是稳定汇率的最直接的政策工具。2022年以来，韩国、印度和泰国都采取了外汇市场干预以应对本币贬值的趋势。值得关注的是，全球外汇储备规模剧烈下降，部分原因是国家中央银行开展外汇市场干预而消耗了大量的外汇储备，其他部分原因是非美元储备货币的贬值带来的估值降低。新兴经济体国家在面临货币贬值压力的时候，最为重要和持续有效的措施是采取适当的宏观经济政策，保持经济基本面稳定。各个国家的监管部门应当依据本国经济特征适当进行政策调整，使其具有针对性，以稳定投资者的信心。监管部门应根据贬值压力的产生根源以及本国经济的特质，适当地进行政策调整并确保具有针对性，容许货币适度贬值（即减少市场干预）本身也是宏观经济政策工具的一个内容。

三、风险演变趋势及新周期下的风险防范

（一）逆全球化的行业分析在风险管理中的应用场景

去全球化趋势产生的主要原因一般归结为三种：（1）全球化进程中的周期性结构变化；（2）技术、劳动力的要素重要性减弱；（3）疫情、战争等突发因素。近年来，由于疫情和地缘政治提升了企业对供应链安全性和冗余度的重视程度，企业从数字化、技能经济、可持续性、技能经济、本地化和客户价值等方面重塑了价值链思维，各个国家在全球价值链中的态势可能发生改变。

科学技术的进步使得全球化进程加速。全球贸易在15—18世纪快速扩张。19世纪至1914年，第一次全球性的世界浪潮发生。第二次世界大战结束后，全球经济开始了全新的篇章，苏联和美国分别依照中央计划经

济和自由贸易机制来实现经济增长。第三次工业革命下的互联网技术使得全球价值链进一步整合。新的全球化浪潮下，5G、云计算、人工智能等变革力量开始发挥作用。自2008年后，全球化进程相对稳定。在自由经济时代，大型新兴市场经济体由于贸易壁垒逐步被打破，国际经济合作水平得到了进一步发展。1995年，世界贸易组织成立，逐步成为监督贸易协定、国际谈判和争端解决的多边机构。在全球贸易发展、跨境资本流动增加的过程中，全球金融体系的复杂性和关联性程度加深。自2008年后，跨境贷款和贸易扩张趋缓，全球化进程的速度随之放缓。

全球金融风险进入积累而不是去化的阶段，短期来看，全球经济正在经历降低通胀水平、稳定增长率和稳定金融业的瓶颈问题。例如，通过加息降低通胀水平，却可能引发经济衰退甚至爆发系统性金融危机的风险。中长期来看，全球经济面临着高债务、低增长、低生产率和地缘政治的多种类型风险，全球金融风险正在逐步积累，推动再工业化而不是一味预测金融风险产生的原因以应对可能到来的风险是一个更好的选择。

全球经济在进入高债务负担阶段的同时，包括地缘政治风险、逆全球化和技术进步放缓在内的一些变量也在驱使全球经济进入滞涨阶段。应该警惕，极低的利率水平往往是金融风险累积和危机爆发的诱导因素。在较为宽松的货币环境下，如果生产率和实际回报率较低，市场上新增的货币资金和存量资金会追逐高收益率而购买股票、房地产等资产，更多的金融创新行为不时发生，资产价格升高而实体经济回报率没有相应增长，会进一步加剧全球经济的系统性风险。

(二) 量化预测与人工判断相结合的风险防范

我国国内信用债市场在2014年首次出现违约，此后至2017年前违约规模均相对较小。国内信用债违约情况明显有所遏制。经历了一波民营企业的债券发行潮之后，自2018年以来民企违约规模有所增加，信用债市场违约规模迅速攀升，之后永煤事件、地产违约潮等信用事件的冲击，导致信用债违约规模一直保持在较高水平。自2022年以来，国内地产市场风险得到了有效控制,信用债券违约规模数量出现下滑。

总结来看,信用风险的外溢有着周期性规律,给了市场一定程度的缓冲空间。一般来说,再融资政策的放松使得信用风险容易积累。例如,2015年民企融资环境边际放松,导致民营企业的融资规模迅速上升,积累了信用风险,之后的违约市场规模大幅提升。值得关注的是,行业景气度一旦发生下滑,往往会使信用风险外溢。比如,2012—2015年煤炭价格处于下降区间,因此,部分煤企经营受到较大冲击,煤炭行业企业的信用风险发生外溢。此外,政策的变化情况也是风险前瞻性观测指标,地产行业政策整体收紧后,地产板块企业风险外溢,地产板块企业随之迎来一波违约潮。此外,回溯2020年3—4月城投债券市场集中发行过后,从2020年下半年财政部开始要求政策性金融机构不得配合地方政府变相举债,监管政策又经历了一轮边际收紧,导致2021年城投债券市场集中到期兑付时期,地方性融资平台的偿债压力累积。

当前新周期下,风险预防和监测应该采取量化预测与人工判断相结合的措施。量化模型是作为预测信用风险发生概率的常用手段,但是一些指标无法用量化的方法评估,只使用量化模型得到的结果精确度有限且不能覆盖所有的风险,这时候引入人工判断的方法可以在一定程度上完善风险监测结果。量化模型无法完全替代人工来完成风险防范,应当将二者结合起来,发挥各自的特点。需要从以下两个方面做好风险防范工作:一方面,合理运用前瞻性指标来监测风险外溢的可能性。具体来看,行业风险的外溢往往伴随着相应的前瞻性特征。以此前的地产违约潮为例,2021年地产行业整体行业景气度一直处于较低位置,同时政策方面也处于偏紧的态势,此后地产板块企业的信用风险开始逐步外溢。另一方面,合理运用量化模型来计量违约的可能性。随着人工智能技术的不断发展,量化信用管理模型日臻完善,对于主体信用评级、财务指标和股票市场表现等容易获得的数据指标,量化模型处理得精细,准确程度更高。因此,合理运用人工判断和量化模型相结合的措施,会大大提升风险预测的准确性。

第二节 未来展望

一、新科技态势

（一）爬虫

1. 爬虫的定义

网络爬虫（Web Crawler）是一种自动化程序或软件工具，用于在互联网上自动抓取和获取网页数据。它按照事先设定的规则和算法，自动地遍历和访问网页，并将网页的内容、链接、结构等信息提取出来，以供后续处理和分析。网络爬虫的基本工作流程包括以下几个步骤。

初始种子 URL：爬虫程序从一个或多个初始的种子 URL 开始，这些 URL 是需要抓取的起始点。

抓取网页：爬虫程序按照预定的规则和算法，自动地下载和抓取网页的 HTML 内容。它可以使用 HTTP 请求来获取网页数据，然后将网页内容保存在本地或内存中。

解析网页：爬虫程序对抓取到的网页进行解析，提取出感兴趣的数据，如文本、图片、链接等。解析过程可以利用 HTML 解析器或 XPath 等技术。

处理链接：爬虫程序分析网页中的链接，将新的 URL 加入待抓取队列中，以便继续遍历和抓取。同时，它可能会对链接进行筛选和过滤，以排除不需要抓取的链接或避免陷入循环抓取的情况。

存储和处理数据：爬虫程序将抓取到的数据保存在数据库、文件或内存中，以供后续处理和分析使用。它可以对数据进行清洗、去重、转换等操作，以获得更加准确和有用的结果。

2. 爬虫技术的发展史

网络爬虫技术的发展历史可以追溯到互联网的早期阶段。

早期爬虫：最早的网络爬虫可以追溯到 1993 年，当时研究人员使用简单的爬虫程序来抓取网页并构建早期的搜索引擎。这些早期爬虫主要依靠简单的链接分析和文本匹配来索引和检索网页。

谷歌的诞生：1998 年，谷歌公司成立并推出了一款基于爬虫技术的搜索引擎。谷歌的爬虫算法 PageRank 通过分析网页之间的链接关系，对网页进行排序和评级，从而提供更准确和相关的搜索结果。谷歌的爬虫技术在互联网搜索领域取得了巨大成功。

大规模爬虫：随着互联网的迅速发展和网页数量的急剧增加，爬虫技术也得到了迅速发展。爬虫程序变得更加高效和智能化，能够处理大规模的数据抓取和处理任务。同时，分布式爬虫系统的出现使得多个爬虫程序可以协同工作，提高了爬取效率和覆盖范围。

社交媒体和大数据时代：随着社交媒体和大数据的兴起，爬虫技术逐渐扩展到对社交媒体平台和大数据源的抓取和分析。爬虫程序能够抓取和分析社交媒体上的用户生成内容，如文本、图片和视频等，用于舆情监测、情感分析和市场研究等领域。

3. 爬虫技术在风控管理数字化中的应用

近年来，深度学习技术的快速发展对爬虫技术产生了重要影响。深度学习模型可以用于解析和理解复杂的网页结构和内容，提取有用信息并进行自动化决策。这使得爬虫技术更加智能化和自动化，能够从海量数据中获取更准确、更有洞察力的信息。

（1）市场情报收集。爬虫可以用于从互联网上收集大量的市场数据和信息，包括公司公告、新闻报道、分析师报告、社交媒体评论等。这些数据和信息可以用于风险评估和决策制定，帮助证券公司了解市场动态和行业趋势，及时捕捉到潜在的风险信号。

（2）监测交易活动。爬虫可以监测证券市场中的交易活动，包括大宗交易、高频交易、异常交易等。通过分析交易数据，网络爬虫可以帮助发现潜在的市场操纵、内幕交易等违规行为,及时采取措施加以监管和防范。

(3) 舆情监测。爬虫可以用于监测社交媒体和网络论坛上与证券市场相关的舆情和评论。通过分析这些舆情数据,可以了解投资者对公司、产品或市场的看法和情绪,及时察觉到可能影响股价和市场风险的关键信息。

(4) 公司信息披露监控。爬虫可以用于监测上市公司的信息披露,包括财务报表、内幕信息披露、关联交易等。通过对这些信息进行抓取和分析,可以发现潜在的违规披露行为或不当操作,保护投资者利益,防范市场风险。

(二) 知识图谱

1. 知识图谱的定义

知识图谱是一种结构化的、语义连接的知识表示形式,用于描述现实世界中的实体、概念、关系和属性,并以图形的方式展示它们之间的相互关系。知识图谱通过整合、组织和链接大量的结构化和半结构化数据,可以捕捉和表示丰富的领域知识,并提供机器可读的语义信息,以支持自动化推理、推断和智能应用。

知识图谱的核心概念包括以下几方面:

(1) 实体(Entities):在知识图谱中,实体代表现实世界中的具体事物、概念或抽象概念,如人、地点、组织、事件等。

(2) 属性(Properties):描述了实体的特征或性质,可以是实体的名称、特征、描述等。

(3) 关系(Relationships):定义了实体之间的联系和连接方式,表示实体之间的语义关联,如父子关系、拥有关系等。

(4) 语义连接(Semantic Links):是指通过关系将不同实体连接起来,形成知识图谱中的网络结构。

知识图谱的建立需要从多个数据源中收集、整合和清理结构化和半结构化数据,如数据库、文本文档、在线资源等。然后,使用语义建模和链接技术将这些数据转化为知识图谱的形式,并使用图数据库或图计算技进行存储、查询和分析。

2. 知识图谱技术在风险管理中的应用

知识图谱技术在风险识别中的应用有助于更准确、全面地分析和识别潜在风险，提高风险管理的效率和准确性。

（1）实体关系建模。通过知识图谱技术，可以对不同实体（如公司、人员、产品等）之间的关系进行建模和描述。这些关系可以包括所有权、控制、投资、供应链等方面的联系。通过分析实体之间的关系，可以识别出潜在的风险因素，如公司间的关联交易、不当的利益输送等。

（2）风险指标定义与计算。知识图谱可以提供丰富的领域知识和相关数据，用于定义和计算风险指标。通过将不同实体的属性和关系纳入分析，可以建立风险指标的综合模型。这有助于识别潜在的风险事件，评估其可能性和影响程度。

（3）数据关联和挖掘。知识图谱技术能够将多个数据源中的结构化和半结构化数据进行关联，从而获得更全面和准确的数据视图。通过挖掘知识图谱中的关系和模式，可以发现隐藏的风险信号和异常模式，如关联交易网络、异常交易模式等。

（4）情报搜集和分析。知识图谱可以整合来自多个来源的情报数据，如新闻报道、社交媒体、公开数据等，形成全面的情报图谱。通过对情报数据进行结构化和语义化处理，可以识别出与风险相关的事件、趋势和情况，并及时作出响应。

（5）风险预警和监测。通过对知识图谱中的实体和关系进行监测和分析，可以实时监测潜在的风险事件和动态变化。当出现与风险相关的特定模式或规则时，系统可以发出预警并提供相应的决策支持。

（三）大数据

大数据的概念可以追溯到20世纪90年代。

1. 数据爆炸时代

20世纪90年代，随着互联网的兴起和计算机技术的快速发展，数据产生和存储的能力大幅增加。这个时期被称为数据爆炸时代，数据量开始呈指数级增长。

2. 三个"V"的提出

2001 年,分析师 Doug Laney 首次提出了大数据三个"V"的概念——Volume(数据量大)、Velocity(数据产生和流动速度快)和 Variety(数据多样性)。这一概念突出了大数据的特点和挑战。

3. Hadoop 的出现

2005 年,Apache Hadoop 项目的诞生标志着大数据处理和分析技术的重要进展。Hadoop 提供了一种可扩展的分布式计算框架,能够处理海量数据的存储和处理需求。

4. 数据科学的兴起

2010 年以后,随着机器学习、人工智能和统计分析等领域的发展,数据科学逐渐崭露头角。数据科学家开始利用大数据进行模型构建、预测分析和决策支持,推动了大数据的应用和创新。

5. 云计算和分布式计算

随着云计算技术的快速发展,大数据的存储和处理不再依赖于本地基础设施,而是可以利用云平台的弹性和可扩展性;同时,分布式计算技术的不断成熟也使大数据处理更加高效和可靠。

6. 边缘计算和物联网

近年来,随着物联网设备的普及和边缘计算技术的发展,大量的数据开始在边缘设备上产生和处理。这促使大数据技术向边缘延伸,实现更快速地实时响应和智能决策。

7. 智能化和洞察力

大数据的应用已经逐渐向更高级别的智能化和洞察力方向发展。人工智能、机器学习和深度学习等技术被应用于大数据分析,以挖掘更深层次的信息和洞察。

(四)爬虫、知识图谱与大数据间的关系

1. 网络爬虫与大数据

网络爬虫是一种技术,用于自动地从互联网上收集和抓取数据。网络爬虫可以帮助获取大量的数据，包括文本、图像、视频等。这些数据构成了大数据的基础，提供了大数据分析和挖掘的源头。

2. 大数据与知识图谱

大数据提供了丰富的数据资源，而知识图谱则是将这些数据转化为机器可理解的语义连接形式的工具。大数据中的结构化和半结构化数据可以通过知识图谱的建模和链接技术进行整合和组织，形成一个丰富的知识图谱。同时，知识图谱也可以为大数据分析和应用提供更准确和智能的语义信息。

3. 知识图谱与网络爬虫

知识图谱的构建需要从多个数据源中收集和整合数据，而网络爬虫正是获取数据的重要手段。网络爬虫可以帮助自动地从互联网上爬取结构化和半结构化的数据，为知识图谱的建立提供数据支持。同时，知识图谱也可以指导网络爬虫的数据收集和处理，使得爬取的数据更加有针对性和准确性。

网络爬虫、大数据和知识图谱三者之间形成了一个良性循环的关系。网络爬虫获取数据作为大数据的来源，大数据为知识图谱提供丰富的数据资源，而知识图谱则可以为大数据的分析和应用提供更准确和智能的语义信息。它们共同促进了数据的整合、分析和应用，为人工智能和智能化决策提供支持。

（五）深度学习与人工智能

深度学习可应用至金融行业的算法，包括前馈神经网络、卷积神经网络、递归神经网络、生成对抗网络、强化学习等。

1. 前馈神经网络（Feedforward Neural Networks，FNN）

FNN 也称为多层感知器（Multilayer Perceptron，MLP），是最基本的深度学习算法之一，由多个神经元层组成，每个神经元层与下一层全连接。前馈神经网络在图像分类、语音识别等任务中得到广泛应用。

2. 卷积神经网络（Convolutional Neural Networks，CNN）

CNN 是一种专门用于处理具有网格结构数据（如图像）的深度学习

算法，通过卷积层、池化层和全连接层等组件，能够有效地提取图像特征和实现图像分类、目标检测等任务。

3. 递归神经网络（Recurrent Neural Networks，RNN）

RNN 是一类用于处理序列数据的深度学习算法，通过在网络中引入循环连接，可以对序列数据进行建模和处理，具有记忆能力。RNN 的变种，如长短期记忆网络（Long Short-Term Memory，LSTM）和门控循环单元（Gated Recurrent Unit，GRU），在自然语言处理和语音识别等任务中表现出色。

4. 生成对抗网络（Generative Adversarial Networks，GAN）

GAN 是一种通过两个对抗性的网络（生成器和判别器）进行训练的深度学习算法。生成器网络试图生成与真实样本相似的新样本，而判别器网络则试图区分真实样本和生成样本。GAN 在图像生成、图像转换等任务中取得了重要的成果。

5. 强化学习（Reinforcement Learning）

强化学习是一种通过与环境的交互来学习最优行为策略的深度学习算法，通过试错学习，根据环境的奖励和惩罚信号，逐步优化决策策略。强化学习在游戏、机器人控制等领域取得了显著的成就。

自主决策是其中一个努力的目标。深度学习在强化学习中的应用将使人工智能系统能够通过与环境的互动来学习和优化决策。未来的人工智能系统将能够自主学习和采取行动，具备更高级的智能决策能力。深度学习在自然语言处理领域的发展有望实现更准确、流畅的语言理解和生成。未来的人工智能系统将能够更好地理解和处理人类语言，实现自然对话和智能问答等应用。

深度学习和人工智能技术可以分析和处理大规模的金融数据，包括市场数据、交易数据、经济指标等。通过深度学习模型的训练和优化，可以更准确地预测和识别不同类型的风险，如市场风险、信用风险、操作风险等。这有助于金融机构及时采取风险管理措施，减少损失和不良影响，实现更准确的风险预测。

深度学习和人工智能技术可以实现实时监测和警示系统,对金融市场和交易活动进行持续监控和分析。通过对大量数据的实时处理和模式识别,可以及时发现异常情况和潜在风险,并提供预警和警示。这使得金融机构能够更快速地响应和应对风险事件,降低损失和影响,实现更准确的风险预测。

深度学习和人工智能技术可以改善欺诈检测和反洗钱的能力,挖掘和分析大规模的金融数据,提取潜在的关联和模式。它们可以分析大量的交易数据、客户行为模式、网络数据等,识别异常和可疑的交易行为。建立深度学习模型进行实时监测和分析,可以提高欺诈检测的准确性和效率,降低误报率和漏报率,从而保护金融机构和客户的利益。

深度学习和人工智能技术可以实现自动化的决策和交易系统。建立深度学习模型对市场数据和交易策略进行学习和优化,可以实现智能化的交易决策和执行。这有助于提高交易效率、降低人为错误和情绪影响,同时可以快速适应市场变化和优化风险收益。

二、新科技的应用

新科技在证券行业风险管理中将发挥更大的作用,通过数据分析、爬虫、知识图谱、深度学习等技术手段,可以提高风险管理效率,帮助证券公司更好地识别、评估和控制风险。当前传统的信息技术存在一些不足之处,具体如下:

一是数据分析能力有限。传统的信息技术在处理大规模和复杂的数据时存在局限性。它们可能无法有效地处理非结构化的数据、实时数据或多源异构数据。这导致在风险管理过程中难以充分挖掘利用数据的潜力。

二是人为主观判断。传统的信息技术在风险管理中通常依赖人工主观判断和经验,容易受到个人偏见和情感影响。这可能导致风险评估的不准确性和一致性,以及对新兴和复杂风险的漏报或误报。

三是缺乏实时响应能力。传统的信息技术在风险管理中通常以批处理的方式进行数据分析和风险评估,无法及时捕捉和响应快速变化的市场条件和风险事件。这可能导致风险管理的滞后性,无法及时采取适当的措施来降低风险和损失。

四是风险管理策略的刚性。传统的信息技术在风险管理中通常使用静态的、基于规则的模型和策略。这些模型和策略往往缺乏灵活性和适应性,无法充分应对复杂和动态的风险环境。在快速变化的金融市场中,这可能导致风险管理的效果不佳。

五是信息孤岛和集中风险。传统的信息技术在风险管理中往往存在信息孤岛和集中风险的问题。不同的业务部门和系统之间缺乏有效的数据共享和集成,导致风险管理的整体视图不完整。此外,如果风险管理依赖于少数关键人员或系统,一旦出现故障或错误,可能会对整个风险管理过程造成严重影响。

这些不足之处凸显了人工智能技术在风险管理中的潜在优势,包括更强大的数据处理和分析能力、准确的预测和识别能力、实时响应和动态调整能力,以及自动化和智能化的决策支持。新科技的应用,可带来生产力的大幅提升。

(一) 数据分析和预测

新科技可以利用大数据和人工智能技术对大量的市场数据、交易数据和风险数据进行分析和挖掘,以识别潜在的风险因素和趋势。通过建立预测模型和算法,新科技可以提供更准确的风险评估和预测,帮助证券公司更好地管理和控制风险。

(二) 自动化和智能化交易监控

新科技可以应用自动化和智能化技术对证券交易进行实时监控。通过监测交易数据、交易行为模式和市场动态,新科技可以快速发现异常交易和潜在的市场操纵行为,证券公司及时采取措施防范风险,提高监管的效果和效率。

(三) 数据治理的完善与优化

良好的数据治理可以确保数据的准确性和一致性,提供高质量的数据作为决策和分析的基础，帮助组织作出更明智的决策。数据治理有助于确保数据处理符合法规和法律要求，降低组织面临的合规风险；还可以减少数据泄露和数据安全漏洞的风险，保护组织和客户的数据安全。数据治理提供了共享和协作数据的框架，确保不同部门和业务单元之间的数据一致性和互操作性。这有助于促进组织内部的合作和知识共享，提高工作效率和创新能力。

通过数据治理，证券公司可以更好地理解和管理自己的数据资产，发现潜在的数据价值，从数据中洞察市场，并将其转化为商业机会和竞争优势。随着市场数据的积累、市场行为的不可测性增强、市场系统性风险提升，深度学习模型的应用，可以帮助证券公司发现市场趋势、行业关系、客户行为等。